马尔库塞文集

第四卷

艺术与解放

〔美〕赫伯特·马尔库塞　著

朱春艳　高海青　译

COLLECTED PAPERS OF HERBERT MARCUSE
VOLUME FOUR
ART AND LIBERATION

人民出版社

目　录

引 言

马尔库塞、艺术与解放

道格拉斯·凯尔纳

赫伯特·马尔库塞在其漫长而卓越的职业生涯中以一种独特的方式将社会批判理论、激进美学、精神分析，以及一种解放与革命的哲学结合在了一起。[①] 按照他的辩证的设想，批判理论就是既要去描述统治和压迫的各种形式，又要去描述希望和自由的各种可能性。对马尔库塞来说，文化和艺术在塑造统治力量，以及产生解放的可能性方面扮演着重要的角色。因此，在其著作的关键节点上，艺术、审美维度，以及文化与政治之

[①] 关于马尔库塞生平与思想的概述，参见我的作品 *Herbert Marcuse and the Crisis of Marxism*，London and Berkeley:Macmillan Press and University of California Press, 1984。在《马尔库塞文集》第一卷（*Technology, War and Fascism*, London and New York: Routledge, 1998）的引言中，我讨论了马尔库塞写于 20 世纪 40 年代（他在第二次世界大战为美国政府服务期间）的那些鲜为人知的文本，并详细阐明了他对技术、战争和法西斯主义的看法。在《马尔库塞文集》第二卷（*Towards a Critical Theory of Society*, London and New York: Routledge, 2001）的引言中，我主要谈到了他对社会批判理论的发展，而在《马尔库塞文集》第三卷（*The New Left and the 1960s*, London and New York: Routledge, 2005）的引言中，我概述了马尔库塞在 20 世纪六七十年代与新左派的关系。在本引言中，借助于马尔库塞的档案和他的个人收藏中的许多新材料，我详细阐述了马尔库塞对艺术和美学理论的分析。

间的关系成了其作品的焦点。

[2]　　　许多关于马尔库塞的二次文献都不重视其作品中艺术与美学的重要性，而那些已经关注它或者强调它的文献则经常夸大、消极地诠释或曲解其意义。例如，巴里·卡茨（Barry Katz）在《马尔库塞的解放的艺术》（*Herbert Marcuse. Art of Liberation*）这一马尔库塞 1979 年去世后出版的第一部综合性的著作中指出："美学在其思想发展过程中的首要地位将成为这一解释的中心。"（1982:12）① 卡茨将马尔库塞的美学解释成了对这样"一种能够取消存在的总体性而不被后者取消的外在的、批判的立场"（第124 页）的探寻，并将他的美学解释成了一种先验的本体论，而我将在这篇引言中对这种解释提出质疑。

　　蒂莫西·卢克斯（Timothy Lukes）在其《逃往内在》（*The Flight-into Inwardness*，1985）一书中也肯定了"美学在马尔库塞作品中的中心地位"，他赞同卡茨关于美学在马尔库塞思想中处于首要地位的观点。卢克斯宣称，马尔库塞的著作以一种审美意义上的"逃往内在"的方式导致了对政治和社会的回避和逃避。另外，他对马尔库塞试图调和艺术与政治的尝试持怀疑态度，认为这种筹划带来了一种危险的"政治审美化"，但他却没有注意到马尔库塞为了在调和艺术与政治之外还能保持一种自主的审美维度所作的持续的尝试。② 贝特霍尔德·朗格拜因（Ber-thold Langerbein）在《小说与反抗》（*Roman und Revolte*，1985）中指出马尔库塞的美学理论"是其整个思想真正的基础与关键点"（p.10；黑体

---

① Barry Katz, *Herbert Marcuse. Art of Liberation*, London and New York: Verso, 1982；参见我对卡茨的作品的评论，*Telos*, No. 56, Summer 1983, pp. 223–229。

② Timothy J. Lukes, *The Flight into Inwardness*, London and Toronto: Susquehanna University Press, 1985.

为原文所加）。① 尽管朗格拜因正确地强调了马尔库塞作品中对美学与政治的调和，但他却忽视了马尔库塞成熟著作中同样重要的对哲学与批判理论的调和，我认为，这种综合描述了他整个的筹划并为我们解读他的美学提供了一个恰当的场所。

查尔斯·赖茨（Charles Reitz）在其开创性的研究《艺术、异化与人文科学》（*Art, Alienation, and the Humanities*, 2000）中指出，马尔库塞的作品分为两部分，一部分文本倡导"反异化的艺术"，在这些文本中，艺术作为解放的政治变革力量被动员了起来；而与之相对的另一部分文本则断言"艺术即异化"，在这些文本中，艺术变成了逃避社会理论与政治斗争的庇护所。② 在强调马尔库塞的作品对于教育的重要意义上，赖茨的著作非常有用；他认为马尔库塞的思想中存在着一种能够导致内在性与寂静主义的审美倾向，这种观点是正确的。人们的确可以基于这样的视角阅读马尔库塞最后出版的《审美之维》（1978）。③ 但是，马尔库塞从未完全退回到艺术与审美之中，因为他 20 世纪 70 年代末完成的最后的作品既有关于艺术、政治与解放的演讲，也有关于政治与新左派、马克思主义理论以及哲学的演讲。因此，直到临终前，马尔库塞的筹划都是发展出解放的理

[3]

---

① Berthold Langerbein, *Roman und Revolte, Zur Grundlegung der ästhetischen Theorie Herbert Marcuses und ihrer Stellung in seinem politisch-anthropologischen Denken*, Pfaffenweiler: Centaurus-Verlagsgesellschaft, 1985。另一位德国学者对马尔库塞关于日常生活美学的作品给予了高度的评价。参见 Ulrich Gmünder, *Ästhetik-Wunsch-Alltäglichkeit, Das Alltagsästhetische als Fluchtpunkt der Ästhetik Herbert Marcuses*, Munich: Wilhelm Fink Verlag, 1984。乌尔里希·格蒙德开篇便宣称，尽管他的研究很有趣，但"只有美学和艺术在马尔库塞看来是批判和否定的典范"（p. 7）。我在本卷和随后的几卷中将指出，批判哲学和社会理论同样提供了批判和抵抗的立足点。

② Charles Reitz, *Art, Alienation, and the Humanities*, Albany, N.Y.: State University of New York Press, 2000.

③ 参见 Herbert Marcuse, *The Aesthetic Dimension*, Boston: Beacon Press, 1978；关于我对这一文本的讨论，参见本卷原文 pp. 59ff.。

论观点与实践，把社会批判理论、哲学、激进政治，以及对艺术与文化变革的反思都结合在一起。有时，这些组成部分彼此处于紧张状态。他时常强调一个部分而忽视其他部分，但在其最完整、最全面的文本中，这些部分被结合在一起并得到了调和，而且在其整个作品中，这些组成部分不仅引发了对统治的批判，同时也带来了解放的愿景和激进的社会变革工程。

因此，我想说的是，在马尔库塞的思想中，审美并不是关键的、首要的核心因素，尽管对艺术和审美理论的关注是马尔库塞筹划中的一个很重要的部分，但它仍然没有得到适当的评价，也没有被置于他的整个作品之中。我希望本卷提供的文章与解释性的材料能有助于完成这一任务。此外，我还认为，马尔库塞的作品是历史的、辩证的批判理论传统的一部分，而正如马尔库塞自己的作品一样，该传统将在不断变化的历史形势下以新的方向、新的立场和新的思想来加以占有、推敲、阐发和运用。正如我将指出的那样，马尔库塞为现如今的美学理论与美学批判提供了材料，带来了原创性的艺术与审美见解，他一直都在试图反思艺术与政治之间的联系，研究了许多继续引起共鸣并与当今重大相关的问题有关的具体的审美和文化现象。

正如细心的读者将很快发现的那样，马尔库塞许多关于艺术与美学的最好的作品在其生前并未发表，通常也不为人知。法兰克福的马尔库塞档案馆，以及他在圣迭戈的私人收藏有丰富的关于艺术与美学的材料，我们将在这里加以利用，而这些材料中很多都是第一次以英文出版。在我的引言中，我将提供自他的研究生作品开始直至他去世整个历史时期内马尔库塞与艺术、美学问题邂逅的背景，以及这种邂逅与政治和社会的关系。

[4] 在后记部分，格哈德·施韦普恩豪泽（Gerhard Schweppenhäerha）对马尔库塞美学的关键主题、它对其他批判理论家的重要性和它与其他批判理论

家的关系，以及它的某些局限性做了更具分析性的剖析。①

　　概言之，马尔库塞对艺术和美学理论的研究是其作品关注的一个主要内容，为美学、文化研究和社会批判理论做出了许多重要的贡献。为了给本卷文本的解读提供一种背景，下面几节将对马尔库塞关于艺术与解放的观点的起源进行历史分析。我们的分析将既强调他的作品的连续性，又强调其非连续性，并极力避免片面的或简化的解读。

马尔库塞的博士学位论文：迷人的《德国艺术家小说》

　　当那些要求私人自我有权拥有自己的生活的艺术家随后走进周围的世界时，他忍受着这样一种文化的诅咒，在这种文化中，理念和现实、艺术和生活、主体和客体彼此之间截然对立。他在周围世界的有其局限性的生命形式中得不到满足，他真实的自我（本质）和他的欲望在那里找不到共鸣，他只能在孤独中反对现实。

　　　　　　　　　（Marcuse, *The German Artist Novel*, 参见本卷原文第 78 页）

---

①　格哈德·施韦普恩豪泽撰写的后记是他之前的文本的修订和更新版本，参见"Kunst als Erkenntnis und Erinnerung. Herbert Marcuses Ästhetik der 'großen Weigerung'", the Introduction to *Kunst und Befreiung*, Peter-Erwin Jansen（ed.），Lüneburg: zu Klampen, 2000, pp. 13–40. 关于德语世界对马尔库塞美学的研究的讨论，参见本卷施韦普恩豪泽的后记，pp. 237ff.，以及他早先为《艺术与解放》（*Kunst und Befreiung*）撰写的引言。马修·伊索姆（Matthew Isom）对后记这一文本的翻译得到了意大利博扎诺自由大学的资助。早期对马尔库塞美学的研究包括弗雷德里克·詹明信在《马克思主义与形式》（*Marxism and Form*, Princeton, N.J.: Princeton University Press, 1971）中对其所作的表示支持的描述；斯蒂芬·埃里克·布朗纳的《艺术与乌托邦》，参见"Art and Utopia: The Marcusean Perspective", *Politics and Society*, Vol. 3, No. 2（Winter 1973），pp. 129–161；海因茨·佩茨沃德在《新马克思主义美学》中的讨论，参见 Heinz Paetzold, *NeoMarxistische Ästhetik*, Düsseldorf: Swann, 1974。

1898 年 7 月 19 日，马尔库塞生于德国柏林，他的父亲卡尔·马尔库塞（Karl Marcuse）是一位富裕的犹太商人，他的母亲格特鲁德·克雷斯劳斯基（Gertrud Kreslawsky）是一位富裕的德国工厂主的女儿。马尔库塞 6 岁进了柏林的一所高级预科学校；9 岁进了柏林著名的蒙姆森文科中学，11 岁时，他转入了位于时尚的夏洛滕堡郊区的奥古斯塔高级文科中学。因此，马尔库塞接受的是优越的资产阶级教育，他的传记性描述表明，他从小就如饥似渴地阅读德国和世界文学经典，[5] 并对艺术中的现代主义，以及浩瀚如海的文学和诗歌产生了浓厚的兴趣。①

1914 年第一次世界大战爆发时，马尔库塞还是一个 16 岁的青年学生，他一开始因为视力差被推迟了学业。他在其《个人介绍》中写道：

> 通过最终体检后，我加入了预备役第 18 师，但因视力不佳留在了国内，最后转入了飞艇预备役部队，并在那儿得到了聆听讲座的许可与机会。1918 年冬季退役之后，我分别在柏林和弗莱堡正规地学习了四个学期，起初修的是德国语言文学，后来主修专业是现代德国文学史，辅修专业是哲学和政治经济学。②

1918 年年初，马尔库塞被调到了柏林，在那里他注意到了德国革命，并对其深表同情，这场革命把凯撒·威廉二世（Kaiser Wilhelm II）赶出了德国，并建立了社会民主党的政府。1919 年，马尔库塞短暂的政治活

---

① 关于马尔库塞年轻时的基本材料，参见马尔库塞博士学位论文的"个人介绍"部分，转引自 Kellner, *Herbert Marcuse*, p. 13。

② Herbert Marcuse, "Lebenslauf", in Kellner, *Herbert Marcuse*, p. 13.

动时期结束了。他决定回到他因战争而中断的学业中来，并进入了柏林洪堡大学，在那里，他完成了 1919—1920 年四个学期的课程。马尔库塞太年轻，且又缺乏经验，无法成为一名职业革命者，所以很自然地就被以前的兴趣吸引了过来。在柏林学了两年的传统课程之后，他转到了弗莱堡，主修德国文学，同时辅修了哲学和政治经济学课程。正是在这里，他对德国文学进行了系统研究，创作了他的博士论文《德国艺术家小说》并完成了答辩，于 1922 年获得了学位。①

马尔库塞的博士学位论文是在文学教授菲利普·威特科普（Philip Witkop）的指导下完成的。威特科普教授曾发表过大量的关于德国诗歌的论文，并且为新浪漫主义和斯特凡·乔治圈子（Stefan George circle）的美学现代主义所吸引。② 马尔库塞的博士学位论文的研究方法、结构和主题深受黑格尔美学和由狄尔泰发展起来的解释学理论的

[6]

---

① Herbert Marcuse, *Der deutsche Künstlerroman*, in *Schriften Band I*, Springe: zu Klampen Verlag, 2004; reprint of the Suhrkamp Verlag edition, 1978–1989. 他的博士学位论文在苏尔坎普出版社出版《马尔库塞著作集》第一卷中发表出来之前，这个文本唯一的原件就存放在弗莱堡大学的图书馆。利奥·洛文塔尔告诉我说，据他所知，马尔库塞社会研究所的同事从未见过这个文本，马尔库塞也从未真正和他们讨论过它（参见 conversation with Lowenthal, March 22, 1978, Berkeley, California）。我在 1978 年采访过马尔库塞在圣迭戈的朋友，他们也都对此一无所知。因此，马尔库塞的博士学位论文《德国艺术家小说》（*Der deutsche Künstlerroman*）是他后来许多观点立场的一个相对不为人知的来源，虽然自其发表以来，对其有几种不同的、多少有些冲突的解释。参见 Katz, *Herbert Marcuse*; Kellner, *Herbert Marcuse*; Reitz, *Art, Alienation, and the Humanities*; Berthold Langerbein, *Roman und Revolte*。

② 马尔库塞对威特科普作品的引用贯穿全文。亨利·帕切特（Henry Pachter）记得，威特科普有些放荡不羁，但有着非常了得的学术素养，他热爱新浪漫主义文学（参见 conversation in New York, December 30, 1979）。帕切特还记得，由于反犹太主义，威特科普建议犹太学生不要寻求在学界发展。这或许可以部分地解释为什么马尔库塞在获得博士学位后没有立即寻求在学界发展。

影响。① 马尔库塞遵循那个时代主流的文化科学的研究方法，将德国文学放在了德国历史的大背景下，并且就像黑格尔那样，描绘了从彼此相互作用、甚至有时相互冲突中产生的文学形式的进步和发展。他像狄尔泰和解释学家那样试图通过"移情"（Einfühlung）与所研究的艺术家或小说产生共鸣，还原他们的立场和观点。

《德国艺术家小说》有一种黑格尔式的结构和节奏，它预示着马尔库塞后来对黑格尔辩证法的运用：在每一章中，马尔库塞在富有同情地审视和描绘了一种类型的艺术家小说和艺术生活后，揭示了他所考虑的小说或作家的矛盾和不足。然后，他揭示了各种形式和类型的小说的问题是如何产生各种相互抵触的立场的——这些立场同时也包含着自身的矛盾和不足，并引起了进一步的发展。马尔库塞尤其赞赏歌德、戈特弗里德·凯勒（Gottfried Keller）、托马斯·曼（Thomas Mann）的综合，因为他们有能力克服德国艺术家小说中存在的问题的紧张和矛盾。因此，马尔库塞的步骤与黑格尔在《精神现象学》中的辩证法具有相似性，尽管在他的毕业论文中没有文本证据证明他研究过《精神现象学》。② 不管怎么说，马尔库塞在完全运用唯物辩证法和一种将文化置于当时社会经济发展、政治斗争的变迁之中的研究方法之前，就已经在他的博士学位论文中学会了辩证地思考和写作。

[7]

---

① 马尔库塞的论文是黑格尔在德国复兴的一部分，黑格尔哲学被用在了批判和替代当时德国盛行的新康德主义和其他学院哲学上。"文化科学"（Geisteswissenschaften）方法是由威廉·狄尔泰、格奥尔格·齐美尔、早期卢卡奇等人发展起来的（参见本卷原文脚注 32）。关于 20 世纪 20 年代的黑格尔复兴，参见 Heinrich Levy, *Die Hegel-Renaissance in der deutschen Philosophie*, Charlottenburg: Heise, 1927。

② G.W.F. Hegel, *The Phenomenology of Spirit*, New York: Oxford University Press, 1979。关于黑格尔《精神现象学》中的辩证法，参见 Alexandre Kojeve, *Introduction to the Reading of Hegel: Lectures on the Phenomenology of Spirit*, Ithaca, N.Y.: Cornell University Press, 1980。

《德国艺术家小说》中用到的许多主题和范畴，以及它的黑格尔式的方法论，都深受卢卡奇的《小说理论》及其早期作品《心灵与形式》的影响。① 就像我们在卢卡奇的《小说理论》中所看到的那样，马尔库塞将理想的需求与现实的需求之间的冲突，以及艺术与生活之间的冲突主题化了。遵照卢卡奇在《小说理论》中的做法，马尔库塞假定艺术家和周围世界最初处于和谐与和解的状态，而这种状态一旦碎裂，就会产生个人的异化，即卢卡奇所说的"先验的无家可归状态"②。他同样遵照卢卡奇的做法把艺术家小说当成了一种历史化的类型，他用到了卢卡奇的许多区分和范畴，同时也采用了他的哲学的一历史的方法。③

马尔库塞通过将艺术家小说置于更宽泛的文学范畴之中开始了他的研究（参见本卷原文第 71 页及以下）。他像卢卡奇一样，同时遵照黑格尔的做法，对小说与史诗做了区分，他认为史诗"表达的是整个民族的集体生活，而小说则表达的是个体艺术家与社会生活相异化"（*S1*，第 9 页及

----

① Georg Lukács, *Soul and Form*, Cambridge, Mass.: MIT Press, 1974, *The Theory of the Novel*, Cambridge, Mass.: MIT Press, 1971。卢卡奇对于马尔库塞和他那一代其他激进知识分子的重要性再怎么强调都不为过。利奥·洛文塔在 1978 年 3 月的一次谈话中提到了他是如何背诵《小说理论》中的一些段落的，并强调了它对他以及法兰克福学派"核心圈子"的重要性。关于卢卡奇对批判的马克思主义的重要性，参见 *Telos*, No. 10（Winter 1971）和 *Telos*, No. 11（Spring 1972）上的文章；参见 Andrew Arato, Paul Breines, *The Young Lukács and the Origins of Western Marxism*, New York: Seabury, 1979；另参见 Andrew Feenberg, *Lukács, Marx, and the Sources of Critical Theory*, Totowa, N.J.: Rowman & Littlefield, 1981。

② Lukács, *The Theory of the Novel*, pp. 41, passim。这种异化的经验和克服异化的需要是存在主义和西方马克思主义共同的主题，是卢卡奇、海德格尔、马尔库塞和萨特等人研究的重心。

③ 对比 Marcuse, *S1*, pp. 9ff., 与 Lukács, *The Theory of the Novel*, pp. 29–69。两者都受益于黑格尔的《美学》第三卷。在文本和注释中，我通过引用马尔库塞 1978 年出版的《著作集》（以下简称 *S1*）中的页码来简化了对《德国艺术家小说》的引用。有些地方的译文都是由我来完成的，尽管我将借鉴查尔斯·赖茨对这本书的引言的翻译。

以下）。① 小说表达了个人对更为高级、更加真实的生存方式的渴望和为

[8] 之做出的努力。② 艺术家小说以那些在艺术的呼唤和日常生活的需求之间
左右为难的人物为中心。它预设了一个"平庸的现实"（黑格尔）和一个
缺乏意义与和谐的世界（*S1*，第 10 页）。当艺术家作为一种独特的社会类
型成为可能，并且艺术家的生活形式与人类的生活形式不一致时，艺术家
小说体裁就产生了。

> ［艺术家主人公］ 在他所处的有其局限性的周围环境的生活形
> 式中无法得到满足。他的本质和渴望不能包含在其中，他孤独地面
> 对每天的现实……他以某种形式寻求一种解决方案，一种新的统一，
> 因为他的对手是如此的强大，以至于他不能忍受太久而又不破坏他
> 的艺术性的存在和他的人性。

（*S1*，第 16 页）

因此，这种体裁背后的问题是个人——尤其是艺术家——与资产阶
级社会相异化，以及随后出现的生活的碎片化与和谐共同体的缺乏。在马
尔库塞的戏剧性的表述中，艺术家小说构成了"德国人民为了新社会而进
行的斗争"（*S1*，第 333 页）。

按照标准的解释，马尔库塞给出了这样的假设，即"史诗时代"（苏
格拉底之前）的希腊文化是一个和谐的总体，"其中，生活本身就是艺术

---

① Lukács, *The Theory of the Novel*; G.W.F. Hegel, *Aesthetics: Lectures on Fine Art*, New York: Oxford, 1975.

② 本真存在的主题将是海德格尔哲学吸引马尔库塞的特征之一。参见 Martin Heidegger, *Being and Time*, New York: Harper & Row, 1962, 以及我的博士学位论文 *Heidegger's Concept of Authenticity*, Columbia University, 1973。

和神话，就是人民的公共财产"（*S1*，第 10 页）。^① 马尔库塞还假定了作为日耳曼文化源头的英雄时代，在那个时代，在这个融合了斯堪的纳维亚斗士的和谐社会中，"艺术与生活的完美统一"通过古代游吟诗人得到了表达（*S1*，第 11 页）。^② 随着封建文化的崩溃、资产阶级城市的建立以及三十年战争的爆发，原有的统一被撕裂了。这个时候，一个分裂和冲突的历史时代出现了，此时，个人面对的是一个"彻底贬值、贫困、野蛮、充满敌意而又不能提供任何成就感的世界"（*S1*，第 14 页）。^③ 然而，这样一个异化的世界却使"自觉的主体性的爆发"（*S1*，第 13 页）和克服异化的渴望成为可能。艺术家将他的情感与追求客观化了，并渴望它们在现实世界中得到实现。这使得艺术家试图按照自己的理想来塑造现实和克服艺术的异化（*S1*，第 16 页），或在美丽虚幻的世界中寻求庇护（*S1*，第 17 页）。

　　这一"艺术"概念预示着他后期的作品，比如，《爱欲与文明》和《审美之维》。在这些著作中，马尔库塞发展了一种艺术理论，作为对乌托邦式的满足和幸福形象的一种启示，而这种启示反对压迫和异化的世界。他的博士学位论文还着重分析了异化的根源，以及通过寻求解放与和谐社会来克服异化的方法——这些主题后来成了马尔库塞思想的核心。这同样预示着他的这一立场，即异化的局外人和"大拒绝"是重要的反对力量（见下文）。马尔库塞写道：

[9]

---

① 　对比 Hegel, *Aesthetics*; Friedrich Nietzsche, *The Birth of Tragedy*, Garden City, N.Y.: Doubleday, 1967; 以及 Lukács, *The Theory of the Novel*。

② 　奇怪的是，卢卡奇遵循黑格尔的观点，认为中世纪的基督教世界是一种完整统一的文化（参见 *The Theory of the Novel*, pp. 37ff.），而马尔库塞却选择了北欧海盗文化，他几乎是以尼采式的语言对他们的英雄事迹和民谣进行了赞美；参见本卷原文 pp. 72ff.。

③ 　对比 Lukács, *The Theory of the Novel*, pp. 40ff.。

　　[在资产阶级社会破晓之时,] 那些巡回演出的剧团和哑剧演员,尤其是年轻的牧师和学生, 挣脱了"修道院学校和牢房的严格纪律, 从一个地方奔向另一个地方, 过着欢笑的生活"(Winterfeld, *Deutsche Dichter des lateinischen Mittelalters*, 第 123 页)。但这一过于自信的新浪潮冲击了骑士和教会的义务的永久性。的确, 流浪诗人在宫廷和节日里大受欢迎, 他们中的一些人甚至享受王公的保护……但总的来说, 他们都是一些流亡人士和局外人, 周围世界的生活形式没有为他们留出空间。他们太过骄傲、太过狂热地去追求自由了, 从不寻求妥协或稳定, 所以他们的生活沦落到了艰苦的乞讨和不断的游荡的地步。

(参见本卷原文第 75 页)

　　马尔库塞在这里表达了对那些未被整合的局外人的同情, 认为他们是解放的先驱。① 按照他的说法:

　　从这些游吟诗人中产生了第一种欧洲艺术家类型, 这些人与社会对抗, 培养了自身的审美情感, 同时可能也带来了第一批自觉的艺术家——他们到处流浪, 与社会环境相对抗, 而这些往往被认为是艺术所必需的。

(*S1*, 第 13 页)

---

① "Befreiung"(解放)这个词在《德国艺术家小说》中随处可见, 是其重要主题之一。马尔库塞完全支持"解放运动", 比如, "狂飙突进运动"、文学上的颓废派、浪漫主义和其他文学亚文化, 这预示着他后来会支持"新感性"(见下文)。

　　在阐述了这一批判的历史的框架之后，马尔库塞对德国艺术家小说的历史发展进行了一系列细致入微而又经常引人入胜的解读。[①] 他根据"客观现实主义"和"主观浪漫主义"这两极——这又与那时的两种主要的文化倾向，即理性主义的启蒙运动和主观主义的虔信派密切相关——之间的区别对艺术家小说进行了分类（*S1*，第 15 页及以下）。他自己的写作风格延续了这两种倾向，从冷静、客观地讨论小说走向了在浪漫抒情中充满诗意的翱翔。这种主观浪漫主义思潮倾向于使经验存在服从于一般不能实现的审美理想，因此往往会导致为了艺术而拒斥日常生活。这种立场是由威廉·海因泽（Wilhelm Heinse）这样的"狂飙突进运动"（Sturm und Drang）作家提出的，某种程度上也是由卡尔·菲利普·莫里茨提出的。[②] 这也是浪漫主义、法国象征主义、"为艺术而艺术"的唯美主义的立场。主观浪漫的取向创造了一个"诗化的现实，一个梦幻的世界"，这个世界有着日常生活所没有的完美的和谐、统一和美丽。[③] 更加客观现实主义的倾向则对应于后来的布伦塔诺（Brentano）、恩斯特·特奥多尔·霍夫曼（Ernst Theodor Hoffmann）、约瑟夫·冯·艾兴多尔夫（Joseph von Eichendorff）等浪漫派，以及"青年德意志运动"

[10]

---

① 　对于那些对德国文学感兴趣的人，我要提醒的是，马尔库塞的研究包含如下章节："艺术家小说的开端"：莫里茨（Moritz）与海因泽（Heinse）；歌德、早期浪漫主义艺术家小说（布伦塔诺、恩斯特·霍夫曼和艾兴多尔夫）；浪漫艺术家小说的后裔；艺术家小说向社会倾向小说的转变；戈特弗里德·凯勒的《绿衣亨利》；近来艺术家小说中出现的对历史时代的背离；从艺术与生活问题的角度分析当代艺术家小说；最后，对托马斯·曼的艺术家小说的研究。

② 　关于"狂飙突进运动"和这个时期的文化历史背景，参见 Hans Kohn, *The Mind of Germany*, New York: Harper & Row, 1960; 以及 Jost Hermand, *Von Mainz nach Weimar*, Stuttgart: Metzler, 1969。

③ 　Marcuse, *S1*, pp. 85ff.。关于浪漫主义，对比 Lukács, "The Romantic Philosophy of Life", *Soul and Form*, pp. 42ff.; Kohn, *The Mind of Germany*; 以及 Hermand, *Von Mainz nach Weimar*。

中那些政治化的作家和社会小说学派。① 那些"客观现实主义"小说，至少其政治化的形式，包含着一种"对生活方式进行激进重组的需求，这种需求在实践中被表述成了对社会和政治改革的需求"（*S1*，第 17 页及以下）。

    与一些解释相反，马尔库塞的《德国艺术家小说》不应该被解读为对浪漫主义的肯定。② 统览全书，我们看到，马尔库塞在书中对浪漫主义提出了批评，并且他特别赞赏歌德、戈特弗里德·凯勒和托马斯·曼，因为他们克服了他们早期的浪漫主义，并与他们各自的社会达成了和解，同时呈现出了史诗般的、客观现实主义的散文风格。在描述了《少年维特之烦恼》等——这是"狂飙突进运动"时期典型的作品，深受浪漫派的喜爱——歌德早期的作品之后，马尔库塞转向了歌德的《威廉·迈斯特的漫游年代》和《威廉·迈斯特的学习时代》，他声称这些作品"相比《少年维特之烦恼》取得了决定性的进步"（*S1*，第 69 页）。然后，他批判了过度浪漫的主观主义和理想主义：

[11]

---

①   Marcuse, *S1*, pp. 174ff.. 关于"青年德意志运动"，参见 Kohn, *The Mind of Germany*; Hermand, *Von Mainz nach Weimar*。

②   例如，迈克尔·罗伊（Michael Lowy）认为马尔库塞和本雅明的博士学位论文都植根于德国浪漫主义；参见 "Marcuse and Benjamin: The Romantic Dimension", *Telos*, No. 44 (Summer 1980), pp. 25–34. 罗伊声称，本雅明和马尔库塞的共同点"与其说是犹太人的弥赛亚主义，不如说是德国的浪漫主义，以及它对前资产阶级社会的怀旧之情和它所促成的'艺术文化'与'乏味的资产阶级社会'的对立"（p. 25）。但是马尔库塞的博士学位论文不仅没有对前资本主义社会的怀旧之情，也没有将"艺术文化"和"乏味的资产阶级社会"对立起来；相反，正如我们将要看到的那样，他重视艺术与社会的融合。此外，马尔库塞倾向于对浪漫主义持批判态度，他的论文对德国"古典主义的"现实主义文学持更加肯定的态度，特别推崇歌德、凯勒和托马斯·曼。之后，"浪漫主义"和"批判的马克思主义"的结合将成为马尔库塞1955 年以后作品的一个鲜明特征。20 世纪 50—70 年代，他在对审美之维的讨论中将"现实主义"和"浪漫主义"的艺术作品都纳入了他的"真正的艺术"的美学万神殿。

维特陷入了极端的主观主义和绝对的内在性，不能超越理念和现实、自我和世界的分裂，他只有通过死亡，也就是说，只有通过经验存在的消亡才能回归统一。《威廉·迈斯特的漫游年代》中的威廉·迈斯特就目前来看已经克服了艺术家的主观主义，他在现实中，在环境中，正如艺术家所必需的那样，获得了充分的发展：从他家乡城市的资产阶级的局限走出来之后，从他年轻时的内在性走出来之后，他随剧团从一个地方来到了另一个地方，逐渐熟悉了人和事、工人和贵族、工厂和城堡、村庄和城市；与雅诺相反，他已经开始有计划地强调他决心投身于丰富的生活并从中创造出充实。

（*S1*，第 69 页及以下）

马尔库塞接着讨论了歌德的《威廉·迈斯特的学习时代》，在这部著作中，他的主人公通过整合到社会和自然之中，进一步克服了艺术的主观主义和异化。歌德笔下的艺术家主人公体验到了"艺术和自然的统一"（*S1*，第 71 页），并通过整合到社会和共同的人性之中，设法去克服他的艺术异化。对威廉·迈斯特来说，"对生命的最高肯定以最深层次的个人顺从为条件。它在理想的'人性'中找到了恰当的形式：人们不加掩饰地承认了世界的局限性和内在规律。从此以后，教育便代替了主观主义"（*S1*，第 72 页）。歌德肯定了古典的"人文"观念，即根据理想的人性来塑造人格。这就需要他的艺术家主人公将自己整合到社会和日常生活之中，创造出一种"和谐的人格"（ibid.），此外，这还需要"牺牲和放弃"：艺术家必须放弃他片面的对艺术的痴迷，克服艺术生活和日常生活之间的对立（ibid.）。

马尔库塞充满同情地展示了歌德笔下的被整合的艺术家的理想，这种艺术家在社会上拥有受人尊敬的职业，他通过为人类服务超越了艺术和生活之间所有的冲突。（参见 *S1*，第 74—84 页）歌德以这种方式解决了艺术家小说的问题，超越了它的问题，进入了"教育小说"①。在整个后面的章节中，马尔库塞利用歌德对浪漫主义（*S1*，第 104、111、119 页），以及回到产生问题的艺术家小说、倡导将艺术置于生活之上、倡导将艺术家置于共同的人性之上等各种倾向提出了批判。从整个研究中来看，马尔库塞批判了浪漫的理想主义的幻想、徒劳无益的努力，以及浪漫主义艺术家们的种种失败。他对浪漫主义倾向于从日常现实中抽离出来，去创造理想的虚幻的世界，并浪漫地认为艺术家是人类现实的最高形式提出了批判。他对晚期浪漫主义努力回归历史和日常生活的做法赞不绝口：

[12]

> 布伦塔诺、霍夫曼、艾兴多尔夫、阿尼姆（Arnim）都认为，艺术家无法通过纯粹奉献于理想世界而获得满足。除了对理想的渴望，还有对生活、对现实的渴望……现实生活再一次成了一种价值：艺术家在其中再次看到了意义和目标。
>
> （*S1*，第 122 页）

虽然布伦塔诺和霍夫曼没有能够克服艺术的异化，在世界上找到一个栖息地，但马尔库塞认为，艾兴多尔夫、阿尼姆确实与日常生活达成了

---

① 卡茨错误地认为，对马尔库塞来说，艺术家小说是德国"教育小说的子类型，即'教育'或'内在发展'的小说，其中的中心人物随着故事的展开从单纯到有了成熟的自我意识"，参见"New Sources of Marcuse's Aesthetics", in *New German Critique* 17, Spring 1979, p. 177. 事实上，马尔库塞在他的整个论文中对"成长小说"（Kunstlerroman）和"教育小说"（Bildungsroman）做了对比，认为"教育小说"代表着对"成长小说"的问题的克服，因此是不同于"成长小说"的一种独特的小说类型。参见 *S1*, pp. 12, 50, 75–78, 83–84, 217, 230–231. 关于"教育小说"，参见 Lukács, *The Theory of the Novel*。

和解，而这使得"对生命的无限肯定"和他们个性的全面发展成为可能（*S1*，第 144 页）。

在马尔库塞看来，"对生命的最为突出的肯定，现实的恢复，艺术家植根于当下即是的此岸世界（Diesseitigkeit），在戈特弗里德·凯勒那里得到了实现"（*S1*，第 210 页）。马尔库塞认为，他的小说《绿衣亨利》是最伟大的德国艺术家小说。①

> 《绿衣亨利》是主观浪漫主义艺术家小说真正的对立面：与浪漫主义的伟大标本相反，他提出了一种与反对浪漫主义和德国理想主义的费尔巴哈哲学密切相关的新的现实主义……明媚的阳光和温暖夏日的光辉照耀着小说中的人物。
>
> （*S1*，第 210 页）

凯勒的"审美性的泛神论"（sensuous pantheism）实现了艺术与生活的统一，并将艺术家整合进了"一种常见的、有序的生活形式"（*S1*，第 211）中。从他与周围环境平和愉快地相处，到他发展出一种从总体上颂扬生活的史诗般的现实主义的散文风格，马尔库塞追溯了凯勒的发展历程。马尔库塞为凯勒做了辩护，反对那种指控他最后以保守地颂扬资产阶级的生活形式宣告终结的说法："亨利的资产阶级生活只是史诗般的弃权与整合的一种表征，绝不是对一个社会群体的行为和价值被赋予了规范效力的无条件承认"（*S1*，第 230 页）。事实上，凯勒小说中平和、和谐的生活，以及对生活肯定和赞颂预示着马尔库塞后来对快乐主义及和解与和谐

[13]

---

① 马尔库塞在 1978 年 3 月的一次访谈中告诉我说，凯勒的《绿衣亨利》是他最喜欢的艺术家小说。

的社会理想的辩护。

尽管马尔库塞满腔热情地提出了这一将艺术与生活融合起来，并通过融入和谐社会来克服异化的理想，但他也意识到了这一点，即资产阶级社会的发展创造了新的异化形式，而这些异化形式在艺术家小说中体现了出来。在他的博士学位论文中，他经常把艺术反抗看作是对资产阶级社会和资本主义的有意识的拒斥，而这种拒斥那时正在破坏原有的生活形式，并为克服艺术异化制造新的障碍。例如，他写道：

> 在 1830 年革命期间，浪漫派宣布要彻底解放艺术的主体性，撷取美的现实，但革命之后不久，人们就彻底醒悟了。资产阶级已经成了社会的领导阶级，而这样一个狭隘的、以商业为导向的、唯利是图的资产阶级社会关心的完全是实际的利益，陷入了赤裸裸的物质主义。精神生活和经济生活快速的技术化和工业化也开始了；在此期间，新闻业强有力地崛起了……商业原则也开始逐渐渗透进了文学。
>
> （S1，第 248 页）

马尔库塞认为，社会变革早就在艺术亚文化以及艺术家和知识分子的作品中有了先兆。例如，在讨论 1830 年和 1848 年法国革命对文学的影响的章节，马尔库塞指出，这些革命早就在法国的"波西米亚"亚文化和空想社会主义中有了先兆（S1，第 174 页及以下）。他把法国的波西米亚文学圈说成是"第一次试图贯彻一种真正艺术的生活形式的尝试"，称赞圣西门、傅立叶和昂方坦（Enfantin）"为新的社会秩序"创造了"伟大的制度"（S1，第 179 页）。在一段预示着他自己后来政治立场的段落中，马尔库塞写道："人们并不是只看到了这些制度的经济意义，他们还从中看到了一种彻底变革支离破碎的生活形式的方式，一场对各个群体来说强烈渴望而又如此迫切需要的变革"（*S1*，第 179—180 页）。马尔库塞紧接着描述了 1830 年 7 月革命的影响：

> 法国的剧变对年轻的德国艺术家一代来说是一段决定性的经历，是改造生活形式的第一次伟大尝试。受压迫的青年产生了强烈的渴望，那便是直接以当前的现实为基础在实践中实施这一改造，是的，拿起他们手中的武器去斗争。
>
> （*S1*，第 180 页）

在这种情况下，"艺术被用在了服务于生活上，它承认了时代的趋势；艺术家成了实干家，成了政治和社会斗士"（*S1*，第 181 页）。　　[14]

马尔库塞热情洋溢地描述了"青年德意志运动"的作家们，他们希望通过"号召人民为一场必要的社会改造而斗争"而成为"人民的动员者"（*S1*，第 183 页）。对他们来说，"艺术本身成了武器，它将服务于革命趋势"（*S1*，第 183 页）。1830 年的革命很快就被整个欧洲的反动取代了，一个新的"技术时代"开始了："商业、工业和技术蓬勃高涨，自然科学和经济学的东征西讨让实用的物质利益取得了几乎无可争议的胜利，它很快就主导了整个生活"（*S1*，第 193 页）。但工业社会也孕育了无产阶级和社会主义，并且于 1848 年掀起了一波新的革命浪潮，而这一革命浪潮"似乎开辟了一条新路"（*S1*，第 195 页）。

> ［现在，］人们很清醒，他们已经站起来了——他们身上似乎出

现了新的东西。现在，艺术家们相信他们已经找到了斗争的支持者并且实现了联合：他们站到了革命群众那一边，和革命群众一起奋斗，承受痛苦，参与到了革命群众对旧的生活方式的攻击当中。

（S1，第 195 页）

这些斗争同样以失败告终，艺术先锋派受到了挫折，出现了新的异化形式。

艺术对资本主义工业化和资产阶级的胜利的回应包括发展了"为艺术而艺术"的学说，以及再次倡导艺术高于生活、艺术家优于资产阶级的艺术亚文化。年轻的马尔库塞极具穿透力地展示了文学中的波西米亚风格、福楼拜、左拉和法国的艺术宗教。他审视了一系列的主要讲的是艺术家为了追求自己的艺术使命而放弃一切的小说，并强调了这些所谓的艺术家所遭受的痛苦、悲伤和频繁的崩溃。在这个过程中，他对作为一种社会类型的"唯美主义者"和"为艺术而艺术"的意识形态提出了强有力的批判。他声称，在奥斯卡·王尔德的"纨绔风"中，在若利斯－卡尔·于斯曼的《逆流》对感官享乐的追求中，以及在其他许多法国和意大利作家的唯美主义中，"总有一些东西仍然未能得到满足，那就是他们的人性"（S1，第 294 页）。马尔库塞评论说：

那些只是寻求审美意蕴的人……那些被迫经常成为自己生活中有意识的旁观者的人永远走不出他们的自我中心 [斯特里奥·埃弗伦纳（Stelio Effrena）在《火！》中说："我只能谈论我自己！"]。对他们来说，任何人类活动和亲密无间都是被禁止的，他们只能以"艺术家"的身份、以"美的事物的创造者"来生活（奥斯卡·王尔德）……生命只有通过艺术媒介来看待，只有被转化为艺术，才有意义和价值。

（*S1*，第 294 页）

马尔库塞批判性地描绘了那种出现在艺术家审美理想中的"歇斯底里 [15] 的非道德性"，并强调了福楼拜、左拉、易卜生和其他试图践行这种理想的艺术家的悲剧。因此，与那些指责他是唯美主义的人相反，他从第一部主要作品开始就对审美逃避主义持批判态度。实际上，令人吃惊的是，在他的博士学位论文的每一章，你都会发现他后来的思想的先兆。他关于"狂飙突进运动"和歌德的作品赞扬了"感受大自然"和"爱的体验"的解放性。（*S1*，第 42 页及以下）他在关于法国波西米亚文化的讨论中以一种对他后来哲学上的快乐主义来说颇为有趣的预言的方式引述了戈蒂耶的话：

在我看来，快乐是生命的目的，是世界上唯一有用的东西。上帝也希望拥有它：他创造了女人、香水、光、鲜花、美酒、卷发、安哥拉猫，他并未对他的天使说过"要有美德"，但却对他的天使说过"可以做爱"。

（*S1*，第 179 页）

马尔库塞在同情德国唯心主义美学的同时，表达了对现实主义的经典和费尔巴哈的唯物主义的喜爱（*S1*，第 210、214 页）①。他关于艺术家

---

① 马尔库塞提到了费尔巴哈对戈特弗里德·凯勒的影响，声称费尔巴哈的唯物主义把凯勒从他以前的宗教观点中解放了出来，并且部分地由于费尔巴哈，凯勒从那以后拥有了一种"炽热而有力的现世意识（Diesseitigkeit），而这种意识在活生生的现实中看到了非凡的、最高的和最美丽的事物，认识到了每一个存在的不可替代的价值……抓住了有其奇妙的必然性的过去和现在的一切"（*S1*，第 214 页）。后来马尔库塞将强调费尔巴哈对马克思的重要性。

对共同体的追求的丰富多彩的描绘预示着他后期在《爱欲与文明》中提出的"非压抑性的文明"的概念，以及 20 世纪 60 年代他为空想社会主义所作的辩护。他所提出的理念应塑造现实这一要求预示着他后来在《理性和革命》中对黑格尔的唯心主义和辩证法的运用。① 对"美与爱的王国"（*S1*，第 87 页及以下）的浪漫需求预示着他将来会强调审美—爱欲维度对解放了的存在的重要性。

[16]　　马尔库塞对各种艺术倾向、不同类型的小说和作家进行了富有启发性的描述，这在一定程度上是因为他用到了威廉·狄尔泰和其他人在德国的解释学和"文化历史"传统② 中所采用的"移情"（Einfuhlung）方法。例如，解释学的文化史学家通过对每一个小说家、每一种类型的小说以及小说本身的移情作用，把艺术家小说作为一种艺术形式类型，作为一种生活形式、生活方式呈现了出来。马尔库塞似乎认同每一种艺术形式或生活方式，就好像自己在讨论要选择哪种生活方式似的。他是应该像他所讨论的某些狂飙突进运动中的浪漫主义作家那样，摆脱平凡的日常生活，过一种有教养的快乐的生活呢？还是应该从虚幻的审美关切转向实际的日常事务并安于日常生活呢？他是应该献身于革命事业呢？还是应该像歌德、凯

---

① 对比 *S1*, pp. 87ff. 与 Herbert Marcuse, *Reason and Revolution*, New York: Oxford University Press, 1941。在这两个文本中，马尔库塞都描述了根据更高的理想重构现实并将启蒙运动和进步哲学的理想转变成现实的尝试。马尔库塞的博士学位论文注意到了强调构成世界的能力并称赞法国革命就是为了实现进步哲学的理想的康德哲学和费希特哲学中的元素。在《理性和革命》中，马尔库塞把黑格尔哲学和德国唯心主义当成了法国大革命的理想的哲学表达。

② 参见 Wilhelm Dilthey, *Das Erlebnis und die Dichtung*；马尔库塞引用的是扩展版，即第二版（Leipzig, 1907）。关于狄尔泰和他的方法，参见 Rudolf A. Makkreel, *Dilthey, Philosopher of the Human Studies*, Princeton, N.J.: PrincetonUniversity Press, 1975，以及赖茨在《艺术、异化与人文科学》（*Art, Alienation, and the Humanities*）中的讨论。另参见卢卡奇在他 1962 年版的《小说理论》的前言中对"文化科学"方法论的论述，*The Theory of the Novel*, pp. 11ff.。

勒和曼那样，尽量在艺术、日常生活、政治之间保持平衡呢？我猜测，马尔库塞自己也在讨论这些选择，这有助于解释他为什么看上去对每一种他所审视的艺术类型都表现出了明显的同情。事实上，在不同程度上，马尔库塞在 20 世纪 20 年代及后来几十年也经历了这些不同的、矛盾的选择。因此，我认为，马尔库塞博士学位论文中最有趣的地方在于，他不仅掌握了德国文化科学的移情方法，而且他个人还亲自参与了这一事业。

　　最后关于托马斯·曼的那一章以一种模棱两可的方式结束了他的研究，我认为这揭示了马尔库塞自身处境中的一些矛盾，以及他对阶级和资产阶级社会的态度。虽然马尔库塞似乎既同情那些反对冰冷而无情的世界的异化的艺术家，又同情那些能够在他们的环境中找到生计和资助的艺术家，但他最后却承认了艺术生活与资产阶级社会和解的可能性，托马斯·曼小说中的某些人物就实现了和解——托马斯·曼自己在马尔库塞写博士学位论文期间也实现了这一点并提出了自己的主张。通过把写作当成一种资产阶级的职业来追求，并以责任心、敬业精神、创造性等价值为范例，托马斯·曼指出，与资产阶级世界和解是可能的（*S1*，第 322 页及以下)[①]。如果作家能成为资产阶级社会的教育家和道德力量，他也就克服了异化，重新成为一个完美的社会成员。然后，他就可以平息他的"恶魔般的爱欲"和"酒神力量"，也就可以适应日常生活了（*S1*，第 3 页、第 26 页及以下）。因此，托马斯·曼似乎解决了艺术家小说的关键问题，他似乎给出了这样的结论："艺术的存在和资产阶级社会不再是两种生命形 [17]

---

① 马尔库塞借鉴了卢卡奇在《心灵与形式》中对"资产阶级生活方式和为艺术而艺术"的讨论
　　("The Bourgeois Way of Life and Art for Art's Sake", *Soul and Form*, pp. 58ff.)，还借鉴了托马斯·曼的《一个不关心政治者的观察》(*Betrachtungen eines Unpolitischen*, Berlin, 1918) 以及其他社会政治著作。

态，两种本质上对立的单元，而是艺术家被整合到了资产阶级世界中，艺术与生活统一了起来，这样一来，艺术家小说的问题就不再那么尖锐了"（*S1*，第 329 页）。

马尔库塞对托马斯·曼的小说《魂断威尼斯》的讨论预示着他后来会对弗洛伊德的本能理论感兴趣，同时也揭示了托马斯·曼对艺术家小说问题的解决不可靠。从《魂断威尼斯》的开篇，我们就可以看到，托马斯·曼的艺术家主人公古斯塔夫·冯·奥森巴哈（Gustav von Aschenbach）是艺术家理想的典范，他不仅作为职业作家和教育家融入了资产阶级社会，还克服了浪漫主义、主观主义和反资产阶级的倾向，成了一个"客观的资产阶级的艺术家"（*S1*，第 325 页）。奥森巴哈的成就是道德严明的结果，是不断努力去克服浪漫主义、抒情、玩世不恭、冷嘲热讽，以及其他自觉的艺术人格特征的结果。奥森巴哈在他的作品中为客观形式而奋斗，在他的生活中则为稳定和秩序而奋斗。他在不断的追求中获得了成功，成了资产阶级社会整体的一员，被公认为伟大的艺术家和教育家。然而，奥森巴哈却屈服于恶魔般的冲动，这迫使他逃离了安静的艺术家的居所去旅行，最终他到了威尼斯。在那里，他进一步屈从于"酒神的力量"和诱惑，他被一个年轻漂亮的波兰男孩深深地吸引，对其展开了追求，但他崩溃了。

循着托马斯·曼的小说，马尔库塞描述了奥森巴哈是如何被破坏性的情爱力量所侵蚀的（这些力量冲破了他那资产阶级的外表，把他抛入了激情的漩涡，粉碎了他精心构建的人格面具和道德）。马尔库塞对这些"黑暗的原始力量"的描述预示着他后来会运用弗洛伊德的本能理论："无可救药的、天生的本性——它们指定了一个意志无法决断的领域"，这个领域既具有创造性，也具有破坏性（*S1*，第 327 页及以下）。尽管奥森巴哈无法掌握这些本能力量，这一点似乎让人们开始质疑托马斯·曼把艺术家整合进资本主义社会的理想的可行性，但是，马尔库塞似乎认为《魂断威尼斯》对托马斯·曼而言代表着一次感情升华：他能够得以摆脱他早期作品中经常描述的恶魔般的力量和艺术异化，并得以在《魂断威尼斯》中呈现出"客观"的史诗风格，从而达到"荷马式的狂躁和美"（*S1*，第328—329页）。按照马尔库塞的解读，

> 《魂断威尼斯》是迄今为止对黑暗、混乱、深渊最具决定性的一次驱魔：随之而来的完全是最新整合与扎根的产物。出于道德的、社会的责任与姿态，托马斯·曼写下了《弗里德里希与大联合》（1914）以及《一个非政治人的反思》（1918），还有田园诗《主人与狗》及《童谣》（1917），这些都是"获得重生的自发性"最纯粹的结晶：感恩地、自觉地沉浸在新赢得的生活的最简单的表象中，沉浸在共同体的幸福与和平中。艺术家回到了资产阶级的生活，重新与生活联系在了一起。自"为艺术而艺术"时期以来，艺术家小说所经历的斗争在托马斯·曼的作品中再次体现了出来——那种献祭性的"为艺术而艺术"的艺术作品，求知与奋斗的艺术生活，唯美主义——并最终获得了胜利，战胜了困难。

[18]

（S1，第329页）

就像托马斯·曼是他长期研究的主人公似的，马尔库塞提出了一些令人困惑的问题："我们必须提出这样一个问题，即这种胜利、这种战胜是否植根于那种纯粹的史诗般的世界情感，而这种情感只能在艺术家小说中才能揭示事物的总体性和统一性吗？它能带来对抗性的内在消解吗？"

（*S1*，第 329 页）马尔库塞评论道：

> 对世界的和谐与美，对万物、甚至最微不足道的显象的必然性与适当性，以及对一切本质意义上的超个体的关联性的史诗般的基本体验，对存在的充满爱的肯定与理解：那是一种超越所有时空条件的永恒的基本体验，它不受任何确定的生活形式的约束，它是作为一种可能性给予所有人的。但是，源于这种体验的生活与艺术工作——史诗般的艺术生命与塑形——无论何时何地都需要一个前提：存在一种有机的、有意义的生活形式，它是统一的，并承载着自身价值——存在一种最异乎寻常、最深刻意义上的"共同体"。只有它才是伟大史诗赖以产生的坚实而又肥沃的土壤，在这里，顺从的艺术家才能做出适当的、令人满意的调整。
>
> （*S1*，第 329—330 页）

　　歌德在魏玛的洛可可式的社会中找到了这样一种共同体，凯勒在瑞士城邦中发现了这样一种共同体，那么托马斯·曼呢？马尔库塞认为，托马斯·曼小说中的资产阶级社会太过强调个人主义、自我本位，并且有着太多的局限性（*S1*，第 330—331 页）。因此，尽管他在关于托马斯·曼的那一章的结尾部分再次给予了托马斯·曼很高的评价，但他在总结研究时却评论道："对于德国艺术家小说而言，共同体不是某种给定的东西，而是某种被放弃的东西，是某种要争取的东西（etwas Aufgegebenes）。在文学史问题之外，我们还可以看到一段人类史：德国人民为建立一个新的共同体所作的斗争"（*S1*，第 333 页）。

　　因为"etwas Aufgegebenes"一词既指"某种被放弃的东西"，又指"某种要争取的东西"，其意思是，艺术家个体可以自由地献身的共同体并不存在，它仍是某种需要争取的东西，是一项尚未完成的任务。因此，马尔库塞似乎并未默然同意托马斯·曼对资产阶级社会的顺从和接受。然而，他对托马斯·曼的富有同情的描述展示了他自身处境中的矛盾，并表明他被托马斯·曼的解决方法吸引住了。这也表明，他的理想社会——后来，这在《爱欲与文明》及以后的手稿中得到了描述，而实际上，这在他的博士学位论文中就已经有先兆了——仍然是需要为之奋斗与争取的东西。这样一个乌托邦式的理想是无法同资产阶级社会达成和解的，而且事实上，马尔库塞在其最早发表的文章中就呼吁推翻资本主义社会，转向马克思主义并支持社会主义革命了。①

[19]

卢卡奇在 1962 年出版的《小说理论》的前言中所作的自我批评可用于马尔库塞的《德国艺术家小说》。② 他们的文学史都太过远离社会经济背景了。正如我所指出的那样，尽管马尔库塞经常讨论社会历史及其对文学的影响，但他的分析太过粗略，并没有对那个时代的文学、社会以及政治进行充分的疏通。因此，他没有系统地介绍德国艺术家小说的社会历史，也没有详尽地描述资本主义的兴起及其对社会文化的影响，而只是做了简要的概述。综上所述，马尔库塞这时还没有恰当地运用马克思的历史唯物主义与意识形态批判，也没有形成他与社会研究所合作期间他那种独特的社会批判理论模式，因此，他在博士学人论文中对文学的早期研究并没有超出德国文化学派的边界。

---

① 　参见马尔库塞发表的第一篇文章，即《历史唯物主义现象学论稿》，它被重译并收入了《海德格尔式的马克思主义》（Herbert Marcuse, "Contributions to a Phenomenology of Historical Materialism", in *Heideggerian Marxism*, Richard Wolin and John Abromeit (eds.), Lincoln: University of Nebraska Press, 2005, pp. 1–33）。

② 　参见 Lukács, "Preface", *The Theory of the Novel*, pp. 12ff.。

20世纪30年代：走向文化批判理论

> 愚人天堂的观念的错误并不在于它原始的、唯物主义的因素，而在于它的不朽。只要世界是变幻无常的，就会有足够的冲突、忧伤和苦难去破坏这幅田园诗般的图景。只要存在着必然王国，就会有足够的需求。即使是非肯定性文化，也将承载变幻无常和必然性的重担：在火山口跳舞、在悲伤中欢笑、与死神调情。如果确实如此，生命的再生产就仍包括文化的再生产：对尚未满足的渴望进行塑造和对尚未满足的本能进行纯化。
>
> （Marcuse, "The Affirmative Character of Culture",
> 参见本卷原文第 112 页）

1922 年，马尔库塞返回柏林，在一家古籍经销出版公司工作了几年。期间，他与妻子苏菲住在夏洛滕堡区的一间公寓里。他与这位数学与统计学专业的学生在弗莱堡邂逅，并于 1924 年结婚。他的父亲通过良好的房地产投资顺利地度过了 1923 年的经济危机，并帮马尔库塞购买了书商兼出版商马丁·弗伦克尔（S. Martin Fraenkel）的公司的一个合伙人的职位，他在那里主要从事目录研究和编纂工作。马尔库塞在此出版了他的首部作品，一本附有简要注释的席勒资料目录集（1925 年面世），他坚称"那只不过是一份工作"，对他的思想发展来说"微不足道"[①]。在这本书中，他

[20]

---

① Herbert Marcuse, *Schiller-Bibliographie unter Benutzung der Trämelschen Schiller-Bibliothek*, Berlin: S. Martin Fraenkel, 1925. 1978 年 3 月 26 日，在旧金山的一次访谈中，马尔库塞向我表达了他对这本席勒资料目录集的评价，他说"那只不过是一份工作"。

更新了公认的席勒资料目录，并对各种不同的席勒文本和版本依据事实材料零星地做了注释。马尔库塞后来表示，在撰写《爱欲与文明》之前，席勒对他不太重要，但我却不揣冒昧地认为，他早年的文学研究对他产生了深远的影响，并在他后期的作品中再次起到了举足轻重的作用。当时，用马尔库塞的话来讲：

> 1927年《存在与时间》一出版，我就拜读了，读罢此书我决定重返弗莱堡（我1922年在此获得了博士学位），以便和海德格尔一起工作。1932年12月之前，我一直待在弗莱堡并和海德格尔一起工作，直到希特勒掌权前几天，我才离开德国。①

此后几年，马尔库塞在弗莱堡研究哲学，出版了他的第一部论文集，这部作品试图对与早期海德格尔密切相关的现象学存在主义、马克思的历史唯物主义，以及与狄尔泰和其他哲学思潮密切相关的生命哲学和文化科学进行调和。② 随着德国纳粹党的无情崛起，海德格尔开始与纳粹扯上了关系，马尔库塞在德国进行学术研究的可能性逐渐消失了。于是，马尔库塞加入了法兰克福的社会研究所，就在此时，这个主要由德国犹太人和激进分子组成的群体正决意离开德国。③

---

① "Heidegger's Politics: An Interview with Herbert Marcuse by Frederich Olafson", *Graduate Faculty Philosophy Journal*, Vol. 6, No.1 (Winter 1977), p. 28.

② 关于马尔库塞这一时期的哲学著作，参见 Kellner, *Herbert Marcuse*, Chapters 1 and 2。在《哲学、精神分析与解放》(Volume Five of the *Collected Papers of Herbert Marcuse: Philosophy, Psychoanalysis and Emancipation*) 中，我们将系统地探讨马尔库塞跟随海德格尔时的哲学研究及其哲学的发展。

③ 参见 Kellner, *Herbert Marcuse*, Chapter 3, 以及 Kellner, Introduction, *Towards a Critical Theory of Society*。

　　1934 年夏，马尔库塞与妻子苏菲、儿子彼得离开了德国，这之后他开始在刚刚与纽约的哥伦比亚大学建立联系的社会研究所工作。马尔库塞很快就深入地参与到了他们的跨学科的研究事业当中，包括为激进哲学和社会理论建立模型，阐发国家垄断资本主义新阶段的理论，并对德国法西斯主义进行系统的分析和批判。马尔库塞认同研究所的"批判理论"，并且终其一生都与霍克海默、阿多诺、利奥·洛文塔尔，以及研究所的其他核心成员保持着虽不时有冲突但却密切的联系。

　　20 世纪 30—40 年代初这段时间，马尔库塞在研究所的事业上投入了大量的精力。马尔库塞与研究所其他成员一起阐发当代社会批判理论的同时，并专注于文化与意识形态，阐发了艺术和美学批判理论，而他将在不同的历史背景下继续追求这一事业。意识形态批判是研究所工作的重要组成部分，他们于 20 世纪 30 年代开始把目光投向了资产阶级文化是如何帮助资本主义社会关系实现再生产、使其合法化并遮蔽其实质的。[①] 批判理论根据特定的历史条件将各种现象与背景结合了起来，当时，研究所就正在向法西斯主义过渡的资产阶级—资本主义社会提出了一种批判理论。相应地，马尔库塞着手阐发了一种资本主义文化理论，它将揭示这种文化是如何通过再生产工业资本主义的社会关系，帮助资产阶级实现意识形态的神秘功能的。此外，他还着手揭示了资产阶级文化的各个方面是如何为法西斯主义开辟道路的，以及怎么会与法西斯主义文化既有一定的连续性又有不同之处的。

———————————

① 关于社会研究所对法西斯主义的分析和社会研究纲领，参见 *Technology, War and Fascism*；关于他们发展社会批判理论的规划，参见 *Towards a Critical Theory of Society*；对社会研究所（有时被称为"法兰克福学派"）的理论立场的概述，参见 Douglas Kellner, *Critical Theory, Marxism, and Modernity*, Cambridge, UK and Baltimore, Md.: Polity Press and Johns Hopkins University Press, 1989。

　　因此，艺术批判理论的其中一个方面就是描述艺术是如何促进压迫与支配的。但对马尔库塞而言，批判理论同样描述了文化现象的积极的解放与乌托邦特质，这种特质可以促进人类的解放事业，有助于创造一个更自由、更幸福的社会。相应地，马尔库塞还详细地阐释了资产阶级文化的乌托邦式的解放特征，这些特征有助于创造一个更好的社会，从而有利于解放与激进的社会变革——马尔库塞将在未来数十年都致力于这一事业。

　　因此，艺术批判理论是辩证的理论，它不仅批判消极的特征，而且还清楚地说出了积极的特征。它分析了特定社会形态下的艺术，提出了乌托邦式的艺术与解放观念，而这些观念表明艺术在特定的社会事态中能够具有解放的潜能与作用。因此，马尔库塞对艺术的关键性分析清晰地阐明了艺术中起决定性作用的作为构成要素的矛盾性、模糊性与悖论性，因此，那种将他解读为一个唯心主义的美学家或还原论的艺术本体论者的做法是错误的，因为他总是将他的分析历史化，并且强调矛盾性与悖论性。马尔库塞 1937 年发表的《文化的肯定性质》尤其强调了德国法西斯主义时期西方艺术的辩证特征；此后他将在不同的历史背景下——比如，最初是在 20 世纪 50 年代至 60 年代早期美国压抑的、顺从的社会背景下，然后是在 20 世纪 60 年代晚期与 70 年代中期世界革命的背景下，接着是在全球反革命运动兴起与左派溃退的背景下——反思艺术的潜能与审美维度。《文化的肯定性质》一文最初是以德文"Über den af-firmative charakter der kultur"为题发表在了《社会研究杂志》[*Zeitschrift für Sozialforschung*, Vol. 6, No. 1（Paris: 1937），pp. 54–94，参见本卷第二章]上。　　[22]

　　尽管马尔库塞对艺术的反思是乌托邦式的，但却是建立在非常特定的历史环境之上，是对现存社会做出分析并以激进社会改造为旨归的社会批判理论的组成部分。因此，马尔库塞对艺术的反思植根于社会批判理论与政治学，艺术对他来说是一个准自主的维度，但又深深地卷入了社会和历史的兴衰更替。因此，我不赞同卡茨、卢克斯、赖茨等人关于马尔库塞持先验的艺术本体论的观点，因为马尔库塞自 20 世纪 30 年代同社会研究所合作开始，他对艺术与审美的反思就总是与特定的历史事态紧密相关，并与他的社会批判理论与激进政治融合在了一起。①

　　卡茨一开始错误地认为他早期的博士学位论文隐含着马尔库塞和海德格尔一起工作期间（1927—1933 年）完成的文本中的先验本体论要素，后来又错误地认为他后期的美学思想也隐含着这种要素。② 卢克斯的错误在于他没有将马尔库塞的作品作为一个整体置于马克思主义与批判理论的问题之中，而赖茨尽管正确地将马尔库塞的大部分著作都放在了他的马克思主义与社会批判理论的基础之上，但他却又认为，与马尔库塞对艺术所作的更多的社会学和政治学的理解相矛盾的是，存在着唯心主义美学和艺术本体论的要素。③ 的确，马尔库塞后期的美学尤其主张艺术具有普遍性与永恒性，而且本体论的反思往往也是马尔库塞那些包括他对艺术的一些反思在内的理论的组成部分。但是，通过将他的艺术理论放入适当的语境并进一步做出解释，我们就会发现，即使是他那较明显的唯心主义的本体

[23]

---

① 　马尔库塞后来在接受拉里·哈特威克（Larry Hartwick）的访谈时（参见本卷原文第 218 页及以下），明确否认了他的分析是先验的，并声称他对艺术的分析是超历史的：

　　　超历史意味着超越历史过程中的每一个和任何一个特定的阶段，而不是超越整个历史过程。这一点很明显，因为我们根本想不出天底下有哪一个事物可以超越整个历史过程。一切都在历史之中，甚至自然也包括在内。

（第 219 页）

② 　Katz, *Herbert Marcuse: Art of Liberation*.

③ 　Lukes, *The Flight into Inwardness*; Reitz, *Art, Alienation, and the Humanities*.

论立场也只是出现在了他的社会批判理论与革命性的社会变革筹划的语境下，因此它们应该被置于这种语境中来解读和解释。

对马尔库塞分析中的唯心主义、乌托邦以及本体论要素，我们应该放在构成其自 20 世纪 30 年代以来直至其去世这一漫长阶段的理论基础的社会批判理论的框架下进行解读。有趣的是，在他与社会研究所合作期间出版的最早研究艺术与文化的主要著作中，马尔库塞把注意力放在了那个时代的艺术的意识形态的和神秘的方面，尽管他也指出了艺术的乌托邦潜能。《文化的肯定性质》是马尔库塞经久不衰的理论杰作之一，而且对他后来形成的辩证的文化理论来说非常重要。这篇文章文笔紧凑，论证严密，思想充满启发性，是辩证思维的典范。它巧妙地从揭露文化的意识形态层面转向了它的解放维度，清楚地阐明了资本主义和新兴法西斯主义时代的文化的基本方面。本文分为三部分，第一部分首先讲到了古希腊与现代欧洲文化概念的连续性，第二部分详细阐释了资产阶级文化的消极的与积极的特质，结语部分讨论了资产阶级文化向法西斯主义的过渡，以及尽管存在着根本的文化差异与不同价值的两种社会秩序之间文化功能的连续性。

尽管马尔库塞在他把注意力放在对意识形态进行批判，尤其是关注资产阶级文化和政治与德国法西斯主义之间的连续性的时期构想了他对欧洲文化的批判，但这篇极具影响力的文章却清楚地阐明了艺术的双重特征，它既包含肯定的意识形态的维度，也包含对抗的可能和乌托邦的可能，而他将始终不渝地坚持这一立场。

《文化的肯定性质》一开始详细地考察了古希腊文化是如何发展出一种心灵与身体、现实与表象，以及美与实用的有等级的二元论的。戴着这样的眼镜，美与现实被放置在了一个与日常生活相分离的、只对有特权的精英开放的更高级的王国。马尔库塞认为，资产阶级文化与日常生活保持着一种分离状态，但却向所有人打开了更高的价值王国，因此任何人都有可能超越物质王国，去追求被认为优越的超越的价值。

对马尔库塞而言，"肯定性文化"的概念指的是资产阶级时代的文化。肯定性文化把它的精神王国描绘成了一个比日常世界更高级、更崇高、有价值的王国，并声称其价值对个人的幸福来说很重要。资产阶级时代效仿希腊人，把"文化"从日常世界分离了出去，并断言存在更优越的真善美的王国，而人们能在这里找到最稳定和最持久的幸福。但对马尔库塞而言，在资本主义时代，肯定性文化变成了一种意识形态，在这种意识形态下，文化的价值据说可以被每一个人所接受，它们提供了一个"表面统一和自由的王国在文化——在这里，一般认为，那种对立的存在关系得到了稳定和平定——中被建立了起来。文化肯定了同时也掩盖了社会生活的新的条件"（本卷原文第 88 页）。

[24]

因此，对马尔库塞来说，肯定性文化有助于稳定和维护资产阶级社会及其生产体系。肯定性文化通过允许个体超越日常生活的辛苦和苦难、获得一个更高层次的精神王国，为人们逃离日常生活的苦难和不确定性提供一个避难所，起到了逃避现实的功能。不仅如此，肯定性文化还提供了一层面纱，把社会的对抗和矛盾掩盖了起来。通过进入一个崇高的艺术世界来克服苦难，它还起到了神秘的美化生活的功能。在资产阶级社会，这一对社会条件和痛苦的神秘化通过"文化教育"得到了系统的实施。个体参与到艺术世界当中，是为了吸收理想的价值，创造一种不为动荡不定的生活所干扰的内在和谐。所以，资产阶级文化需要一种新型的人格，即"美丽的灵魂"，而不是文艺复兴时期那种从世俗的活动中，从获取权力中，从获得的世俗的成功和感官体验中寻找幸福的普遍的人。相反，资产阶级文化中的精神化的人格则从道德人格（康德）、审美感性（德国唯心主义）中寻求理想的价值，并通过在一个更高雅的精神世界里寻求慰藉，寻求放弃世俗幸福的更高级的精神救赎。

因此，马尔库塞声称，资产阶级社会的肯定性文化既有压抑的功能，也有补偿的功能。逃入一个理想的美丽世界，这不仅压抑了个体对幸福的诉求，也压抑了对感官满足的本能需要。肯定性文化包含着一种对肉体和灵魂的等级排序，肉体被认为处在下层，受灵魂的支配。既然肉欲的释放颠覆资本主义经济对纪律严明的、辛劳工作的劳动力的要求，那么资产阶级社会定会谴责肉欲，或者使它服从于理性的支配，或者引导灵魂将肉欲升华为高雅的、排他的、一夫一妻制度的资本主义的爱情。资本主义社会通过其文化的这种起到镇静作用的慰藉物，把爱情理想化了，并提供了逃入更高级的精神世界的途径，从而为本能的放弃和辛苦劳作提供了某种补偿。但这种精神化的文化"用灵魂对抗物化，但最终却仍然屈从于物化"。因为资产阶级文化把个体放在了他们有教养的主体性中，孤立了起来，使他们服从于统治现存社会的压抑性力量的支配。

尽管资产阶级文化使社会现实神秘化了，并使个体从社会存在的问题中解脱了出来，进入了主体性的空间，但同时也保留了个人从中能够获得某种程度的解放的个体性和自由的领域。对更幸福的生活——"人性、美德、快乐、真理以及团结"（本卷原文第 100 页）——的渴求在文化王国中被保留了下来。对马尔库塞而言，"只有在艺术中，资产阶级社会才会容忍它自己的理想，并把这些理想当作普遍的要求来认真对待。所谓的乌托邦、幻想以及在现实世界中的反抗，在艺术中是被允许的"（ibid.）。马尔库塞在他后期的审美理论中提出了一些引人入胜的预言，他声称，在美的媒介中，感官上快乐的可能性得到了表达，尽管肉体的享乐被升华

[25]

了，变成了审美的沉思。然而，某些被推至社会边缘的社会阶层——在这里，"美妙身体的艺术展示，即我们只能从马戏、杂耍、滑稽剧的演出中看到的肉体所表现的轻松自如和灵巧舒展"能够把身体作为快乐的对象来展示——期待着"一种人类从理想中被释放出来而达到的快乐：一旦人成为真正的主体，便能成功地征服物质"（本卷原文第101页）。为了先行阐释那些在《爱欲与文明》中清楚表达的关键性的观点，马尔库塞引用了席勒的"审美教育"概念及其关于"一个更美好的社会组织的'政治问题'，'必须通过审美王国来解决；因为人正是通过美而达到自由的'"（本卷原文第102页）的观点。

然而，在肯定性文化中，自由与幸福只能在一个脱离日常生活的贫困和苦难的理想的文化世界中实现。此外，马尔库塞声称垄断资本主义及其产物法西斯主义国家的新形势甚至不能容忍这个私人生活领域，因为它是潜在的反抗与颠覆的源头之一。劳动过程要求更加严明的纪律和严格的管理，而且需要"'总动员'，即让个体在他生存的所有领域都服从专制国家的纪律"（本卷原文第107页）。而且，法西斯主义的意识形态有其自身关于英雄主义、自我牺牲、贫困与服从的"理想的价值观"，也有其自身关于"人民"（das Volk）、种族、血统和土地等的观念，以及不能容忍任何来自理想主义的人道主义的资产阶级文化挑战的军国主义—英雄主义的价值观。

因此，资本主义劳动体系及极权国家要求废除资产阶级文化中潜在的对抗性的个人主义的和人道主义的要素。尽管资产阶级文化中的许多要素被牺牲掉了，但文化仍然会"为旧有的存在形式提供一种新的辩护。文化的基本功能依然如故"（本卷ibid.）；也就是说，资产阶级文化以及法西斯主义文化都服务于资本主义社会关系以及现存阶级秩序。它们都对个人提出了相同的要求："放弃自身并屈从于现状，由于表面上的满足而变得可以容忍"（本卷原文 ibid.）。马尔库塞宣称，资产阶级文化提供了内在的精神上的快乐，而法西斯文化则提供了外在的满足，比如，参与"民间文化"、为民族牺牲、英雄的责任、游行、青年营以及动员。此外，马尔库塞认为，通过教授服从与使个人偏离对物质幸福与社会变革的需求，资产阶级文化为其自身在法西斯主义社会中被废止铺平了道路："那些已获得400多年自由的个体之所以能够毫不费劲地加入威权国家的纵队，在很大程度上要归咎于肯定性文化"（ibid.）。 [26]

马尔库塞在批判资产阶级文化和法西斯主义文化的过程中，为那超越于浪漫主义的"灵魂的文化"之上的精神与理性做了辩护，他认为"理想主义的内在性"与法西斯主义的"英雄主义的外在性"构成了"反精神的统一战线"，而这个统一战线"符合那些维持现状的利益"（本卷原文第108页）。马尔库塞声称，绝大多数的资产阶级都表现出了"对精神的发自内心的蔑视"（ibid.），都不相信智力活动。对资产阶级而言，

> 精神即使在它衰落之前，也总是被看作某种不可信的东西。与灵魂相比，它更为具体，更苛刻，更接近现实。精神的批判的清晰性与合理性以及它与非理性的现实状况的矛盾很难隐藏并保持沉默。黑格尔在威权国家名声不佳，是因为他执着于精神，而现代人却执着于灵魂和情感……充满灵魂的个体会更加顺从，更加卑微地服从命运，而且能更好地服从权威（ibid.）。

因此，在法西斯主义国家，"自路德以来大踏前进的为内在自由所进行的强化教育现如今——即当内在自由通过转化成外在的不自由而取消自

身时——已结出它最宝贵的果实"（ibid.）。

因此，肯定性文化肯定了资产阶级占据主导的文化价值，并最终肯定了现存的社会秩序，压制了反抗的冲动并平息了批判意识。但是，肯定性文化保留了"那些超越了存在的物质再生产的人类欲求"（本卷原文第104页），并且包含着对幸福和美好世界——为现存的悲惨现实提供了另一种选择——的想象：

在出色的资产阶级艺术作品中，即使当它们在描绘天堂时，也总有一些尘世快乐的元素夹杂其中。个体从美、善、辉煌、安宁以及胜利的喜悦中得到了享受，甚至从痛苦与受难、残酷与罪恶中也得到了享受。他体验到了解放。他也理解了他的本能和要求，并在对他的本能和要求做出反应的过程中遭遇到了他对自身本能和要求的理解。物化在私人领域被戳穿了。在艺术中，人们没有必要"现实一点"，因为在艺术中最要紧的不是个人的职业和地位，而是人本身。痛苦就是痛苦，快乐就是快乐。世界就是商品形式背后的那个东西：风景就是风景，人就是人，物就是物。

（本卷原文 ibid.）

尽管马尔库塞认为，资产阶级艺术在其早期阶段有着进步的功能，并且还有激发个人以寻求更好生活的潜能，但他也认为，它"就越来越多地用在了镇压不满的大众上"（本卷原文第89页）。因此，

[27]　　　[个体的真实的幸福] 只有在反对唯心主义的文化的情况下才能实现，只有在反对这种文化的情况下才能被宣告为一种普遍的要求：

对物质生存条件的真正改造的要求、对一种新生活的要求、对一种
新的劳动和享受形式的要求。

（本卷原文第 90 页）

马尔库塞反对肯定性文化和顺从理论，他寻求的是否定性的、批判
性的、变革性的文化形式和思想方法。正如我们将在接下来的部分中看到
的那样，他在批判性的现代主义传统中发现了批判的非顺从的文化模式，
并在黑格尔和马克思那里发现了这种批判性的思想形式——在这里，否定
是辩证思维最重要的推动力。但是，对马尔库塞及其研究所的同事来说，
批判性的辩证思想同样寻求规范的视角来批判当代社会和文化，而就马尔
库塞而言，他一直都在试图为那些具有解放可能性的文化要素正名。

因此，马尔库塞的《文化的肯定性质》一文不仅预示着《爱欲与文
明》及后来作品中的乌托邦式的解放筹划，而且还预示着《单向度的人》
中强有力的、系统化的社会批判。诚然，在 20 世纪 30 年代，他结合社会
研究所项目所写的文章只是暗含着其后来所作的哲学的、审美的、政治的
综合。但是，马尔库塞成熟时期的审美理论与哲学的构成要件在 20 世纪
30 年代已经呈现了出来：批判理性、想象力、精致的感官以及对美好生活
的乌托邦式的憧憬将被用以改造社会现实，以创造一个更自由、更有创造
力、更公正、更幸福的世界。在一个审美上发生变革的文化和社会中，启
蒙运动与浪漫主义的目的将被中介、被整合、被解放，更充分实现的人类
将会出现。在他看来，艺术将成为有助于解放性的社会变革的一个构成要
件，在这一变革中，新感性和审美价值将成为非压抑性社会中获得解放的
个人的有机组成部分。不过，多年之后，马尔库塞才形成了他关于解放和
新文化、现实原则以及生活方式的看法。

20 世纪 40 年代的艺术与爱情：马尔库塞最初的美学思想

[28]

　　艺术没有也不可能把法西斯主义的现实（以及任何其他形式的、垄断性压迫的总体性）呈现出来。但是，任何不包含这个时代的恐怖的人类行动正因为如此也就都是不人道的、无关紧要的、偶然的、不真实的。然而，在艺术中，虚假有可能成为生命的真理部分。艺术形式与现实的生活形式之间的不兼容性有可能促使那些现实无法吸收但却能够最终消解该现实——尽管这种消解已不是艺术的功能——的光芒更好地照亮现实。艺术的不真实性有可能变成艺术反驳和否定的前提条件。艺术有可能促进疏离，有可能使人完全疏远他的世界。但是，这种疏离有可能为那些处于压迫的总体性中的人们追忆自由提供人造的基础。

（Marcuse, "Some Remarks on Aragon: Art in Politics in the Totalitarian Era"）①

　　事实上，20 世纪 30 年代所隐约预示的观点直到 50 年代中期才通过 1955 年出版的《爱欲与文明》完整地表述了出来。在未来的 20 年中，马尔库塞首先在他的权威著作《理性和革命》中完成了关于黑格尔、马克思和社会理论的研究，而这也是他首部以英文出版的著作。② 马尔库塞

---

①　参见 Herbert Marcuse, "Some Remarks on Aragon: Art in Politics in the Totalitarian Era", in *Collected Papers of Herbert Marcuse: Technology, War and Fascism*, Volume One。

②　Herbert Marcuse, *Reason and Revolution*；参见我对这一文本的评论，Kellner, *Herbert Marcuse*, Chapter 5。

也将继续致力于法兰克福学派的工作，比如，他们对法西斯主义和极权主义的批判。此外，就在美国加入第二次世界大战和社会研究所的收入不断减少的时候，马尔库塞在美国政府谋到了一份与法西斯主义作斗争的差事。①

在马尔库塞长期而又辛苦的政府机构工作期间，我们看不到任何证据能够表明他后来提出的审美理论以及他关于审美维度在社会变革进程中的潜在作用的看法。然而在他档案中发现的一篇从未发表的论文却表明他仍然对艺术和审美保持兴趣。1945 年 9 月的一份题为《评阿拉贡——极权主义时代的艺术与政治》的手稿（以下简称 *SRA*）谈到了路易斯·阿拉贡以及法国抵抗文学。②

这篇文章一开始谈到了如何创造一种作为极权主义世界中的解放的媒介的艺术。马尔库塞认为，20 世纪 20 年代法国先锋派的解决方式不够激进，因为最形式主义的尝试被认为是另一种不威胁现存极权主义秩序的内容。对于马尔库塞而言，"政治必须停留在内容之外：就像艺术先天地不能被内容吸收……政治将只能以塑造和形成内容的方式呈现出来"（*SRA*，第 202—203 页）。

马尔库塞认为，某些形式的超现实主义的艺术和革命实践致力于从总体上毁灭世界，同时他还认为，在一个极权主义的世界里，对整个压抑体系的否定是真正的激进艺术的目标。具有讽刺意味的是，在极权主义的　　[29]

---

① 参见 Douglas Kellner, "Introduction", in *Technology, War and Fascism*。

② 路易斯·阿拉贡（1897—1982）是法国诗人、小说家和散文家，与阿波利奈尔、保罗·艾吕雅、安德烈·布勒东和路易斯·布努埃尔等人共同创立了超现实主义。阿拉贡还是一位政治活动家和共产主义的代言人，同时他也是一个备受推崇和有影响力的作家，对法国小说理论和诗歌理论产生了深远影响。这一完成于 1945 年的文本是马尔库塞与法国作家认真接触的第一个证据，而这种接触将贯穿他的一生。

世界里，艺术与爱情是最激进的反抗力量，因为它们创造了一种与压迫性的现实完全不同的另一种现实；这种差异有助于揭示极权主义生活的恐怖以及与其决裂的必要。马尔库塞以一种雄辩的表达方式写道：真正反抗的艺术

> 必须竭力把从根本上讲赤裸裸的人的（和自然的）实存显露出来，在毁灭、绝望和自由的深渊中完全孤立无援地剥除垄断性的大众文化的层层外衣。最具革命性的艺术作品同时也将是最隐微和最反对集体主义的作品，因为革命的目标是自由的个体。
>
> （*SRA*，第 203 页）

对马尔库塞而言，真正革命性的艺术凭借自身的形式，通过其创造另一个世界——它投射出了一种更美好的生活的形象并揭示了现实的缺陷和恐惧——的能力，超越了日常生活。在谈到法国先锋派作家试图通过艺术创造另一个世界时，他指出，他们的反抗很容易就被审美时尚所吸收，超现实主义艺术中的恐怖很容易就"被现实的恐怖超越"。否定所有内容的极端形式主义的艺术试图进一步展开审美革命，然而它也被市场吸收了。因此，解放性的艺术所面临的挑战是将审美与政治联合起来，创造出既能参与社会政治现实又能产生进步政治影响的审美形式。马尔库塞认为，法国抵抗运动作家代表着"解决的新阶段"，政治现实在他们的作品中没有直接表现出来，而是闯入并破坏了一个充满潜在的爱、美与和谐的世界。它展示了那个粉碎了伟大诗歌与艺术所投射出的理想世界的极权主义社会，因此，它看起来就像必须被否定和自我毁灭的东西，就像阻碍自由和幸福的东西。

因此，对马尔库塞来说，本真的艺术代表着对现存压迫性现实的否定以及对另一个世界的假定。本真的艺术保留了解放的愿景，因此是激进事业的一部分。在他所讨论的法国抵抗运动作家的作品中，爱与美被本身表现为对人类生活与渴望的否定但又必定反过来自身遭到否定的极权主义力量否定了。但是，阿拉贡及其激进战友们的诗歌用一种古典严格的形式展现了解放的内容，因此这预示着马尔库塞后来的观点，即正是这种审美形式使他有了后来的审美维度并且解释了艺术的解放力量。

但是，马尔库塞还强调了极端的爱情潜在的对抗力量，这个观点在 [30] 马尔库塞博士学位论文《德国艺术家小说》中就已有所预示，它将在他强调审美—爱欲维度的解放潜力的《爱欲与文明》，以及后来的作品中得到体现。爱情借助其对幸福的承诺在法国抵抗运动作家的作品中表现为一种使相爱的人与现存的社会现实的限制相对抗的力量。通过引用阿拉贡、艾吕雅以及其他法国抵抗运动作家的文章及诗歌，马尔库塞坚持认为：

在法西斯主义恐怖的夜幕下出现了柔和、"甜美"、静谧和自由的满足的意象；盖世太保带来的痛苦变成了爱情带来的痛苦。仅仅把两者并列起来，这就是浪漫主义，是廉价的逃避主义。但是作为诗的先天艺术形式的组成要素，爱情的语言成了疏远的工具；它人为的、不自然的和"不充分的"特征是为了产生能够使两个世界和两种语言——一个是对另一个的积极否定——之间真实的关系裸露出来的震动。心爱的人是"胆小的孩子"、"小妹"和心上人；她不受约束的癖好、放纵和顺从不仅会使人们想起法西斯主义秩序的征服者的形象，还会使人想起受害者的形象，以及有可能成为历史现实的、

被牺牲了的乌托邦形象。作为疏远的语言，爱情与性爱的枝枝节节
因此是这些诗的政治形式的组成部分。

（*SRA*，第 207 页）

马尔库塞认为，为了抵抗法西斯主义统治下语言的平庸化与野蛮化，
阿拉贡与艾吕雅回到了古典风格与形式。同样，为了描述爱以及法西斯极
权主义对它的否定，阿拉贡在其系列小说《现实世界》中采用了社会小说
的形式，他的小说《奥雷利安》"从时代对有代表性的社会阶层的影响出
发描画了整个时代的全貌，并从男女主人公奥雷利安与贝蕾尼丝的个人故
事中折射出了时代的历史命运"（*SRA*，第 208 页）。马尔库塞在文章的第
三部分就《奥雷利安》——讲述了两个不幸的恋人在长期分离后重聚，但
爱人却被法西斯分子射杀而死在了男主人公怀里的故事——给出了详细的
解读。同毕加索的《格尔尼卡》中的形象一样，阿拉贡的小说"借由艺术
创造并以艺术的形式"赋予了"黑暗、恐惧以及彻底的毁灭"以生机；"因
此，它们与法西斯主义的现实根本不具可比性"。

因此，马尔库塞在《评阿拉贡》中勾勒了他对作为保存另一种现实的
可能性、超越现存世界的更高的条件——通过审美形式被保存与传达——
的存在的审美和爱欲维度的特有的理解。马尔库塞认为，在艺术与爱情的
领域中，人们超越了日常生活的庸俗与压迫，生活在了更高的维度。但是
现存社会与文化的主导力量否定了人类自由与幸福的更高的可能性，因此
[31]　它必定反过来被否定。真正的艺术拒绝压迫性的社会现实，促进了与这个
世界的疏离，并描绘了一个更加美好的世界的形象。马尔库塞随后将用
35 年的时间来详细描绘这些美学理念，使他的解放理念与艺术的解放潜
能更充实并具体化。

在接下来的十年里，马尔库塞把主要精力放在了他的政府工作以及他为数不多的主要讨论哲学的作品上。与此同时，他在第二次世界大战期间为美国政府所写的大量的手稿讨论了德国法西斯主义，他在第二次世界大战后所写的手稿讨论了欧洲民主化的可能性以及共产主义的危险。①

《爱欲与文明》中的艺术与解放

> 艺术的真理在于通过与理性达成和解来解放审美性（sensuousness）……在真正的人类文明中，人类的存在将是游戏而非辛苦劳作，人将活在展现之中，而不是需要之中。
>
> （Marcuse, *Eros and Civilization*, 第 184、188 页）

第二次世界大战之后，马尔库塞在华盛顿逗留了几年，并仍旧在政府机构工作。20 世纪 50 年代，他在华盛顿精神病学学院主讲弗洛伊德，对弗洛伊德进行了哲学解读，而这帮助他形成了后来的《爱欲与文明》(以下简称 *EC*) 的写作框架。② 马尔库塞还加强了对艺术和美学的研究，并把它们同社会批判理论、乌托邦和非压抑性文明的愿景以及关于解放的各种观点融合了起来。事实上，《爱欲与文明》推动了美学理论的革命，它将精神分析同激进的哲学与社会理论结合了起来，阐明了他关于审美维度

---

① 　Kellner, "Introduction", *Technology, War and Fascism*.

② 　参见 Herbert Marcuse, *Eros and Civilization*, Boston: Beacon Press, 1955；second edition, 1974；我将引用这个版本的内容。关于我对《爱欲与文明》的解读，参见 Kellner, *Herbert Marcuse*, Chapter 6. 在《哲学、精神分析与解放》(Volume Five of *Collected Papers of Herbert Marcuse: Philosophy, Psychoanalysis and Emancipation*) 中，我们会系统地将马尔库塞的冒险与弗洛伊德和精神分析联系起来。

怎么能够促进个人解放以及创造一个非压抑性的社会与文化的观点。马尔库塞将美学理论从纯粹的哲学领域中抽离了出来，使美学成了社会批判理论以及革命理论与实践的中心。

尽管马尔库塞在他之前的著作中对哲学、社会理论以及批判做出了诸多贡献，但直到《爱欲与文明》出版，马尔库塞才把他全部设想呈现了出来。马尔库塞写这本书的时候正值麦卡锡主义与斯大林主义占统治地位，当时他的妻子也刚刚因癌症离世，马尔库塞陷入了深深的绝望，但这却激发了他激进的想象力，他利用自己刚刚形成的审美理论，形成了一种关于解放的乌托邦视角，并勾勒出了一种非压抑性的文明的可能性。

[32]

在这一具有开创性的文本中，马尔库塞运用马克思、弗洛伊德、康德、席勒以及现代主义者的美学思想，在一个以压抑和攻击激进思想为特征的历史时期，即在顺从的 20 世纪 50 年代，提出了他对自由的非压抑性的文明的构想。他对解放、游戏、爱情与爱欲的强调预示着 20 世纪 60 年代的反主流文化思潮的到来，而这个思潮反过来又使他成了一个受欢迎的社会批评家与解放论者。另外，这个文本对当代文明做了极端激进的批判，从而使马尔库塞成了新左派的宠儿和他那个时代最有影响力的思想家之一。

然而，对马尔库塞而言，"精神分析"中有一种"隐藏的趋势"，它揭示了人性中那些反对占支配地位的强调劳动和放弃的伦理同时又维护"被视为禁忌的人类的渴望"的方面（*EC*，第 18 页）。马尔库塞巧妙地重新阐述了精神分析中所强调的记忆的治疗功能。通过利用"记忆"（Gedachtnis）与"回忆"（Erinngeerung）之间的区别，他将"回忆"解释成了将过去受压抑的各种要素、乌托邦式的渴望以及为更加美好的世界所作的斗争结合在一起。在弗洛伊德的理论中，对记忆的抑制是通过压抑不愉快或创伤性的体验实现的，这种体验经常与性或攻击相关。精神分析的任务在于通过提供能够使个人克服过去的痛苦体验的理解与洞察，使病人从被压抑的、创伤性记忆的负担中解放出来。尽管马尔库塞保留了遗忘与压抑之间精神分析上的联系，但他却强调了对快乐或愉悦的体验以及弗洛伊德所强调的创伤性体验的回忆的解放潜能。

对马尔库塞而言，记忆包含着满足的意象，可在精神生活中起到认知和治疗的作用："它的真实价值在于记忆的特殊功能，即保存承诺和潜能，尽管这些承诺和潜能被成熟、文明的个体背叛甚至取缔了，但它曾经在模糊的过去被实现过，而且从来没有被完全忘记"（*EC*，第 18—19 页）。在重构弗洛伊德时，马尔库塞指出，对过去所体验的自由与幸福的回忆能够使人们质疑痛苦的异化劳动过程和日常生活的种种苦闷。这些回忆植根于个体对更幸福的过去和历史条件的体验，这些体验提供了更多更好的自由、满足及幸福。马尔库塞将把回忆的这些解放的维度与幻想和想象联系起来，他认为无论是人类还是他们的文化传统都包含着能够被动员起来去反对现在的苦难与压迫的资源。

因此，对马尔库塞而言，回忆可以记起、重构体验，回到过去以构　[33]
建未来自由和幸福的可能性。浪漫主义面向过去，在工业化的冲击下回忆大自然和过去的快乐，而马尔库塞面向未来，他回顾过去是为了构建一个更加美好的未来。① 马尔库塞的分析意味着，社会训练个人的目的在于对

---

① 这一观点可能与本雅明的观点形成了鲜明的对照，本雅明在《历史哲学论纲》（"Theses on the Philosophy of History", in *Illuminations*, New York: Schocken, 1969, p. 260）中声称："被奴役的祖先的形象，而不是被解放的子孙的形象"驱使着被压迫者与压迫者作斗争。本雅明的观点类似于弗洛伊德的观点，弗洛伊德认为过去的创伤使个体受到了束缚，并以不同的方式指出，从创伤的源头入手可以将个体从过去的障碍和痛苦中解脱出来。一种将马尔库塞和本雅明的观点结合在一起的辩证的关于记忆的观点可能会认为，无论是对过去的欢乐和幸福的记忆还是对过去的痛苦和压迫的记忆，如果是朝着改变而不仅仅是记住这个世界的方向发展，都有可能推动建设一个更加美好的未来。

那些解放的记忆进行系统的压抑，贬低那些完全由快乐原则引导的体验。

> [按照尼采在《道德的谱系》中的观点，马尔库塞批判了] 文明社会中记忆训练的片面性：人的能力首先是被引导着记住责任而非快乐；记忆同内疚、罪恶感与罪恶联系在一起。不幸与惩罚的威胁，而不是幸福和对自由的许诺，留在了人的记忆中。
>
> （*EC*，第 232 页）

马尔库塞指出，对弗洛伊德而言，"幻想"是一种脱离现实原则的至关重要的"思想活动"模式（*EC*，第 14 页及以下、第 140 页及以下）。[①] 对弗洛伊德而言，幻想"只服从快乐原则，不受现实的检验。正是制造幻想的行为（das Phantasieren）——早在儿童游戏中就已经开始出现，后来以白日梦的形式继续存在——摆脱了对真实物体的依赖"（*EC*，第 140页）。基于这一概念，马尔库塞认为，幻想——在白日梦、夜晚的梦、游戏以及它在艺术上的体现中——可以投射出那些经常在日常生活中被拒绝的整体的满足、快乐以及和解的形象。

因此，马尔库塞认为，和记忆一样，通过讲述快乐原则及其对满足的要求，幻想可以想象另一个世界并产生更加美好的生活的形象。艺术通过想象力的中介来编码记忆与幻想。对马尔库塞而言，艺术是"被压抑的东西最明显的回归"（*EC*，第 144 页），它把被压抑的欲望、幻想、希望

[34]

---

① 在接下来的分析中，我将遵循马尔库塞在运用弗洛伊德的"幻想"这一术语上的惯例。在讨论所涉及的《爱欲与文明》的相关章节中，马尔库塞反复使用"幻想（想象力）"一词来暗示他将弗洛伊德的幻想概念与想象力概念结合在了一起，他将游戏与图像的建构融合在了一起。

和梦想表达了出来。对马尔库塞而言，所有真正的艺术都是为了"否定不自由"（ibid.），表达对解放的需求。它的形象的真实价值不仅同过去关联，也同未来关联，因为真正的艺术拒绝"最终接受现实原则强加到自由和幸福之上的限制"（ibid.）。对马尔库塞而言，艺术践行了"大拒绝"，通过创造幸福的形象和无忧无虑的生活使得记忆、幻想以及想象的解放内涵具体化了。

马尔库塞的重要概念"大拒绝"——要求从总体上拒绝现存社会的制度、观念以及生活方式——有着同超现实主义者安德烈·布勒东相关联的美学根基。① 马尔库塞明确地将超现实主义与解放美学等同了起来，提到了布勒东对想象力的颂扬——布勒东认为想象力是一种能够揭示"可能性"的能力，以及一种能够梦见更好的生活的能力。马尔库塞认为：

> 超现实主义者承认弗洛伊德的发现具有革命意义："想象力也许即将收回它的权利。"但当他们问"梦不是也能用来解决基本的生活问题吗？"时，他们超出了精神分析的范围，要求不损害梦的内容的前提下让梦变成现实。艺术与革命结盟。毫不妥协地坚持想象力严格的真理价值能够更加充分地理解现实。
>
> （*EC*，第 149 页）

马尔库塞还提到了哲学家怀特海的"大拒绝"，他把"大拒绝"界定为"对不必要的压抑的抗议，为最终的自由形式而斗争，'过上无忧无虑

---

① 参见 André Breton, *Manifestoes of Surrealism*, Ann Arbor: University of Michigan Press, 1969; *What is Surrealism?*, New York: Pathfinder Press, 1978。马尔库塞在 1960 年版的《理性和革命》的序言中明确了布勒东、大拒绝和艺术先锋派之间的联系。

的生活'"（ibid.）。对马尔库塞来说：

> 　　幻想是一种认知，因为它保存了大拒绝的真理，或者更明确地
> 说，因为与所有的理性相对，它保护了被理性压抑的对人和自然整
> 体实现的渴望。在幻想的王国，非理性的自由的形象变得合理了，
> "深层的"本能满足也有了新的尊严。想象力使一些陌生的真理在民
> 间传说和神话故事中、在文学和艺术中保持着鲜活。在这些真理面
> 前，绩效原则主导的文化屈服了。
>
> （*EC*，第 160 页）

　　幻想和解放性的艺术的目的在于超越敌对的现实并克服压抑。对马
尔库塞来说，想象力设想了"个体和整体、欲望和实现、幸福和理性的和
解"（*EC*，第 146 页）。由此，艺术从其最高的潜能上来讲抗议对现存秩
[35]　序，拒绝顺从压抑和统治，筹划替代方案，而就超现实主义和美学现代主
义团体而言，艺术要求他们实现自身。

　　马尔库塞将解放的原型的形象解释成非压抑性文明的先驱，两个最
典型的例子是俄耳甫斯和那耳喀索斯。他拿这两个文化人物与劳动和进步
的英雄普罗米修斯进行了比较。俄耳甫斯和那耳喀索斯是"快乐和满足的
形象；他们的声音是歌唱，不是命令；他们的手势表示给予和接受；他们
的行为是创造和平和结束征服性的劳动；他们从时间中解放了出来，这让
人与神、人与自然结合在了一起"（*EC*，第 162 页）。马尔库塞通过引证
赫西俄德、里尔克、纪德和瓦莱里等诗人，揭示了这些满足的原型是如何
通过他们对"建立在劳作、统治和禁欲之上的文化"（*EC*，第 164 页）的
反抗而成了一种非压抑性的文明的象征的。它们象征着一种得到释放的

（而不是受到压抑的）爱欲的理念，一种和平与美的状态，一种快乐的救赎与时间的停滞："寂静、睡眠、夜晚、天堂"（ibid.）。波德莱尔在《邀游》（转引自 *EC*，第 164 页）中写道：

> 那儿，只有秩序和美
> 只有豪华、宁静、乐趣

因此，马尔库塞用弗洛伊德的范畴与古典美学和现代主义美学对艺术及其在解放和非压抑性文明发展中的潜在作用进行了审视。在《爱欲与文明》的"审美之维"（*EC*，第 172 页及以下）这一重要章节中，马尔库塞详细阐释了他的美学概念以及想象力与游戏在他的概念中的重要意义。马尔库塞沿着康德的思路，强调了审美既同感官相关又同艺术相关的双重含义。对康德而言，想象力是感官与理性、心灵与身体的中介，在艺术的产生和审美维度中起着至关重要的作用。想象力（Einbildungskraft）拥有形成或构造艺术形象和作品的能力。想象力对理性和感官进行了综合，它提供了一个不受肉体冲动影响的领域，并能够自由发挥各种能力，产生和谐与美的形式。对康德而言，美是自由的象征，它提供了和谐与愉悦的体验。

从康德到席勒，马尔库塞继承了席勒的审美教育与游戏观念，认为理性与感官之间的冲突将在审美体验和游戏中被克服，从而使得"理性是审美性的（sensuous），审美性（sensuousness）是理性的"（*EC*，第 180 页）。通过游戏冲动的作用，审美功能将

> "废除强制，将人无论是从道德上还是从身体上，都置于自由之

中。"它将使情感和感情与理性的观念协调一致，将剥除"理性法则
的道德强制"并"使它们同感官的兴趣达成和解"。

（EC，第 182 页）

[36]　　对席勒和马尔库塞而言，游戏冲动与在被动的、接受性的"审美性
冲动"（sensuous impulse）和主动的、创造性的"形式冲动"之间进行
协调并因之协调理性与感官的审美功能密切相关。游戏冲动追求一种摆
脱束缚与焦虑的自由状态，包括"摆脱既定现实的自由：当'现实失去
了它的严肃性'，以及当必然性'变得不重要'时，人就是自由的"（EC，
第 187 页）。在马尔库塞对席勒的解读中，自由包括发挥自然、技术以
及人类生活的各种潜能，建构一种更有美感的环境和较少压抑的生活。
因此，"世界就是显现（Schein），它的秩序是一种美的秩序"（EC，第
188 页）。

　　这种"游戏的自由"和创造"审美的现实"的自由都要求感官的解
放，正如席勒与马尔库塞所呼吁的那样，需要"一场在知觉和情感模式上
的彻底的革命"（EC，第 189 页）。由此产生的审美化和爱欲化的主体性
概念保留了与肉欲、接受性、审美经验和爱欲相关的感性（Sinnlichkeit）
的内涵，因而挽救了肉体与感官，使之摆脱了压抑的理性的专制，肯定了
美学、游戏以及爱欲活动在人类生活中的重要性。因此，马尔库塞反对西
方哲学中所推崇的理性和专横的征服性的主体概念（参见 EC，第 106 页
及以下），提出了一种调节理性与感官、寻求和谐与满足的主体性概念。
马尔库塞绝不是一个非理性主义者，他一直都认为感官与理性需要加以调
节，理性应当被重构，批判性的辩证思维是新感性的重要的核心组成部
分。马尔库塞坚持认为，审美教育就是培养感官，理论与教育是解放和变

革性社会变迁的必要组成部分。①

　　这些观念将在 20 世纪 60 年代的革命运动与反主流文化运动爆发的背景下得以扩充和具体化。但是，从《爱欲与文明》出版到 20 世纪 60 年代中期，马尔库塞感受到了日益严重的社会压迫以及他所谓的单向度性，即思想与行为、话语与艺术的世界萎缩了，变成了再生产现状的统治工具，消除了在他看来激进的社会变革所必需的批判、想象以及反抗维度。因此，下一个部分将详细说明他关于单向度文化以及艺术在单向度世界中的命运的见解。尽管马尔库塞在 20 世纪 60 年代末和 70 年代形成了与以往完全不同的分析，但他自始至终都认为，单向度的文化和社会对人类及社会发展所造成的威胁仍是强有力的，因此这也就成了其作品中的一个重要的核心的组成部分。

从《单向度的人》和文化的物化到文化革命　　　　　[37]

　　　　就"不真实"这个词通常的意义讲，艺术作品的世界是"不真实的"：它是一种虚构的现实。但是，它是"不真实的"并不是因为它比既定现实更少一些真实，而是因为它比既定现实更多一些真实，而且在质上"不同于"既定现实。虚构的世界，就像幻象（Schein）那样，比日常现实包含着更多的真理。

　　　　　　　　　　　　　　　　（Marcuse, *The Aesthetic Dimension*，第 154 页）

马尔库塞越来越多地用到了"单向度"一词来描述发达工业社会（资

---

① 　关于马尔库塞的艺术和教育观点的系统研究，参见 Reitz, *Art, Alienation, and the Humanities*。

本主义社会和共产主义社会）的趋势，即它们的社会控制与统治模式不断扩张。它指的是压制了更高层面的批判维度和其他替代选择的越来越同质化的社会与文化。他以一种挑衅的模式开始用"极权主义"这个词来描述当代资本主义和共产主义社会共同的趋势，尽管这个词通常在第二次世界大战后与冷战时期的话语中用于指代不同于民主国家的法西斯主义社会与共产主义社会。

马尔库塞在《苏联的马克思主义》（以下简称 *SM*）一书中批判了苏联的文化统治模式，尤其是他偏爱的"苏联的现实主义"艺术版本。[①] 他注意到，现实主义艺术"可以成为——而且已经成了——一种具有高度批判性和进步性的艺术形式；现实主义以其意识形态性的理想化的表述来面对现实的'本来面目'，它坚持真理，反对隐瞒和篡改"（*SM*，第 113—114 页）。相比之下，苏联的现实主义"符合专制国家的模式"（ibid.）。苏联的现实主义通过对现存社会进行理想化，起到了宣传的作用，颠覆了艺术的批判与解放功能："它想要的不是艺术，而是它想要的艺术。"（*SM*，第 116 页）

在《单向度的人》（以下简称 *ODM*）中，马尔库塞描述了文化与意识形态如何取代野蛮的力量，成了一种将个人整合到现有的工业与消费社会中的手段。他认为，随着文化与艺术被整合到现有的社会结构中，它们逐渐失去了激进的潜能，并且正变得越来越保守。随着艺术融入工业的和商品的世界，它变成了单向度文化机器上的一个齿轮，并呈现出了越来越保守和稳定的功能，即服务于再生产现存社会。另外，大众文化吸收并改造了高雅文化，剥夺了它的颠覆性的潜能，因此艺术充其量只是一种装

---

①   参见 Herbert Marcuse, *Soviet Marxism*, New York: Columbia University Press, 1958；我使用的是 1961 年的典藏版；马尔库塞对苏联马克思主义的研究将在《马尔库塞文集》第六卷进行讨论。

饰，或一种温和的消遣。马尔库塞声称：

> 今天小说的特点是通过抹去那种构成社会的另一个向度的高雅　[38]
> 文化中的超越性因素来消除文化和社会现实之间的对立。这种对双
> 向度文化的清理不是通过否定和压抑各种"文化价值"来完成的，
> 而是通过将其全盘纳入现存的秩序，通过它们的大规模复制和展览
> 来完成的。
>
> 　　　　　　　　　　　　　　　　　　　　　（*ODM*，第 57 页）

马尔库塞声称，真正的资产阶级文化作品"表达的是一种有意识的、
有方法的与整个商业和工业领域以及可计算的有利可图的秩序的异化"
（*ODM*，第 58 页）。尽管资产阶级秩序在荷兰画家、歌德、英国小说或托
马斯·曼的艺术和文学作品中得到了丰富的、令人叹服的表现，但与这个
秩序相对立的另一个维度却在"艺术家、妓女、淫妇、大罪犯、流浪汉、
反叛诗人、魔鬼和傻子以及其他颠覆性的人物"（*ODM*，第 58—59 页）
那里也得到了表现。尽管这样的人物类型尚未从发达工业社会的文化中消
失，但他们已经不再代表另一种生活方式，而只是"同一生活方式的不同
类型或反常形式，是对现存秩序的肯定，而不是否定"（*ODM*，第 59 页）。
　　前工业社会中浪漫的颠覆性的人物代表的是一种高级的异化，即与
异化的劳动、商业和压抑世界的异化。但今天，马尔库塞声称，"新型极
权主义恰恰在和谐的多元主义中表现了出来，在这种多元主义中，最不相
容的作品和真理实现了无差别的和平共处。"（*ODM*，第 61 页）艺术对马
尔库塞而言就是"大拒绝"，即"对实然的抗议"（*ODM*，第 64 页）。但
是，在这样一个有能力将其形式与内容吸入"当前形势"（ibid.）的社会中，

这种拒绝是无效的。

马尔库塞宣称，对高雅文化的这样一种整合"从历史的发展来看是不成熟的：它在确立了文化上的平等的同时也保留了支配"（*ODM*，第65页）。先锋派意识到了这个问题，但它却越来越难以创造出新的审美技巧、形式以及语言。因为，

> 为了保卫既定现实而全面动员起来的所有媒体，对所有的表达方式进行了调整，使超越性内容的传达在技术上失去了可能性。自从马拉美（Mallarmé）以来就萦绕在艺术家心头的一个幽灵——不可能讲一种未被物化的语言、不可能传达否定性的东西——今天已经不再是一个幽灵。它已经变成了现实。
>
> （*ODM*，第68页）

最为激进的试图打破以往的艺术形式并创造新的艺术形式的努力"结果却遭到了被它们所拒斥的东西所吸收的命运。作为现代经典，先锋派和垮掉的一代同样都起着娱乐但又不危及善良之人的良知的功能"（*ODM*，第70页）。马尔库塞由此总结道，"真正的先锋派文学作品传达的是与传达的决裂"（*ODM*，第68页）。兰波、达达主义、超现实主义以及其他先锋主义者都拒绝日常话语的结构，都在一个拒绝和否定的语境中展示引人注目的话语、形象、和声和作品。

尽管马尔库塞在《单向度的人》的第三章倾向于强调现有文化被纳入了文化整合和统治机构，但在结论部分，马尔库塞又回到了他对艺术所作的更为积极的评价上，他写道：

[39]

既然现存社会按照社会要求来管理所有的正常的传达，让其有效或让其失效，那么与这些要求不相容的价值可能就只存在于虚构作品这种不正常的传达媒介了。审美维度仍然保留着表达的自由，这使得作家和艺术家能够用人和物自身的名字来称呼人和物——来称呼那些无法用其他方式来称呼的人和物。

（*ODM*，第 247 页）

紧接着，他指出，"我们这个时代的真实面貌"在塞缪尔·贝克特（Samuel Beckett）的小说和罗尔夫·霍赫胡特（Rolf Hochhuth）的戏剧中得到了展现。他认为，艺术保存了无法以其他方式表达的批判性的真理，因此它具有重要的启示作用。

尽管《单向度的人》被贴上了"单向度的悲观主义"①的圣经的标签，但事实上，马尔库塞真正关心的是去赞扬那些与非批判的、单向度的顺从相对立的思想、文化和行为模式。为此，他替批判性的辩证思维、激进艺术和社会抗议做了辩护。此外，在这本书的一个被忽视的章节中，他敦促，在他所谓的"审美还原"（*ODM*，第 238—239 页及以下）的指导下，将技术与艺术融合在一起，彻底重建技术和环境。技术与艺术一旦融合在一起，理性就会与艺术融为一体，并重新找回古希腊人强调的艺术与技艺之间的亲缘关系。新技术将有助于创造一个更具美感的现实，并且可能成为一种艺术生活的一部分。

马尔库塞对技术和艺术的综合可以通过解读他的"审美还原"概念来加以阐明。"审美还原"是一个极具挑衅性和进步性的概念，但是，在

---

① 参见 Alan Graubard, "One-Dimensional Pessimism", *Dissent*, Vol. XV (May-June 1968), pp. 196ff.；另参见我在《赫伯特·马尔库塞》（Kellner, *Herbert Marcuse*）中的评论。

许多关于马尔库塞的美学和技术概念的讨论中却很少得到赞赏。马尔库塞认为，对黑格尔来说，伟大的艺术将现实还原至其本质，并揭示精神和自由的基本构成。审美还原能够把它的对象从所有偶然性和压制性的东西中解放出来，并产生包含自由和满足的形象的艺术作品。（*ODM*，第238—240页）例如，一名建筑师设计一个高效、舒适、美观的房屋形象；这里的"审美还原"将消除当前房屋中没有用和不需要的东西，并形成增加人类幸福和满足的新的设计。新的解放性的技术能够体现这样一种审美还原，塑造并形成能够释放自身自然潜能的客体，创造出以提高人类的生活为旨归的新的审美形式。马尔库塞认为：

[40]

> 由此，艺术理性，它"筹划"存在、规定尚未实现的可能性的能力，可以通过科学技术对世界的变革得到证实并在其对世界的变革中发挥作用。艺术将不再是现存机构的侍女，美化它的事务和它的痛苦，而是将成为一种摧毁这种事务和这种痛苦的技术。
>
> （*ODM*，第239页）

审美还原还意味着减少暴力、权力和对环境的破坏，并蕴含着与自然以及其他人建立一种更有益的、生态上更和谐的关系（*ODM*，第239页及以下）。从这一点来看，审美价值将在重建环境、住房和城市，以及创建一个"作为艺术品的社会"——正如他后面很快就会讲到的那样（参见本卷原文第123页及以下）——的改造活动中与实践融合在一起。

马尔库塞将在他的余生中继续反思艺术和审美价值如何帮助重塑社会现实、重构技术并帮助创建一种非压抑性的文明。马尔库塞非但不承认艺术和人性在单向度社会中彻底失败了，相反，他认为审美价值和文化在创造新世界的过程中扮演着重要的角色。随着社会团体和社会实践将他的理念置于审美体验、社会运动、对抗的文化形式和实践之中，这种乌托邦式的构想将在 20 世纪 60 年代和 70 年代得到发展。

此外，马尔库塞在《单向度的人》中唤起"大拒绝"的方式，比在他先前的作品中主要是围绕艺术、个人反抗和集体的政治行动将其与艺术联系起来的做法更具实践指向。马尔库塞在文章的结尾提到了民权斗争和其他边缘的抗议运动（*ODM*，第 256—257 页）。[①] 事实上，"大拒绝"这一术语是从总体上反抗现存社会和文化的代称，马尔库塞将继续使用这一内涵。因此，既然马尔库塞把"大拒绝"与政治抗议、艺术创作、批判的辩证思想联系起来，同时他还倡导解放想象力，把科学技术从工具理性的统治下解放出来，并且他本人还参与到了对那种批判地评价和寻求改造单向度的社会和文化的"第二向度"的创造之中，那么给他贴上悲观主义者、唯美主义者或失败主义者的标签就是不正确的。

马尔库塞 20 世纪 60 年代中期的一些文章在他对单向度的社会、文　[41]
化以及反对力量的潜能的分析的框架下对当代文化和艺术做了解读，另一些文章则开始更多地强调起了重建和改造的主题。1965 年，他的文章《关于重新定义文化的说明》首先论述了同样存在于文化和文明之间的二元论，而这也是他研究肯定性的文化的标志。[②] 马尔库塞认为，西方文化所宣称的目标包括人性化和减少痛苦。虽然他承认文化价值在社会上和历史上总是特定的，而且总是可能被极端主义者团体用来发动针对"敌人"的暴力，

---

① 我在《新左派与 20 世纪 60 年代》的引言中详细讨论了这段文字和马尔库塞的政治观点，参见 "Introduction to Herbert Marcuse", *The New Left and the 1960s*, pp. 8ff.。

② 参见 Herbert Marcuse, "Notes Toward a Redefinition of Culture", in *Daedalus*, Vol. 94, No. 1 (Winter 1965), pp. 190–207. 这篇文章再版于 *Science and Culture*, Gerald Holton（ed.）, Boston: Houghton Mifflin, 1965, pp. 218–235；我引用的是后一出版物。

但他也承认"高雅"文化（艺术、宗教、哲学等）包含着可用于批判特定文化及其物质文明的关键价值。

根据他在《单向度的人》中的分析，马尔库塞指出了当前的资本主义社会模式是如何将高雅文化融入它的生产和管理机构的。马尔库塞认为，宗教和哲学更专注于现存的话语和实践，而艺术往往更加远离日常生活，它提供了一个以不同的方式看待事物的精神空间，还为文化和生活的转变提供了一个"阿基米德支点"：

> 由于远离社会必要劳动的世界，远离社会有用的需要和行为的世界，由于它与日常生存斗争相分离，文化可以创造和保持这样一个精神空间，在其中，批判性的越轨、反抗和拒绝可以在这个空间发展起来——这个空间也是一个隐私和自律的空间，心灵在这个空间可以在现行秩序之外找到一个从不同的角度来看待它、用不同的概念来理解它、发现犯禁忌的形象和可能性的阿基米德支点。但是，这一阿基米德支点似乎已经消失了。①

高雅文化融入了当前社会，这使得发展那种可以从中看到那些围绕利润、军事化和侵略组织起来的社会中的压迫性因素，也可以从中感知到替代选择的批判和想象的空间成了必要。这使得"强调理智和情感独立的教育"，并逆转顺从、被动和接受现状的趋势成了必要。文化应该被重新定义为一个批判和反抗的空间，而教育也必须被完全重建，以便培养批判地思考和感知替代选择的能力以及探索如何为发展一个更自由、更幸福的

---

① 　Herbert Marcuse, "Notes Toward a Redefinition of Culture".

世界而重建科学技术的能力。

　　20 世纪 70 年代中期，马尔库塞继续发展了他关于文化和艺术在创造　　[42]
一个更好的社会中具有潜在的变革作用的观点。本卷收录的这篇完成于
1967 年的文章《单向度社会中的艺术》（本卷原文第 113 页及以下）最初
是他于 1967 年 3 月 8 日在纽约视觉艺术学院所作的一个讲座。在这一文
本中，马尔库塞以一段不寻常的个人告白开始了他的演讲，他指出：

> 　　我想就我是如何开始觉得需要致力于研究艺术现象的说几
> 句……那是一种失望或绝望，一种认识到所有的语言，所有平凡的
> 语言，特别是传统语言，不知怎么地似乎将要灭亡的绝望。传统语
> 言似乎无法传达当今正在发生的事情，而且与艺术语言和诗意语言
> 的成就和力量相比，特别是在我们这个时代抗议的、反叛的年轻人
> 反抗这个社会的背景下，传统语言显得有些陈旧、有些过时。
>
> 　　　　　　　　　　　　　　　　　　　（参见本卷原文第 113 页）

　　在《单向度的人》中，马尔库塞批判了他所看到的出现在单向度社
会的媒体、政界人士、学术研究、哲学和其他领域的单向度的语言。那
时，他开始越来越多地把注意力转向寻找他所认为的新的语言，一种能够
命名和控诉当代的社会现实并预示着解放性的替代选择的新语言。这种语
言应该包括文字和图像、批判理论和艺术、个人抗议和反抗性的文化与社
会运动。此时，他开始积极探索起了更为激进的现代主义艺术形式和盛行
的文化反叛形式到底在多大程度上有助于形成对立的观察和行为模式，从
而能够颠覆单向度的社会和文化并提供替代选择。

　　马尔库塞对鲍勃·迪伦的歌曲有着很深的印象，他写道：

　　当我看到并参与那些年轻人反对越南战争的示威游行时，当我听到他们唱鲍勃·迪伦的歌时，不知何故，也说不清楚，我只是觉得，这才是当今仅存的革命语言。

（参见本卷原文第 113 页）①

　　马尔库塞对那种在一个充满暴力的极权主义世界里拒绝艺术的行为提出了质疑，他声称：

[43]　　那些被用来指认一个更好的社会——即一个自由的社会（艺术与自由存在着某种关系）——的传统观念与话语在今天看来没有任何意义。它们不足以表达人或物是什么，也不足以表达它们能够或应该是什么。

（参见本卷原文第 114 页）

　　在这个世界，艺术也许可以帮助我们创造文字、图像和愿景，从而能激发人们去建构更具解放性的文化模式、感知模式、思维模式和社会模式。

　　马尔库塞对超现实主义寻找一种新的诗歌语言的努力提出了赞扬，对那种认为诗歌应该仅仅是政治运动的工具的观点提出了质疑。他认为，诗歌应该宣扬诗意想象的力量，以及它"抗争的语言"，即控诉和抗议的

---

① 有人告诉我说，20 世纪 60 年代，马尔库塞曾就鲍勃·迪伦的歌曲《席卷而归》（Bringing it All Back Home, 1965）的解放性特征发表过演讲（参见 conversation with Al Martinich, December 1978）。直到 20 世纪 70 年代，马尔库塞还在积极地引用迪伦的作品；参见 Counterrevolution and Revolt, pp. 117, 121。

语言。的确，革命性的艺术和运动必须根据单向度的文化和政治秩序是如何吸收艺术和政治抗议的，寻求真正具有解放性的替代方案，并弄清楚艺术何以能够创造一种不同的现实。在这种情况下，艺术将不再是一个与社会生活隔绝的独立的领域，而是将成为一种有助于创造新社会的生产力。马尔库塞借由黑格尔的"艺术终结"概念，设想了一种情境，在这种情境下，艺术可以塑造社会现实，产生一种新的文化和"作为艺术品的社会"，并因此失去其作为一个独立于现实的王国的虚幻地位。

但与此同时，艺术必须发现"隐藏的、被压抑的真理"（参见本卷原文第117页）并通过"审美性形式"（sensuous form）的产生，从事物的直接性来揭示事物。一旦产生新的感知和生活形式，艺术就能以这样一种在创造和平、和谐、宁静、美丽和幸福的"新的社会中对生活进行全面的重新定位"的方式来帮助改造现实。马尔库塞在《单向度的人》中论述了他的审美还原的主题，他坚持认为：

> 这种艺术作为建设社会和指导建设社会的技艺的形象，需要科学、技艺和想象力之间的相互作用，以建构和维持一种新的生活体系。技艺是艺术，是美的东西的建构，它不是美的对象或场所，而是生活总体——社会与自然——的形式。

（参见本卷原文第119页）

尽管马尔库塞很清楚艺术作品是如何被商品化和被收买，从而产生虚幻的审美逃离或对现状的肯定和美化的，但令他颇受鼓舞的是艺术与20世纪60年代的政治和文化抗议运动联系了起来，并成了社会变革的一支活跃而又强大的力量。此外，尽管马尔库塞意识到抗议运动及其歌曲和文化可能被击败和压抑，但它们的反叛精神却会持续下去，就像鲍勃·迪伦那样的民间抗议歌手的作品那样，鼓舞着人们继续去斗争。在这种情况下，马尔库塞想要评价和评估最激进和最具变革性潜能的艺术，以帮助加强那些旨在寻求社会和文化变革的文化运动和抗议运动。

[44]　　在 1967 年的另一篇文章《作为艺术品的社会》（它是马尔库塞于 1967 年 8 月在奥地利萨尔茨堡所作的一次演讲，在这里第一次译成英文并发表了出来）中，马尔库塞延续了他的乌托邦式的革命性的艺术观点，以及艺术如何可能成为当代形势下的变革力量的观点。他一上来讨论了 20 世纪早期的艺术危机，指出了表现主义、达达主义、超现实主义和其他先锋运动的成员是如何呼吁新的艺术形式、感知、对象、语言和社会功能的。但后来，甚至是最激进的现代主义艺术形式也融入了当代消费和资本主义社会，马尔库塞宣称，这对先锋艺术形成了新的挑战。

在"作为非压抑性秩序的美"这部分，马尔库塞对美作为一种真正的艺术的规范标准做了积极的评价，对此，他直至去世都在继续发展和捍卫。对马尔库塞来说，美是审美形式的特征，它能提供和谐、满足和愉悦的体验。然而，美丽的艺术也是虚幻的艺术，可以成为粉饰压抑社会的组成部分。在一个使艺术融入了商业化的消费结构的单向度社会中，这的确是一个问题。然而，他的艺术辩证法却转向了这样一个乌托邦愿景，即随着艺术和技术不断融合，艺术可以成为生产一种新型社会的生产力，而这个社会本身将成为一件艺术品。要实现这一目标，必须有一场彻头彻尾的革命，而马尔库塞将在未来几年里认真投身致力于这场革命。这样的革命将带来艺术的可能的实现，并导致作为一个单独的领域的艺术的终结。

马尔库塞在 1969 年的《作为现实形式的艺术》这篇讲稿（我们把它收入了本卷）中延续了这些思考，极其清晰地阐述了自己的艺术辩证法思想。他写道：

> 无论艺术在多大程度上由普遍盛行的价值……所决定、塑造和
> 引导，它都不只是也不同于对实然的美化和升华……即使是最现实
> 主义的作品也建构了它自身的现实：它的男人和女人、它的对象……
> 揭示了那些在日常生活中尚未述说、尚未看见、尚未听到的东西。
>
> （参见本卷原文第 143 页）

马尔库塞经常强调艺术内部的矛盾倾向以及它在日常生活和政治革
命中模糊的角色，他认为："作为现存文化的一部分，艺术是**肯定的**，它
维持着这个文化；艺术因为与既定现实相疏离，所以是一种**否定的力量**。
艺术的历史可以当成是对**这种对立的调和**"（ibid.）。因此，马尔库塞把艺
术看作是一种黑格尔意义上的对立统一，它同时具有肯定和否定的维度，
它既是现实的一部分，维系着这种现实，又与现实疏远，从局部去反对
它，它既具有肯定的特征，又具有批判的乌托邦特征。马尔库塞的一些著
作强调艺术的肯定的、意识形态的维度，而他的其他著作则强调艺术更为
否定的、批判的和乌托邦的维度。

在马尔库塞的一份专门研究音乐的文本中（这是他 1968 年 6 月 9 日 [45]
在新英格兰音乐学院的毕业典礼上所作的演讲，我们在此首次以英文原文
的形式将其发表了出来，参见本卷原文第 130 页及以下），他对音乐进行
了毫不掩饰的赞美性的分析。马尔库塞指出，"比起和哲学家、社会学家、
政治科学家交往，我在这里觉得更自在。我和他们没法共享同一个世界，
同样的经验"（ibid.）。此外，

我在艺术领域觉得更自在，

——因为我的工作使现如今的我比以前更相信，艺术在改变人类的生活条件以及人类的经验方面必须扮演决定性的角色。

——在帮助我们摆脱我们所处的非人的、残忍的、伪善的和虚假的世界的过程中扮演决定性的角色。

——在帮助我们想象、感知甚至建造一个更好的、自由的、人道的社会中扮演决定性的角色。

（参见本卷原文第 130—131 页）

马尔库塞继续说道，他主要是一个音乐消费者，受教于他的朋友阿多诺，而他作为一个哲学家，"通过**黑格尔**和**叔本华**进入了音乐"。他阐述了黑格尔和叔本华关于音乐的主要观点，他们认为音乐是纯粹主体性和意志的表达，是其他媒介无法表达的真理的表达，是摆脱了占主导地位的意识形态和堕落的语言的真理的表达。音乐"'**客观地**'表达痛苦、悲伤、快乐和渴望**本身**，因为它们是我们的存在、我们的世界及我们的**生命的本质**、实体、真理"（本卷原文第 132 页）。音乐是一种巨大的否定力量，它"打破了我们这个世界……虚假的和欺骗性的表象"，并由此与大拒绝和追求解放联系在了一起。

在创造自己的形式和语言的过程中，音乐进入了另一个世界，而那个世界"通过赋予它们（即那些被遗忘的经验和真理）'美的'形式、和谐、不和谐、节奏、舞蹈"把这些经验和真理保留了下来，"因此，音乐美化、升华、抚慰了人类的体验和人类的状况"（本卷原文第 133 页）。但是，在马勒的伟大的传统交响乐达到顶峰之后，在勋伯格那里（"我感受到了来自另一个星球的空气"）出现了一种新的创意、新的音乐，它要"**翻过贝**

多芬"！纯粹的音乐形式正在消解，并且伴随着新科技的发展和从爵士乐、蓝调到摇滚的流行音乐的爆发，一种"俗化的"和"非沉思的"的音乐正在传播，它对古典音乐提出了挑战并创造了一种新的音乐体验。

> ——这种艺术在世界的各个角落推动着一整代人
> 去唱歌、跳舞及游行，
> ——不再跟在军士或者上校的后面；
> ——不再应和优美的有约束的曲调或农夫的消遣的曲子；
> 而是　　　　　　　　　　　　　　　　　　　　　　　　　　　[46]
> 只听从自己的喜好，
> 去应和他们自己的身体和他们自己的心灵的曲调。
>
> （本卷原文第 138 页）

在清晰响亮的结尾部分，马尔库塞告诉他的听众，他们"面对的是**受压迫者的音乐，这些音乐否认和挑战**受压迫者所经受的**整个白人文化**"。这种音乐以及社会运动和动荡迫使音乐世界做出反应，去创造新的价值和社会形式，让真的想要"来自非常真实和接近的星球的音乐"（本卷原文第 139 页）的一代人参与进来。他在结论部分写道：

> 所以，
> 对压抑性文明的大反叛包括音乐王国，
> ——并且把你们变成了附庸或敌人。
>
> ——你们要用旧事物尚未完成和仍然有效的诺言和形式来保卫

和挽救它，

　　或者

　　——你们要努力赋予新的力量以新的形式，

　　不管是哪一种情况，你们都是其中的一分子！

（本卷原文第 139 页）

马尔库塞的激进美学:《论解放》和《反革命和造反》

　　反叛者重新唤起了愚者绝望的笑声和愤世嫉俗的抗争，以此来揭露那些统治着整个国家的正经人的行为。

（Marcuse, *An Essay on Liberation*，第 64 页）

　　马尔库塞在完成《单向度的人》之后（重新）转向了对艺术和审美的反思，这与他的一些更加激进的文本相呼应，例如《论解放》（以下简称 *EL*）。[①] 这个文本洋溢着革命乐观主义精神，肯定了当时最激进的政治和文化运动，比如，从越南的第三世界革命到法国的 1968 年叛乱，到遍及全世界的新左派反战运动，再到发生在美国和其他地区愈燃愈烈的反主流文化和黑人激进运动。20 世纪 60 年代，他的那些完成于《单向度的人》之后的关于艺术的文章都是推测性的，都提出了值得探究的问题，但

[47]

[①]　参见 Herbert Marcuse, *An Essay on Liberation*, Boston: Beacon Press, 1969。直到出了校样，这一文本的标题还是《超越单向度的人》；在马尔库塞的个人收藏中，有一封来自他的灯塔出版社的编辑阿诺德·托维尔（Arnold Tovell）的信，信中指出："10 月 16 日下午 5 点 5 分，即将出版的马尔库塞的新书的标题是《论解放》。经作者同意，这个问题现在结束了，这件事就这么定了。"

在《论解放》中却出现了一种不同的论调，它坚定而自信、咄咄逼人，对作为解放和激进社会变革的代言者的艺术与当代政治运动的激进潜能表现出了高度的热忱。

在文本中，马尔库塞呼吁审美和理性相整合，以产生一种新感性；呼吁艺术与技术相融合，以建构一个新的社会现实，即作为艺术品的社会。马尔库塞宣称，通过一种能够培养想象、幻想、感官以及记忆的审美教育，人们将会形成新感性。这种新感性将把感官与理性（reason）结合在一起，产生一种从中理性（reason）将具有肉体性、爱欲性以及政治性的"新理性"（new rationality）。

在《论解放》中，马尔库塞指出，新感性中所蕴含的文化颠覆是对现存社会的本能的、道德的和审美的反叛，这带来了"主张建立一种能够履行被旧文化所背叛的人文主义承诺的新文化"（*EL*，第 10 页）的政治反叛。这种反叛源于代表着与消费社会的需要和意识相决裂的新需要和价值，由此表明，资本主义对需要和意识的管控可能有其局限性，容易被颠覆和改变。

[需要的转变] 将构成自由的本能基础，而这正是有着悠久历史的阶级社会所抵制的。自由将成为这样一种有机体的环境，这种有机体再也不能适应受支配的幸福所需要的竞争性表现了，再也不能容忍现存生活方式的侵略性、野蛮以及丑陋了。这种反叛于是就会扎根于个体的"本性"（自然），即个体的"生物性"；在这些新的基础上，反叛者将会重新确定政治斗争的目标和策略，也只有在这样的目标和策略中才能够确定解放的具体目标。

（*EL*，第 4—5 页）

马尔库塞认为，新感性包含着审美—爱欲的方面，这些方面与现有社会中的人格结构有着质的区别。对美的审美需要和对满足与幸福的爱欲需要将取代消费需要。审美—爱欲需要将服务于生命本能，并力图培育和增强生命，反抗侵略和破坏。尼采将美规定为了提升生命，马尔库塞强调了美与快感和快乐之间的联系，这唤起了人们对感性中的审美与爱欲成分的内在联系的关注。审美—爱欲需要将在创造这样一个美丽、怡人的环境的努力中表现出来，这种环境将消除资本主义工业化的恐惧，并最终形成一个能够消除过剩压抑的新社会。马尔库塞总结道："审美世界是自由的需要与能力赖以获得解放的**生活世界**（Lebenswelt）"（*EL*，第 31 页）。

[48]　　马尔库塞认为，如果没有感性的变革，也就不会有真正的社会变革，而艺术能为一种新感性的出现创造条件。新感性理论的基础是感官在经验构成中具有积极的作用的观念，这种观念拒斥康德哲学和其他哲学——认为它们只是被动的，只是接受的——对感官的贬低。对马尔库塞来说，我们的感官是由社会塑造的，但反过来又构成了我们对世界最初的经验并为想象力与理性提供了质料。他认为，感官目前受到了社会的制约和破坏，只有解放了的感官和新感性才能产生解放性的社会变革（*EL*，第 24 页及下）。

马尔库塞经常在其著作中拐弯抹角地提到爱欲、美与一种和谐的感性之间的密切联系。他认为，美能够"制止攻击：它能够阻止攻击者并使其动弹不得"（*EL*，第 26 页），而美杜莎的神话是这种能力的象征。此外，马尔库塞经常引用司汤达的说法，即美表达的是"对幸福的承诺"。他进一步把自己的观点建立在了康德的这一观念之上，即美等同于和谐、圆满以及纯粹"无利害的"愉悦。对美的审美需要可以转化为创造一个快乐的、和平的、和谐的并有可能满足审美—爱欲需要的环境的动力。

　　马尔库塞在他这一时期的著作中一以贯之地强调了审美需要的颠覆性和政治性：

　　　　审美需要有其自身的社会内容：它们是人类有机体、心灵和身体为得到这样一个满足的维度而提出的要求，这个维度只能在与那些由于自身的运作而否定和违反这些要求的制度的斗争中才能被创造出来。

　　　　　　　　　　　　　　　　　　　　　　　　　（*EL*，第 27 页）

　　为满足审美需要而战有着具体的颠覆性的社会内容：

　　　　随着人们对审美需要最基本的满足的需求更大规模地转变成群体行动，审美需要激进的社会内容变得明显了起来。从无伤大雅地推动更好的分区管理，最低限度地使人们免受噪声和灰尘的影响，到要求整个城区禁止汽车通行，在所有公共场所禁止使用晶体管收音机，消除自然的商业化影响，重建整个城市，控制出生率——所有这些行动将对资本主义制度和道德产生越来越大的破坏性。

　　　　　　　　　　　　　　　　　　　　　　　（*EL*，第 27—28 页）

　　在社会重建的过程中，想象力将充当理性和感性的中介，并将在"创造一个环境——在物质和精神生产中，一层一层、一步一步地创造这样一个其中人的非攻击的、爱欲的、接受性的能力将与自由意识协调起来努力促使人与自然达成和解的环境——的集体实践"（*EL*，第 31 页）中被赋予完全的行动自由。这将涉及"肯定建设这样一个社会的权利，在这 [49]

个社会中，废除贫穷与劳役的最终目的是构建这样一个其中感性、嬉戏、宁静与美成为存在的形式并因此成为社会本身的形式的世界"（*EL*，第25页）。

> ［在这样一个世界里，］从剥削的奴役中释放出来，一直由科学成就来维持的想象力能够将其生产能力转化为对经验及经验世界的激进重构。在这个重构中，审美的传统历史主题将发生改变：它将在生活世界的转变中，在作为艺术品的社会中得到表达。
>
> （*EL*，第45页）

创造一个新社会、一种新文化以及一种新感性的集体实践将会是一场名副其实的文化革命，它将用一种新的语言、一种新的艺术、一种新的生活方式、一种新的经验和表达模式来表达自身。（*EL*，第31页及以下）以前，马尔库塞在最进步的现代主义先锋派艺术家那里注意到了最先进的形象、观念、风格以及语言的发展，但如今他却赞美激进分子在抨击社会现行的语言用法上对语言的使用，他认为这是"对当局的语言世界的系统性的颠覆"（*EL*，第35页）。将政客们称作"猪"，或以"呼噜、呼噜"的叫声回应其巧言令辞，"破坏了虚假的意识形态语言并使其定义失去了效力……它们被'重新定义'成了它们在激进者眼中的真实模样"（ibid.）。而对污言秽语的激进使用"是最基本的行动，它给人与物起了新的名字，消除了那些被重新命名的人物在这个制度内和为了这个制度所骄傲地背负着的虚假的、虚伪的名字"（ibid.）。马尔库塞进一步宣称：

[黑人激进分子的语言构成了一个"更具颠覆性的语言世界"，因为黑人"继承"并重新定义了]西方文明中一些最崇高的和被升华的概念，使它们俗化了，并对它们进行了重新定义。例如，"灵魂"（自柏拉图以来，它本质上就是纯洁无瑕的），即人类所有真正人性的东西的传统的所在地，是温和的、深邃的、不朽的——这一在现存的语言世界中已经变得令人尴尬、陈腐和虚假的词，已经被俗化并以其变体的形式被转移到了黑人文化当中：他们是灵魂兄弟；灵魂是黑色的、暴力的和狂欢的；它不再出现在贝多芬与舒伯特的作品中，而是出现在了蓝调、爵士乐、摇滚乐中，出现在了"灵魂食物"（美国南方黑人的传统食物）中。同样地，通过颠覆传统文化象征性的价值并将其与黑暗的反色、禁忌的巫术以及神秘的东西联系在一起，激进者的口号"黑色是美丽的"重新定义了传统文化的另一个核心概念。

（*EL*，第 35—36 页）

同样，在富裕社会的另一端，不顺从的年轻人向警察献花并宣称自己拥有"花之力"（flower power）；对马尔库塞来说，这是"对'权力'观念的重新定义和彻底否定"（*EL*，第 36 页）。反叛的年轻人在"抗议歌曲中，在给人以美感的未被人造清洁剂污染的长发和身体上"也表现出了"爱欲的那种好战性"（ibid.）。马尔库塞宣称，新感性的这些政治表现反映了"反抗的深度，以及与压抑的连续体决裂的深度"（ibid.）。 [50]

马尔库塞在这里展示了自己作为文化革命理论家的一面，他认为文化革命是激进社会变革不可或缺的组成部分，并肯定了那个时代的反抗运动中最具反叛性的文化形式和实践。他还将现代主义的实验艺术视为一种颠覆性的力量，认为新感性和激进艺术形式在解放实践中扮演着不可或缺的角色。当时，他在其自由社会的愿景中强调了审美—爱欲成分的首要性，并在这个社会的建设中给审美分派了极其重要的角色，他断言文化革命是解放斗争的重要组成部分，并且高度赞赏摇滚和抗议音乐、灵魂音乐和蓝调、俚语和秽语、游击式的流动戏剧，以及超现实主义、俄国形式主义和其他先锋派运动（尽管他警告说，一些反传统的艺术形式由于拒绝处理其形式面临的危机而失去了它们的政治变革潜能，关于这一点，他不久后就会加以认真地考虑）。

因此，在《论解放》中，马尔库塞支持一切与资本主义文化最激进的决裂，并郑重指出这些审美运动和艺术品本身就是革命性的，是要求与现存社会激进决裂的解放运动的一部分，是文化革命的一部分。马尔库塞在他 1972 年完成的《反革命和造反》（以下简称 *CR&R*）①（它包含了我们在他的作品中所看到的迄今为止最持久、最集中的美学分析）中对文化革命中的反主流文化运动和反叛群体进行了反思，并认为有必要保留资本主义文化和审美形式的某些方面，以便达到革命的目的。在这里，他将自己

---

① 　参见 Herbert Marcuse, *Counterrevolution and Revolt*, Boston: Beacon Press, 1972。马尔库塞从颂扬当代对抗性艺术转向他所偏爱的 18、19 世纪小说和诗歌，这并没有使他所有的文化革命时期的同志们都感到满意。他的朋友金斯利·威德默（Kingsley Widmer）在一篇关于《反革命和造反》的尖锐评论中指出，马尔库塞对标准的文化主义的辩护似乎不仅"模糊了目标，而且使激进倒退神秘化了"（"Marcuse's Mystification", *The Village Voice*, September 28, 1972, pp. 23–26）。威德默抱怨道，马尔库塞极大地高估了"高雅艺术"的激进潜能，低估了当代美学形式和反叛的潜能。更猛烈的是，威德默甚至指责马尔库塞"对公认的高雅艺术所持的左倾的虔诚态度只会鼓励学术上的弄虚作假"，他觉得这样一位最具洞察力、最彻底的当代文化批评家竟然将资产阶级艺术排除在他的否定性的批判之外，这很奇怪。事实上，马尔库塞长期以来一直都以范式的形式批判资产阶级文化"肯定的"和意识形态的方面，他只是试图捍卫资产阶级文化的某些方面和某种形式，使之免受 20 世纪六七十年代某些革命性的文化激进主义和反传统艺术运动的总体的批判和拒绝。

的新感性概念扎根在了马克思的这一观念当中，即"彻底解放人的全部感 官和特性"（*CR&R*，第 64 页）。①马克思放弃了这些在《1844 年经济学哲学手稿》中发挥突出作用的早期的人类学—美学思考，但马尔库塞认为，它们阐明了关于人类解放的本质性洞见和革命变革的重要目标。艺术将在这一过程中发挥重要作用，它将培养一种新感性，并将成为社会重建的物质力量。

[51]

　　马尔库塞一如既往地将他的审美反思与新左派，以及其他寻求一种新的语言来控诉当代社会和一种新的政治来改造这个社会的诉求联系了起来，旨在"全面改造整个传统文化"（*CR&R*，第 79 页）。他仍旧坚定地认为，"激进的不顺从者的交流，革命的新历史目标需要一种同样是不顺从的语言"（*CR&R*，第 79—80 页）。但他认为，这样一种新的语言与文化不可能在文化真空中被重新"发明"出来，而是"必然依赖于对传统材料的颠覆性使用"（*CR&R*，第 80 页）。

　　这种潜在的对抗性的文化语言与形式存在于艺术与民间传统中。马尔库塞继续为某些对抗性的流行文化形式——它们说着"受压迫者的语言"，因此"与抗议和拒绝有着天然的亲缘关系"，例如，"今天黑人所培

---

①　马尔库塞认为，人类学在马克思的《1844 年经济学哲学手稿》中有着至关重要的意义。事实上，马尔库塞是最早提醒人们注意其重要性的人，也是最早将马克思的人性理论的各个方面融入到他自己正在形成的理论中的人。参见 Marcuse, "The Foundations of Historical Materialism", *Studies in Critical Philosophy*, London: Verso, 1973；关于马尔库塞 1932 年对马克思那时才出版的《1844 年经济学哲学手稿》所作的评论的讨论，参见 Kellner, *Herbert Marcuse*, Chapter 3。在《反革命和造反》中，马尔库塞重新回到了马克思的《手稿》，再次向大家展示了被编辑们标记为"私有财产和共产主义"（"Private Property and Communism", *The Marx-Engels Reader*, Robert Tucker（ed.,）New York: Norton: 1978, pp. 293–306）的部分，而这对他自身的研究来说至关重要；他与早期马克思的联系将在随后主要讨论哲学和马克思主义的《马尔库塞文集》第六卷中加以讨论。

育的"文化与语言（ibid.）——做了辩护。但是，他现在批评了他曾在《论解放》中为之辩护的"系统化地使用污言秽语"的做法。他宣称，整个文化如此污秽，以至于这种语言"已经不再能够定义激进派"，反倒有可能被用来贬低"性"，而随着它沦为重复的牺牲品，它也正在失去震撼人心的力量。（*CR&R*，第 80—81 页）

[52]　　　马尔库塞早在丹尼尔·贝尔之前就在一个有趣的分析中提出了《资本主义文化矛盾》中所提到的观点，① 他指出，由于资产阶级对金钱与商业的痴迷，资本阶级的知性文化与审美文化同其专注于金钱和商业的物质文化与价值之间存在着巨大的矛盾。马尔库塞声称，资本主义文化由于对物质主义价值、色情、野蛮及暴力的强调，它正在破坏传统的资产阶级文化，不过这与强调无节制的消费与满足的资本主义的新阶段相符合。另外，马尔库塞认为，资产阶级文化中高雅的上乘作品"表明一种彻底的反资产阶级的立场是普遍存在的：高雅文化对资产阶级的物质文化进行了控诉、拒绝并从它那里抽离了出来"（*CR&R*，第 86 页）。此外，伟大的资产阶级作品打开了另一个维度，即"可能的解放的维度"（*CR&R*，第 87 页）。正是凭借审美形式，"另一个现实呈现了出来"，通过这个为后人保留了批判、控告以及解放的愿景的审美形式，"一个自由和满足的维度"显现了出来。所有的艺术对于马尔库塞而言都保存并传达了"人类存在的事实与可能"，因此他认为，试图去破坏这个在他看来仍然保持着"对解放的承诺"的传统是一种虚无主义的错误的做法（*CR&R*，第 88—89 页）。

---

① 　参见 Daniel Bell, *The Cultural Contradictions of Capitalism*, New York: Harper Collins, 1996。贝尔和马尔库塞都详细阐述了传统资产阶级价值与当代资本主义之间的矛盾，但贝尔主张回归宗教和资产阶级价值，而马尔库塞则呼吁新的解放性的价值、感性和文化。

　　马尔库塞在其《艺术与革命》的第二部分展示了文化激进派"对审美形式的控诉"，他们将审美形式的和谐、幻象和美斥为具有麻醉作用的意识形态性的东西。马尔库塞在谈到自己对"肯定性文化"的批评时（参见本卷原文第 82 页，以及我的讨论，本卷原文第 23 页），他承认这个批评在一定程度上是有效的，但认为真正的艺术打破了资产阶级文化的纯粹的肯定维度并展现了"否定的力量"（*CR&R*，第 92 页）。此外，正是和谐与美的世界具有一个能够展现和平、幸福与安全的形象的乌托邦维度。他坚持认为，在一个异常暴力的世界里，呼吁终结暴力，呼唤和平、和谐与稳定具有激进的内涵。在他看来，"审美品质本质上不暴力，也不专横"；它们能够使人"看到事物本身，体验其中所包含的喜悦，体验大自然的爱欲能量"（*CR&R*，第 74 页）。

　　正是风格与形式保存了审美的超越性，因此，在反传统艺术运动及其宣言中呼吁破坏这些东西的做法是自掘坟墓，并且损害了原本可用于解放与激进社会变革的资源。马尔库塞的主要论点是"艺术与革命的关系是对立的统一，是对抗性的统一"（*CR&R*，第 105 页）。艺术与革命在改变世界与寻求解放中达成了统一。但是，革命本身作为艺术存在于伟大的艺术之中，而艺术以其自身的维度为革命服务，而不是仅仅作为宣传或工具为革命服务："它从来都不具有可操作性"（ibid.）。

　　在《反革命和造反》（1972）的"艺术与革命"一章的最后三部分（本卷以这一章的标题为题将这三部分发表了出来，参见本卷原文第 166 页及以下），马尔库塞批评了当时最极端的反传统艺术立场，其中包括安东尼·阿尔托（Antonin Artaud）的"残酷戏剧"，当代游击式的流动戏剧，以及"生活剧场"（尽管他申明他支持在巴西和其他地方遭到了严重的政治迫害的后者）。他批评了无节制的摇滚文化，但却仍断言"确实有一个

[53]

真实的基础"的黑人音乐是"奴隶和贫民窟的呐喊和歌声"（参见本卷原文第 168—169 页）。马尔库塞还坚持认为，就像贝克特的作品一样，约翰·凯奇、施托克豪森等人的看起来无形式的音乐可能表现出了对现存世界的彻底否定，因此蕴含着批判的潜力。但他同样也称赞艾伦·金斯伯格（Allen Ginsberg）和劳伦斯·费林盖蒂（Lawrence Ferlinghetti）的诗歌以及鲍勃·迪伦的歌曲、布莱希特的戏剧和诗歌中呈现出的形式（参见本卷原文第 170 页及以下）。

这些例子清楚地表明，马尔库塞将他的审美理想与当代先锋派中最激进的创作等同了起来，而不是将先前资产阶级时代的经典专门作为当代应该加以模仿的伟大艺术的理想。他确实坚决认为，艺术的历史性"排除了所有这样的观念，即今天重新找回审美形式可能意味着古典主义、浪漫主义或任何其他传统形式的复兴"（参见本卷原文第 170 页）。相反，马尔库塞宣称，当今的反传统艺术倾向完全否定形式，拒斥整个资产阶级文化，这颠覆了艺术的激进潜能，颠覆了传统艺术可以用来批判现有世界并为当代艺术的发展提供一种传统的方面。

马尔库塞的这一完成于所谓的后现代艺术大爆炸前夕的对审美复古主义的批判和对最激进的现代主义形式的辩护提供了一种超前于后现代文化——马尔库塞的同事兼朋友弗雷德里克·詹明信将这种文化批判地描述成了后现代主义——的批判。① 事实上，这种毫无批判性的后现

---

① 　詹明信早期关于后现代主义的极具影响力的批判立场，参见 Fredric Jameson, *Postmodernism, or the Cultural Logic of Capital*, Durham, N.C., and London: Duke University Press, 1991。关 于詹明信和后现代主义，参见 Douglas Kellner (ed.), *Postmodernism/Jameson/Critique*, Washington, D.C.:Maisonneuve, 1989；另 参 见 Sean Homer, Douglas Kellner (eds), *Fredric Jameson: A Critical Reader*, London and New York: Palgrave Macmillan, 2004。关于艺术的后现代转向，另参见 Douglas Kellne, Steven Best, *The Postmodern Turn*, London and New York: Routledge and Guilford Press, 1997。

代的混合拼凑之作，毫无深度或意义的单调与炫目的单向度形式，以及过度的讽刺和愤世嫉俗，显然会让马尔库塞感到反感，因为他最感兴趣的不是呼吁复古主义，也不是转向过去的模式来进行当前的美学创作。然而，在《反革命和造反》中，马尔库塞对他先前在《论解放》中对文化反叛表现出来的强烈肯定重新进行了思考。尤其值得注意的是，他在《反革命和造反》中为资产阶级文化和审美形式做了辩护，而这些审美形式曾受到文化激进分子的攻击，这些激进分子想要摧毁资本主义文化，创造一种全新的文化，并通过创造一种反传统艺术来摧毁传统的艺术形式和艺术体制。马尔库塞似乎对第一个目标表示认同，因为他确定无疑地肯定了创造新文化和攻击现有文化的努力，但他从来不喜欢反传统艺术，并且始终认为政治上有效的艺术必须保持审美形式。因此，马尔库塞在《论解放》中的理论与其他收录于 20 世纪 70 年代的关于艺术的作品中的那些 20 世纪 60 年代对文化革命所作的断言之间的明显冲突并不像人们可能认为的那样引人注目。可以肯定的是，马尔库塞已不再提倡"艺术的俗化"，他对当代艺术反叛表现出了更加怀疑的态度，在提倡现实艺术的扬弃时也表现得更加细致入微了。他已经不再赞扬当前持不同政见的艺术、俚语、污言秽语以及政治化的艺术。他已经不再称颂说某些当代的政治艺术形式本身就是革命性的，就是革命的一部分。相反，他强调了艺术与革命之间的张力，强调了审美维度与革命实践之间的必要距离。① 马尔库塞此时为作为审美解放的载体的艺术形式做了辩护，他认为伟大的古典的和现代主义的资产阶级艺术形式揭示了真正的艺术有着超越和批判既

[54]

---

①　参见 Marcuse, *CR&R*, pp. 195ff.；另参见 *AD*, pp. xff., 71ff.。

定现实的潜能，但他却把现代主义的最激进的例子当成了他的理想。当我问马尔库塞为什么他关于解放性的艺术的理论在 20 世纪 60 年代到 70 年代之间会出现看上去如此突然的偏离时，他强调了他的审美理论的连续性。[①] 他只是认为 20 世纪 60 年代的反主流文化的艺术、持不同政见的艺术反抗以及艺术在政治上的运用比 70 年代要好一些。他声称 20 世纪 60 年代的民间抗议音乐、鲍勃·迪伦的歌曲、激进的戏剧，以及其他形式的艺术运动成功地把审美形式和政治信息结合了起来，并通过促成大规模的激进化活动，在政治运动中发挥了重要的作用。马尔库塞声称，20 世纪 70 年代，持不同政见的文化在很大程度上失去了审美的、政治的品质，既牺牲了对形式品质的关注——马尔库塞认为这是真正的艺术所必不可少的属性——也牺牲了政治内容和效力。因此，在这种情况下，马尔库塞认为有必要回到过去并捍卫古典资产阶级遗产中审美价值与美学作品，他认为这些价值和作品包含着被当代文化潮流所忽略的重要的解放和政治潜能。1974 年 10 月，马尔库塞在德国不来梅发表了题为"艺术与革命"的演讲，进一步发展了他在《反革命和造反》中提出的观点。[②] 此外，马尔库塞
[55]
的档案和他的个人收藏表明，他做了大量的美学研究，其中大部分从未发表，也很少为人所知，我们将这些研究收入了本卷，我将在下一节对此加以说明。

---

①   "Conversation with Marcuse", San Francisco, California, March 24, 1978.

②   马尔库塞在 1974 年 7 月通过柏林自由之声广播电台发表了题为"艺术与革命"的广播讲话，这也是他的不来梅演讲的基础。这一文本成了他最后一本关于审美之维的著作的基础；我们在马尔库塞的档案中找到了这份编号为 497.00 的文本。

马尔库塞的美学研究：超现实主义、普鲁斯特和奥斯维辛之后的
抒情诗

> 艺术若想幸存，必须取消自身，必须通过否定传统形式进而否
> 定和解来保存它的实质，必须变得超现实，变得不着调。
>
> （*EL*，第132页）

整个20世纪70年代，马尔库塞深入研究了审美理论，反思了艺术
在激进政治变革中的作用，但正如我所指出的那样，他对艺术和革命的反
思总是发生在他的批判哲学、社会理论以及革命事业的语境中。在他生命
的最后十年里，他与芝加哥的一个超现实主义团体进行了一场引人注目的
交流，他仍旧坚持讲课和从事艺术研究，将他出版的书籍的主要部分都集
中在了激进美学上，并出版了他最后一本关于这个主题的书。

马尔库塞一直对超现实主义情有独钟。20世纪20年代，先锋派的超
现实主义运动演变成了一股国际力量。超现实主义将诗歌和写作、绘画和
电影、音乐以及日常生活的诗意都囊括了进来，它要求艺术和生活革命。
像布勒东、阿拉贡、马格利特、达利、布努埃尔等众多超现实主义艺术家
在梦境、幻想、性爱和潜意识中发现了解放的潜能，他们在日益壮大的国
际超现实主义运动中试图寻找解放性的幻想和欲望的审美表达，创造了一
种要求艺术和生活激进变革的革命趋势。超现实主义者用到了诸如自化写
作、在绘画中自由地表达幻想、为人们根深蒂固的欲望构建个人符号、使
用震撼人心的技术来破坏感知、打破艺术中公认的规则、颠覆主流意识形
态等方法，制造了一场至今仍在肆虐的争议风暴。

　　在与芝加哥超现实主义团体的书信交流中，马尔库塞描述了他对"艺术和政治之间不可调和的矛盾归因于艺术的超越性超出了所有的政治目标"的看法，并表达了他对超现实主义的喜爱。[①] 对马尔库塞而言，超现实主义追求真正的艺术性，"试图维持并夺回艺术的超越性和超现实性，试图维持并夺回艺术的异化力量，它是政治斗争中的力量，也是支持政治斗争的力量"（参见本卷原文第 181 页）。

[56]

　　超现实主义对那些与现有的现实原则相矛盾并威胁着要打破这些原则的具有爆炸性的"非理性"力量进行了探索，为另一个世界、另一个超越科学与常识的世界打开了感官与理性的大门。他指出，"这不仅仅是我们的感知、想象和理性的扩展。心智能力的重构和重新定向本身并不是目的，消除现存社会及其需求对我们的能力的损毁才是目的"（ibid.）。

　　超现实主义建议，我们应该生活在另一个形而上的精神世界，这个世界"干扰着现存秩序但却不去废除它"（ibid.）。这是一个颠覆性的世界，它挑战、打破、否定了既定现实。超现实主义的这些可供选择的世界需要一种新的语言、新的形象、新的交往模式，因此也需要新的审美形式和写作模式。但与超现实主义称颂非理性、自发的语言和对无意识的表达等等不同，马尔库塞对艺术理性、对需要为经验赋予形式以产生真正的艺术做了辩护。

　　虽然超现实主义希望将自己的精力放在"为革命服务"上，但却失败了，它"很快就遭遇到了艺术与人民以及艺术与革命之间难以调和的矛盾"（参见本卷原文第 182 页）。因此，挑战在于将艺术与革命联系起来，并使之成为一股革命力量。马尔库塞认为，这要求艺术颠覆"人们占主导地位的经验、意识和潜意识的需要"。这"是一种表现在语言、形象、形式和内容上

[①]　关于马尔库塞与芝加哥超现实主义者的接触情况以及他对超现实主义的探索性的分析和批判，参见本卷原文第 178 页及以下。

的极端异化的功能"。因为大众没有构成一个革命阶级，因为他们的意识和需要已被整合进了现有制度，所以我们必须抨击、破坏和颠覆这种感性。

> 在这种情况下，艺术的直接政治化，即它的无产阶级化或大众化，只能靠牺牲艺术激进的、不顺从的品质和牺牲对内在的、自主的（不过也是历史的）艺术真理的承诺来获得。艺术真理需要它自身自主的表现和传达形式。
>
> （参见本卷原文第 183 页）

因为超现实主义做出了这一承诺，它必然与更加平淡乏味的政治的迫切需要相冲突，它拒绝为了眼下的政治目标而被工具化，因此无法实现其革命的政治意图。同样，马尔库塞认为，1968 年的"一切权力归于想象力"的呼声是"在暴动中的真正的超现实主义的呼声"，但是，"这一呼声在与政治现实——劳工运动组织、政府武装力量——的对抗中被压制了"(ibid.)。

但对马尔库塞而言，"真正的艺术"必须把超现实主义的反叛提升到更高的审美层次，必须为激情、无意识、爱和精神这些"基本的"力量寻找一种审美形式，在形式和形象的审美媒介中保存和表达"更高的真理"。这种"让无意识服从于一种新理性"也是"弗洛伊德学说的根本内容！（很容易就会转化成顺从主义的疗法）哪里有本我，哪里就有自我！"（参见本卷原文第 184—185 页）本我或欲望"不是解放的发动机"，它有可能是奴役人的、压抑性的、破坏性的。马尔库塞警告说，对非理性和自发性的狂热崇拜很容易为非理性的政治服务，因此，艺术必须把它的解放潜能转化为审美形式。事实上，"将整个'次现实的'、次理性的维度'转化成'既定的生存世界与可能的生存世界之间的冲突的条件的创造力是表达艺术的

[57]

政治潜能的前提"（参见本卷原文第 185 页）。

在"第二封信"中，马尔库塞通过提醒他的批评家留意主要的超现实主义者那些"包含了超现实主义的革命性的内核，包含了它对既定的现实原则的激进超越"（参见本卷原文第 189 页及以下）的关键性的话，回应了他的"第一封信"所受到的批评。在这里，马尔库塞再次强调了艺术与革命之间不可避免的矛盾，即艺术不能为了服务于实用目的而被工具化，艺术不能服务于既定现实，因为它构成了另一种现实，一个可以促进解放兴趣的审美维度。

因此，马尔库塞认为，超现实主义捍卫了艺术的自主性和想象与创作的绝对自由。要实现超现实主义的梦想必需创造另一种现实，为此我们必须依赖政治和对现有社会的革命性变革。

与芝加哥超现实主义者的交流构成了马尔库塞对特定的唯美主义运动和趋势最详尽的反思。他的美学著作倾向于关注真正的艺术的本质、艺术与政治的关系、艺术与支配和解放的关系等理论问题。因此当我们在他的档案中发现了更加详尽的研究，比如，第二次世界大战初的《评阿拉贡——极权主义时代的艺术与政治》和我们在本卷中看到的《致芝加哥超现实主义者》时，我们非常兴奋。在其他见于马尔库塞档案的关于特定作家和文学现象的研究中，有一份关于法国作家普鲁斯特的手稿，我们在这里第一次将其译成英文并发表了出来。

至少从 20 世纪 40 年代中期的《评阿拉贡》开始，马尔库塞就对法国作家表现出了强烈的兴趣。我们在本卷中看到的、见于马尔库塞的档案的关于普鲁斯特的手稿并没有标注日期，因此我们不太确定其写作时间，虽然它的主题与他对阿拉贡和法国抵抗作家的研究相符，因为它赋予了艺术和爱以价值。关于普鲁斯特的这篇文章是马尔库塞严肃对待一位文学作家的唯一例证。不出所料，它更具哲学性，而不是解释性，它关注的主题是时间如何威胁爱情，以及爱情、时间和记忆之间的关系（这一点也不奇怪）。热烈的爱情是无法维持的，所以回忆试图重温浪漫爱情的狂喜。爱情也与"常态"相冲突，因为日常生活的要求不允许性爱所带来的强烈的快感。同样，浪漫伴侣的排他性切断了他们与其他人的联系，也切断了社会的和道德的要求。在普鲁斯特的小说中，马尔库塞认为，只有同性恋者才能体验到从爱中分离出来的快乐，资产阶级夫妻将不可避免地发现他们强烈的浪漫爱情会导致不幸，因为它不可能无限期地维持下去。

[58]

在马尔库塞档案中发现的另一份未命名的手稿，我们称之为《奥斯维辛之后的抒情诗》，我们在这里首次以英文将其翻译并发表了出来，它或许是马尔库塞全部作品中唯一一篇以阿多诺的风格和方式撰写的文学散文。文本回答了阿多诺关于奥斯维辛之后抒情诗何以可能的疑问。在阿多诺去世后，马尔库塞对他的深切缅怀不仅揭示了他对阿多诺的尊敬，也揭示了奥斯维辛之后的文化问题是如何成为他自己的思想的主要关注点的。在 1963 年阿多诺 60 岁生日之际为他写的纪念文章《论思想现如今的处境》中，马尔库塞写道：

> "在奥斯维辛之后，写诗是野蛮的"，这一论断已经不合时宜了。"野蛮"已不足以把握当前正在发生的事情。如果作为重大事件的、不向犬儒主义和垮掉的一代屈服的诗歌也被现有的文化吸收并推向了市场，如果拒不妥协的否定性——假如我们以前对此有所耳闻——变成了肯定，并且还被用来证明现有文化依然存在着"言论与思想自由"，那么不一致的精神向度与物质向度就会变成现有世界的一个向度。我们已经无法向前推进并把否定从完全物化了的语言

中挤出来：人们并非没有听到拒绝和指责，相反，他们早就注意到了，只是他们听到信息之后，就把它转译成了社会学、心理学和美学问题，把其余的当成了假装自我批判的政治宣传。①

马尔库塞在文章中表达了对那些一直持续到 20 世纪 70 年代的历史暴行的深深厌恶和恐惧，并反思了文学是如何处理残酷的折磨、痛苦与死亡的。它还反思了主体性与文学的关系，以及诗歌该如何处理诸如奥斯维辛之类的恐怖和人类的苦难与死亡等极端情况。

[59]　我们只能猜想马尔库塞在布什—切尼政权时期可能会出现的恐惧感，②而正是他对当今时代风云变幻和历史上持续不断的滔天罪行与苦难的尖锐批判，使得 1978 年的研究与当代有着不可思议的相关性。这一文本表明马尔库塞直到他生命的最后关头仍然深切地关注文化、政治和历史的纠缠，并运用艺术和美学来反思最深层次的理论问题和人类的苦难，以及艺术该如何提供批判性的洞察和揭示可能的替代方案。

《审美之维》和马尔库塞对艺术与解放的最终看法

艺术无力阻止野蛮的加剧——它无法自行在社会中和反社会中保

---

① 参见 Herbert Marcuse, "Zur Stellung des Denkens heute", in *Zeugnisse: Theodor W. Adorno zum 60. Geburtstag*, Max Horkheimer (ed.) Frankfurt: Europäische Verlagsanstalt, 1963, pp. 45–49。这篇文章由罗素·伯曼（Russell Berman）译成了英文，我们将在《马尔库塞文集》第五卷中看到该译文，参见 *The Collected Papers of Herbert Marcuse*, Volume Five, Philosophy, Psychoanalysis and Emancipation。

② 参见 Douglas Kellner, *Media Spectacle and the Crisis of Democracy*, Boulder, Colo.: Paradigm Press, 2005。

持自身领域的开放。为了自身的保存和发展，艺术有赖于为废除那种使野蛮成为其潜在状态——其进步的潜在形式——的社会制度所作的斗争。艺术的命运仍与革命的命运息息相关。在这个意义上，真正驱使艺术家走上街头的是艺术内在的迫切需要——为1918年的革命而战，为中国和古巴的革命而战，为所有能够获得历史解放机会的革命而战。

（Marcuse, *The Aesthetic Dimension*，第121—122页）

20世纪60年代末和70年代初，在一段时期的激烈的政治活动之后，马尔库塞在20世纪70年代中期与灯塔出版社签订了一份合同，准备在该出版社出版一本名为《今天的马克思主义、女权主义和新左派》的书，其中将包括那个时期的一些文章，如《马克思主义与女权主义》《新左派的失败》《理论与实践》以及《艺术与革命》（关于前三篇文章，参见 *Zeit-Messungen*, Frankfurt: Suhrkamp, 1975）。[①] 马尔库塞在1975年9月9日的信中写道："我那篇关于美学的文章还远远没有完成。"在1976年2月19日马尔库塞写给灯塔出版社的玛丽·安·拉什（Mary Ann Lash）的信中，他建议用最近完成的文章《知识分子的责任》替代《艺术与革命》，并表示他无法专注于政治论文集，因为"我要先完成关于美学的文章。而在我看来，它是一篇非常可靠的文章，不是演讲，而是一篇大文章，无论如何都应该单独发表"。

我们在马尔库塞的个人收藏中发现了他与灯塔出版社的编辑们的往复书信，这些书信表明，虽然他与出版社签订了出版一本政治论文集的合同，但是，1976年11月22日的一封来自出版商的信表明该合同已经

[①]　参见 Herbert Marcuse, *Zeit-Messungen*, Frankfurt: Suhrkamp, 1975，以及我们在马尔库塞的个人收藏中所发现的他与灯塔出版社编辑们的通信。

[60]　　取消了，灯塔出版社将出版一本美学著作，书名暂定为《艺术与革命》。①
这封信以及 1977 年德文版《艺术的永恒性》（即 1978 年的《审美之维》）
的面世表明马尔库塞后期转向了对艺术和美学的深刻反思。② 然而我想反

---

①　这封信见于马尔库塞的私人收藏，参见 Letter from Mary Ann Lash to Herbert Marcuse, November 22, 1976. 虽然马尔库塞在一本德文版的小册子《度量时代》（Zeit-Messungen）中发表了
他对新左派、女权主义和当代政治的反思，但他却从未用英语就他对当代社会和政治的看法
给出定论；他完成于 20 世纪六七十年代的许多关于政治的文章和演讲都被收入了《新左派与
20 世纪 60 年代》。

②　彼得－欧文·詹森就马尔库塞反复斟酌他那部最初以德文出版的美学著作（1977 年）的书名
提供了有趣的背景资料。在 2006 年 1 月 22 日的一封电子邮件中，詹森写道：

> 关于赫伯特的《艺术的永恒性》这个书名的故事很有趣。简而言之：这个书名的确定
> 经历了反复的讨论。这件事花了三年多的时间。1975 年 9 月 2 日，该书的编辑、汉泽尔出
> 版社的米歇尔·克鲁格（Michel Krüger）写道："在这里（即在出版社），我提出了《反对某
> 种马克思主义的美学》这一书名，得到了大家的赞同。因此，我们应该坚持用这个书名。"
> 在 1975 年 9 月 20 日的回信中，马尔库塞给出了他暂定的标题，即《美学的尝试》。但是，
> 出版社印出的最早的封皮上的书名是《论反对某种马克思主义的美学》（1975 年 10 月 22 日）。
> 在 1976 年 2 月 15 日的一封信中，马尔库塞写道："我对在慕尼黑讨论的这个书名也不太满
> 意。它无法反映文本的内容。我们不如用下面这个书名，即《艺术的永恒性——马克思主
> 义对马克思主义美学的批判》。"在 12 月 27 日的信中，马尔库塞写道："《艺术的永恒性》这
> 个书名很讲究。"1977 年 1 月 4 日，出版社把封面上的书名改成了《艺术的永恒性》，但马
> 尔库塞又不同意。他在 1977 年 2 月 9 日写道，他想换一个新书名。米歇尔·克鲁格在
> 1977 年 2 月 9 日的信中写道："这个书名已经印好了。书也已经交付印刷了。"马尔库塞最
> 后一次想改书名是在 1977 年 2 月 21 日的信中提到的，马尔库塞问克鲁格是否有机会换一
> 个新封面。这本书于 1977 年 3 月出版，马尔库塞接受了它。在每一封信中，马尔库塞都对
> 克鲁格说，他的妻子艾丽卡·谢尔奥弗·马尔库塞和朋友莱因哈特·列图（Reinhard Lettau）
> 会再次重读"印刷样稿"，他将与利奥·洛文塔尔碰面，后者参与了《艺术的永恒性》的创
> 作过程。洛文塔尔也阅读了手稿，并且直到洛文塔尔又读过一遍之后（1976 年 11 月），马
> 尔库塞才愿意把最后的草稿寄给了出版商。在我看来，赫伯特仍然在考虑这个书名。他最
> 初将这本书命名为《艺术的永恒性》，但他持怀疑态度，因为他认为这个书名会误导读者。
> 虽然我不确定，但我猜测他一直都希望重新用《美学的尝试》来做书名。

詹森的反思很有趣，因为它们表明马尔库塞担心《艺术的永恒性》这个书名分量不够，他更
倾向于《论美学》这样的书名，而这将与他的《论解放》相一致。

驳对马尔库塞最后出版的作品的主流评论，我认为他的作品并非标志着他走向了唯美主义和内在性，而是标志着他更加关注艺术、政治和历史之间 [61] 的联系了，而几十年来，这些问题一直都是其作品特有的标志。①

《审美之维》（以下简称 *AD*）持续对还原论的马克思主义美学做了评击，对这些观念做了批判，比如，革命艺术应该是无产阶级艺术，一切资产阶级艺术都是腐朽的、意识形态性的，以及艺术应主要从它与社会生产关系的联系来加以解释。20 世纪 60 年代，马尔库塞开始认真撰写起了关于艺术的文章，从那时起，他就与世界各地许多将艺术贬为政治工具的正统的马克思主义美学家产生了冲突。不但如此，他对马克思主义美学标题下发表的一些观点同样感到失望，他认为这些观点不符合马克思主义传统的辩证的内核，甚至不符合马克思就艺术与审美维度所提出的为数不多的观点。他的档案中有大量的德文版的马克思主义美学文本，他对这些文本大多持批判态度。而还原论的马克思主义美学路径的代表人物也对马尔库塞的作品展开了激烈的批判。②

现在回想起来，这部高度浓缩的富有诗意的作品是马尔库塞的解放

---

① 《审美之维》是马尔库塞与他的第三任妻子、从前的学生艾丽卡·谢尔奥弗·马尔库塞合写的，因此这本书也是献给她的："我的妻子、我的朋友和合作者"（*AD*, p. vii）。这本书最初是德文版的，参见 *Die Permanenz der Kunst: Wider eine bestimmte Marxistische Äesthetik*, München: Carl Hanser Verlag, 1977。德文版略有不同，例如，它省略了下面将要讨论的英文序言中的结束语："波德莱尔和兰波的诗歌比布莱希特说教的戏剧可能更具颠覆性。"（*AD*, p. xiii）这本书得到的评论比马尔库塞很多书都少，有些评论充满了敌意，而且通常会遭到许多就马尔库塞的作品和美学著书立说的人的尖锐批评。虽然《审美之维》发展了《反革命和造反》中对资产阶级艺术的辩护，以及对"反传统艺术"和"社会主义现实主义"的批判，但它与马尔库塞早期的立场有所不同，我将在下面强调这一点。

② 举例来说，参见 Leo Kofler, *Haut den Lukács-Realismus und Subjektismus. Marcuses ästhetische Gegenrevolution*, Lollar: Verlag Andreas Achenbach, 1977。科夫勒站在卢卡奇的立场上指责马尔库塞，声称他晚期的美学是"非马克思主义的"。

思想的最后证明，不仅继续捍卫了资产阶级高雅文化和反思了审美形式的解放潜能，同时也总结和揭示了他的思想的贡献和局限。在挑战当时盛行的正统马克思主义美学的过程中，马尔库塞对卢卡奇、布莱希特和萨特等主要的马克思主义革命艺术理论家提出了批判。这部作品深受阿多诺的影响，是马尔库塞晚期美学理论的精华所在。马尔库塞对那种认为进步艺术的特点在于其明显的政治倾向的马克思主义观点持有异议，他认为：

[62]　与正统马克思主义美学相反，我认为艺术的政治潜能在于艺术本身，在于审美形式。另外，我认为，由于艺术的审美形式，相对于给定的社会关系，艺术要自主得多。自主的艺术既对这些关系提出了抗议，同时又超越了它们。因此艺术颠覆了占统治地位的意识，即普通的经验。

（*AD*，第 ix 页）

马尔库塞认为，所有"真正的艺术"或"自主的艺术"本身是解放性的，因为它不仅"打破了日常生活的现实"，而且

不遵从现有的现实原则，只遵从它自身的规则。这种自主的艺术早在资产阶级社会产生之前就已存在。例如，中世纪的大教堂就是与日常生活世界相决裂的代表。无论是谁，只要走进教堂，就进入了与日常世界完全不同的领域。①

---

① Marcuse, "Theory and Politics: A Discussion", *Telos*, No. 38, St. Louis: Winter 1978–1979, pp. 142–153.

"一部作品可被称作革命性的"，在马尔库塞看来，

> 条件是，借助于审美变形，它在个体的典型命运中代表着普遍的不自由和反叛的力量，从而打破了神秘的（和僵化的）社会现实，打开了变革（解放）的视野。从这个意义上讲，每一件真正的艺术作品都是革命性的，即对感知和理解的颠覆，对既定现实的控诉，解放形象的展示。这一点不仅适用于布莱希特的戏剧，也适用于古典戏剧；不仅适用于君特·格拉斯的《非常岁月》，也适用于歌德的《亲和力》；不仅适用于兰波，也适用于威廉·布莱克。
>
> （*AD*，第 x—xi 页）

这些段落清楚地表明马尔库塞在多大程度上捍卫艺术的政治潜能，因为"世界实际上就是它在艺术作品中显现的样子"（*AD*，第 xii 页），还因为伟大的艺术描绘出了与现存世界相对立的另一个世界。马尔库塞遵循他在《爱欲与文明》《论解放》和《反革命和造反》等作品中勾勒的主线，延续了他对艺术的对抗作用的思考，延续了他对审美形式、升华、宣泄和作为重要的规范性的审美标准的美所作的辩护。事实上，马尔库塞 20 世纪 50 年代以后的捍卫"真正的艺术"——展现了另一个世界，说着本能的和快乐原则的语言，否定了现有的社会现实，展现了解放的形象——的美学作品自始至终都存在着一种连续性。马尔库塞再次强调了弗洛伊德的人类学——他对这一思想的运用贯穿全书（参见 *AD*，第 20—21 页、第 24 页及以下、第 44 页、第 64 页及以下、第 69 页、第 72 页），并高度评价了他所说的"解放性的主体性"：

随着对主体性的内在性的肯定，个体走出了交换关系和交换价值的网络，退出了资产阶级社会的现实，进入了存在的另一个维度。事实上，这种对现实的逃离带来了一种经验，它可以（并且确实已经）变成一股强大的力量，即通过把个体的自我实现的落脚点从绩效原则和利润动机的领域转移到人类的激情、想象和良知等精神财富的领域，使当下盛行的资产阶级价值丧失效力。另外，退缩与撤退并不是它们最终的立场。主体性力求突破自身的内在性，进入物质文化和精神文化。如今，在极权主义时代，它作为对抗侵略和剥削的社会化的一种反作用力，已经变成了一种政治价值。

（AD，第4—5页）

[63]

因此，马尔库塞为解放了的主体性——从退缩到它自己的内部世界走向了开始在外部世界行动——所具有的解放性力量所作的辩护在这里得到了最终的表述。很明显，马尔库塞并非倡导退缩或内在性，而是认为真正的艺术提供一种经验，它能够帮助个体从现有社会的束缚中解放出来，从而培养一种有能力推动变革行动、创造更好的世界的批判性的主体性。

然而，在《审美之维》中，马尔库塞已不再假定艺术与现实、人类与其世界将最终达成和谐（参见 AD，第28—29页），而是接受了阿多诺的"主客体之间、个体与个体之间的永久非同一性"（AD，第29页）原则，从而肯定了阿多诺的"非同一性命题"要优于黑格尔的"同一性命题"。① 另外，马尔库塞已不再认为艺术有可能终结，也不再认为艺术有可能被扬

---

① 马尔库塞在《审美之维》（AD, pp. vii and passim）中表达了他对阿多诺的谢意。参见 T.W. Adorno, *Ästhetische Theorie*, Frankfurt: Suhrkamp, 1970, translated as *Aesthetic Theory*, by C. Lenhardt, London: Routledge & Kegan Paul, 1984。

弃，成为现实。（*AD*，第 68—69 页、第 71—72 页）

　　从这部毫不妥协的批判性作品来看，马尔库塞将其美学理论引向了一个更加悲观的方向，他否定了他在《爱欲与文明》中作为一种理想来设定的本能与社会和解的可能，相反，他认为永远不会有不要求艺术作为那些在现存世界中无法实现的真理、欲望和希望的承载者的完美的社会和谐状态。（*AD*，第 56 页及以下）这些反思在一个很有影响的段落中完美地表现了出来，马尔库塞写道：

> 　　艺术对"改变世界的时代已经到来"这一命题发出了警告。艺术证明了解放的必然性，同时也证明了它的局限性。我们无法取消已成之事，无法夺回已逝之物。历史有罪，但无法救赎。爱神与死神是死敌也是情人。破坏性的能量可以在越来越高的程度上被用于为生命服务——爱神本身就生活在有限的、痛苦的环境下。"永恒的快乐"只有通过个体的死亡才能实现。对这些个体而言，永恒是抽象的一般概念。也许，永恒并不会持续很久。这个世界不是为人类而造的，它也没有变得更加人性化。
>
> （*AD*，第 68—69 页）

　　在这段话中，马尔库塞毫不掩饰地强调了人类本质上的有限性和根植性。他指出，爱神总是受到限制和破坏性能量的入侵，使得纯洁和持久的快乐无法成为可能。在无法获取持久的幸福时，审美维度可以给予慰藉，但却无法实现绝对的自由和幸福。通过"艺术宣泄"，我们可以忍受人类的痛苦，但最终无法超越它。虽然幸福和解放可以在审美维度上获得，但它们在现实世界很难实现。我们内心最深处的希望、需要和

[64]

幻想可以在艺术和梦中实现，但不能在日常生活中实现。因此，《爱欲与文明》所设想的那种与自然的和解只能在审美维度上而不是现实中达成。虽然艺术所代表的希望"不应该永远只是停留在理想之中"（*AD*，第57页），但它事实上却不可能完全实现。审美的超越性可以肯定其自身的短暂性，从而揭示人生的短暂性："它简直太美了！"（*AD*，第59页）这是对艺术可以代表但却无法在现实中扩充和保障的幸福的需求的最终表达。

　　另外，马尔库塞此时认为审美上的和解"同样保留了不可和解"（ibid.）。对他而言，许多伟大的艺术都包含着"肯定与否定的统一"，在这种统一中，幸福与悲伤、快乐与短暂、和平与对一个如阿多诺所说"拒绝和平"（*AD*，第60—61页）的世界的痛苦记忆混合在了一起。在《审美之维》中，马尔库塞强调了乌托邦和解放的希望的局限性。他还认为，死亡是人类快乐与奋斗最终的限度，是一种不可根除的使人类变得受限和有限的他性。马尔库塞以一段强有力的文字表达了他对死亡的最终接受和反抗：

　　　　虽然艺术世界弥漫着死亡，艺术却拒绝了为死亡赋予意义的诱惑。对艺术而言，死亡是一种持续的危险、不幸，甚至在快乐、胜利和满足的时刻，也是一种持续的威胁。（即使在《崔斯坦与伊索尔德》中，死亡也是一场意外，一场由爱情药酒和创伤带来的双重意外。关于死亡的赞美诗即是关于爱情的赞美诗）所有的痛苦都会变成迈向死亡的疾病——尽管疾病本身或许可以被治愈。穷人的死亡或许是一种解放，可以消除贫穷。尽管如此，死亡仍是社会和历史内在固有的否定。它是对过往最后的纪念——对所有被抛弃的可能性、对所有应该说却没有说的话、对所有没有表现出来的姿态和温柔最后的纪念。

（AD，第 68 页）

我们不难将这一段——以及其他许多优美抒情的段落——理解为他接受了自己即将到来的死亡并在这里向朋友和读者深情的告别。①《审美之维》是马尔库塞最有感召力、最浓缩和最具表现力的作品之一。然而，它也因为与传统的马克思主义美学决裂和捍卫"艺术的永恒性"而饱受争议。 [65]

对马尔库塞美学的批判性评论

艺术自律蕴含着这一绝对命令："事物必须改变。"

（Marcuse, *The Aesthetic Dimension*，第 13 页）

虽然马尔库塞关于艺术的著作有时似乎是对浪漫主义潮流和某些现代主义艺术的再现，以便郑重其事地宣告艺术家是真正的革命者，艺术是真正的革命，但事实上，马尔库塞却是更谦逊地将艺术定位为了革命的帮手。② 对马尔库塞而言，解放性的艺术有助于产生革命意识或革命的主

---

①　在前一段话中，马尔库塞阐述了他最后对死亡的思考（AD, p. 68）。对比 EC, pp. 235ff.；本卷所收入的那首写给英格·马尔库塞的诗（pp.196f）；他的文章《死亡的意识形态》["The Ideology of Death", in *The Meaning of Death*, Herman Feifel (ed.), New York: McGraw Hill, 1959, pp. 64–76]；Reinhard Lettau's reflections, "Herbert Marcuse and the Vulgarity of Death", *New German Critique*, No. 18 (Fall 1979)。

②　AD, pp. viiff.。马尔库塞在《反革命和造反》中也认为艺术是政治斗争的补充，只是革命的帮手，参见 CR&R, pp. 79ff.。

观条件，但艺术与政治之间、艺术革命与政治革命之间存在着不可消解的张力。虽然马尔库塞强调了政治斗争作为实现革命的希望与需要的手段的重要性，但他同样强调艺术自律，声称最具革命性的艺术很可能是最远离政治斗争要求的艺术：

> 这个论点意味着文学并非因为它是为工人阶级或为"革命"所写的就具有革命性。只有当内容变成了形式，文学就其本身而言才能在某种意义上说得上具有革命性。艺术的政治潜能只在于其自身的审美维度。它与实践的关系不可避免的是间接的、需要中介的、令人沮丧的。艺术作品越是直接带有政治色彩，它的疏离的力量就会愈发减小，它激进的、超越的变革目标就会愈发减少。在这个意义上，波德莱尔和兰波的诗歌比布莱希特说教的戏剧可能更具颠覆性。
>
> （*AD*，第 xii—xiii 页）

这段话突出了马尔库塞最后的美学作品中存在的一些问题。马尔库塞说得对，古典艺术和现代主义艺术中存在颠覆性的元素，但同时也存在着意识形态元素，而这些元素反过来可能会破坏他所赞赏的政治潜能。在他极力捍卫高雅文化的颠覆性要素时，马尔库塞似乎低估了它保守的意识 [66] 形态元素。因此，当马尔库塞不无正确地驳斥那些把资产阶级文化归结为幻想、扭曲的阶级利益表达和虚假意识的马克思主义意识形态理论时，他坚持认为许多伟大的艺术也往往包含着进步的、乌托邦的要素。（*AD*，第13 页及以下）虽然马尔库塞似乎通过将"真正的艺术"定义为最勤勉地培育审美形式和保存解放形象的艺术，使他所偏爱的古典作品中的那些稳定的、神秘的意识形态元素最小化了，但他最一贯的立场却是强调艺术的辩证统一，他认为艺术既包含肯定的意识形态要素也包含颠覆性的潜在的乌托邦要素。

在他后期的作品中，艺术普遍的、超历史的特征往往被优先考虑，而他对德国艺术家小说的研究以及本卷收入的许多关于艺术和美学的具体研究则是高度情境化的。他最后一部专著的德文标题是《艺术的永恒性》（即《审美之维》），在他的最后一篇文章中，他分析了那些使伟大的艺术具有普遍性和永恒性的特征。对马尔库塞而言，"真正的艺术"反映了人的"类存在"，纵观历史，伟大艺术的魅力似乎在于它明确地表达了普遍的人性，对自由和快乐的持续不断的憧憬，或者说表达了人生的悲剧和限度（*AD*，第 18 页及以下、第 29 页及以下、第 54 页及以下），或者说表达了快乐和幸福。对马尔库塞来说，真正的艺术也是"破坏正常的交流和行为世界的那种原始的爱欲—破坏力量入侵的媒介"（*AD*，第 20 页）。因此，艺术本质上是颠覆性的、对抗性的，这一点可以通过它对被社会压抑所窒息的爱欲和本能能量的表达而被清楚地看到。因此，艺术表达了基本的需要与欲望，表达了"被压抑者的回归"，并通过唤起对过去的满足和幸福的记忆，蕴含着对完整的满足和实现的记忆（*AD*，第 56 页）。

马尔库塞突出强调了"真正的艺术"的永恒的、超历史的特质，并最终把美当成了审美价值的普遍的标准。他强调指出"在风格和历史时期的所有变化中，艺术的某些品质是永恒的（比如，超越、疏离、审美秩序、美的表现）"（*AD*，第 16 页），并辩称美是审美普遍性特有的品质（*AD*，第 6 页、第 46 页及以下、第 62 及以下）。然而，如果站在更加历史主义的立场上，我们可能会认为，"美"本身很大程度上是一个历史范畴，不仅美的概念在不同的文化和历史时期有所不同，而且把美提升为一个特殊的审美角色，这本身也是一个历史现象。在这里，马尔库塞再一次回到了那些深刻塑造其艺术观的唯心主义美学的核心原则，但他没有足够清晰地强调他在《文化的肯定性质》（参见本卷原文 pp. 82ff.）中提出的艺术辩证法：伟大的艺术既是对现存社会的肯定也是对其问题的逃避，既是对这种现实的否定也是对人类希望和欲望的真实表达。

马尔库塞从未像我们在阿多诺和卢卡奇的作品中所看到的那样令人满意地将其美学理论发展成为一部综合性的著作，也没有像我们在萨特、戈德曼和本雅明的作品中所看到的那样以较零散的形式阐发他的美学理论。马尔库塞从未将我们收入本卷的他关于阿拉贡和法国抵抗诗歌、普鲁斯特和奥斯维辛之后的抒情诗的具体研究写进《审美之维》这本书。因此，[67] 他的最后一本书《审美之维》相当简洁，缺少他很多未发表的手稿中所拥有的那种说明性的材料。虽然他被彼得·魏斯绝妙的系列小说《抵抗的美学》（Peter Weiss, *The Aesthetics of Resistance*）深深地吸引住了，他在最后一部书中提到了这本书并计划对这部才华横溢的作品——它以一种完全独特的形式讲述了反抗希特勒的左翼力量的命运，把重要的历史人物编入了历史并虚构了三个德国反抗青年——进行研究，但是，他最终也没有找到机会把它写出来，或者至少在他的档案或私人收藏中，我们还没有找到任何关于它的东西。马尔库塞也从未对他在 20 世纪 60 年代和 70 年代的美学作品中反复提到的贝克特、布莱希特或其他作家进行过详细的研究。

马尔库塞也从未像他在《德国艺术家小说》中所作的那样真正将他后期对超现实主义、普鲁斯特或抒情诗的美学研究置于它们的历史情境，也没有像卢卡奇和其他正统马克思主义思想家那样把他的美学研究置于资本主义的社会历史和变迁的情境。他嘲笑卢卡奇时而带有还原主义色彩的美学，但毫无疑问，如果能在实际的作品和艺术家的历史背景下对它们进行更为情境化的分析和更加详尽的研究，他自身的美学理论肯定会得到提升。如果能够看到马尔库塞更新了他的《德国艺术家小说》中的研究，将他所钟爱的法国文学，以及从布莱希特到彼得·魏斯等更多的当代现代主义作家都补充了进来，那将是一部多么难得的杰作啊！

同样，正如马尔库塞对吕西安·戈德曼的一般性评论以及他在一些采访中的评论所表明的那样（参见本卷原文第 203、228 页），他避开了解释，更多的是对艺术进行形式的、哲学的和政治的分析，而不是对具体作品的详细的解读。马尔库塞从未断言解释学是一种解释方法，也从未把解释学当成一种解释方法来利用，尽管这是他的老师海德格尔令人印象深刻地用来深入解读自前苏格拉底时代到现代的哲学的方法。① 马尔库塞显然——尽管他从来没有说出来——厌恶解释学，这可能是因为他认为解释学变成了一种肤浅的解释模式，它有可能赋予任一关于文本的解读以价值。作为哲学家的马尔库塞也许认为，当代解释学关注的是文本中偶然的、主观的和情境化的意义的领域，而哲学关注的则是更深层次的真理和本质。因此，对阿多诺来说，哲学涉及对从歌剧到占星术等一系列社会现象的解释和阐明，但马尔库塞却坚持更为传统的哲学和美学观念。② [68]

再就是，除了 20 世纪 60 年代和 70 年代早期这一段时期，他接受了

---

① 　关于 20 世纪 60 年代我们所看到的解释学的一个很好的概述（它也讨论了海德格尔的解释学），参见 Richard Palmer, *Hermeneutics: Interpretation Theory in Schleiermacher, Dilthey, Heidegger, and Gadamer*, Evanston.: Northwestern University Press, 1969。

② 　关于"哲学即解释"，参见 T.W. Adorno, *Prisms*, Samuel and Shierry Weber (trans.), Cambridge, Mass.: MIT Press, 1981；而对阿多诺的作品的解读，参见 Susan Buck-Morss, *The Origin of Negative Dialectics*, New York: Free Press, 1979。我要感谢泰森·刘易斯（Tyson Lewis）就马尔库塞的反解释学所作的有助益的讨论，他还认为弗雷德里克·詹明信关于在一个平面、单向度的图像和拟像社会中难以运用解释学的观点或许可以解释为什么马尔库塞不信任当代解释学；参见 Jameson, *Postmodernism*。

当时的一些文化反叛形式，比如鲍勃·迪伦的歌曲、黑人音乐和政治艺术，他很少研究流行文化的解放潜能，也从未就电影或广播等他通常斥之为"文化产业"的产品的形式写过文章。有一次我问他，他是否认为电影有任何激进的潜能，他认为有，并举了谢尔盖·爱森斯坦的电影《战舰波将金号》（Sergei Eisenstein, *Potemkin*）中的"敖德萨阶梯大屠杀"的例子，但同时他也承认他从未真正从事过电影方面的研究。①

　　或许马尔库塞只是年龄太大了，已经无法投入到持久的工作当中，因此无法像阿多诺后期——他那段时期的作品都是由他的妻子和编辑在他去世后编撰完成的——那样完成他的美学研究。20 世纪 70 年代，马尔库塞做过几次手术，包括植入了一直以来都令他感到不舒服的心脏起搏器。除此之外，马尔库塞也从未像后期的阿多诺那样完全投身于美学。他的20 世纪 70 年代的讲座和文章中有大量的关于当时政治和新左派的变迁的资料夹，以及关于资本、生态、进步、大屠杀和其他主题的理论反思，许多材料从未公开发表，而我们将把其中的一些材料收入《马尔库塞文集》后面的几卷。

　　因此，与那些认为马尔库塞的美学是其作品核心的人的看法相左的

①　Interview with Herbert Marcuse, La Jolla, California, December 1978。然而，马尔库塞的学生安吉拉·戴维斯（Angela Davis）却强调了黑人蓝调传统中女性的政治潜能，并在她的分析中用到了马尔库塞的审美之维概念，而马尔库塞则欣赏黑人文化中的政治和审美潜能；参见 Angela Davis, *Blues Legacies and Black Feminism*, New York: Pantheon, 1998。此外，正如约翰·爱博梅特和马克·科布（Mark Cobb）所指出的："在《音乐和社会运动》（*Music and Social Movements: Mobilizing Tradition in the Twentieth Century*, Cambridge UK, 1998）中，罗恩·艾尔曼（Ron Eyerman）和安德鲁·贾米森（Andrew Jamison）主要借由马尔库塞 60 年代的美学著作，分析了流行音乐和解放社会运动之间的重要联系。"参见 John Abromeit, W. Mark Cobb, "Introduction", in *Herbert Marcuse. A Critical Reader*, John Abromeit, W. Mark Cobb (eds.) New York: Routledge, 2004, p.37。还有一位德国学者，他借助于马尔库塞的作品，给出了一种日常生活美学；参见 Ulrich Gmünder, *Ästhetik-Wunsch-Alltäglichkeit*。

是，事实上，马尔库塞晚年拒绝完全投身于美学，而是坚持密切地关注当　　[69]
代的理论和政治，这表明我们不能主要把马尔库塞当成唯美主义者来加以
解读、颂扬或摒弃。1979 年，马尔库塞在尔湾的一次演讲中最后一次谈
到了艺术和政治，再次提到了艺术与政治实践的区别，他指出：

> 但是，艺术可以作为范导理念进入改变世界的政治斗争；
>
> ——反对生产力拜物教，
>
> ——反对个人继续被他们的劳动所奴役，
>
> 艺术将再现并继续使人们想起所有革命的最终目标：
>
> 自由的人类
>
> 生存斗争达成和解
>
> 自然的解放
>
> 但是，艺术还将继续使人们想起在历史上对人类和自然所犯下
> 的罪行以及它们所遭受的苦难
>
> ·对过去的可怕的记忆
>
> ·这仍是解放的先决条件。①

的确，正如我一贯主张的那样，最好把马尔库塞关于艺术和美学的
作品置于他的批判哲学、社会理论和激进政治学——其中包括美学在内的
理论都是为了理解和改变当今世界——的发展轨迹来加以研究。事实上，
马尔库塞的主要作品有《爱欲与文明》《单向度的人》《论解放》《反革命
和造反》，它们通过批判哲学和社会哲学将美学与激进的政治批判和变革

---

① 　参见我们在马尔库塞个人收藏中找到的上面标注着 "Irvine March 5, 1979" 的讲义。

事业协调了起来。因此，马尔库塞本身并不是一个唯美主义者，他只是把艺术当成一种有助于揭示当代社会变迁、有助于改造一个压抑的世界同时有助于激发人们去建设一个更好的世界并促进人类解放的重要现象。另外，尽管有其局限性，但马尔库塞对乌托邦和解放以及艺术在社会变革中的作用的不断反思还是包含着许多重要的洞见的。许多伟大的艺术确实有解放的潜能，马尔库塞的作品有助于我们反思文化革命是如何促进社会变革的。在艰难的历史时期，马尔库塞用他的勇气和远见提出了人们可用于设想更加幸福和自由的生活的其他可能性。在他的文化革命和社会重建的愿景中，

> 艺术将成为创造力，将成为物质上和精神上的创造，将成为整个环境重建过程中技术和艺术的结合点，将成为最终摆脱了商业剥削和美化的恐怖的城市与乡村、工业与自然的结合点，所以艺术就不再是商业的刺激物了。毋庸置疑，创造这样一个环境的可能性依赖于对现存社会的整体变革，依赖于一种崭新的生产方式和生产目的，依赖于一种作为生产者的新型的人，依赖于角色扮演、既定社会的劳动分工以及工作与娱乐的终结。①

[70]

在这个段落中，马尔库塞的乌托邦得到了完整的表达。只有在文化变革和社会重建的过程中，艺术、技术和新感性的结合才能为自由社会的形成提供先决条件。马尔库塞的解放思想以人类学的、技术的和文化的变革为前提，并融入了激进的社会和政治变革过程当中。他强调了被许多激

---

① Marcuse, "Art as Form of Reality", *Art and Liberation*, p. 147.

进传统所忽视的解放的方面，并对某些形式的理论和政治——忽视了系统的、多维的批判，忽视了对乌托邦式的替代方案的描述，忽视了对文化在日常生活和社会变革中的作用的持续质问——的缺陷做了重大的纠正。

一

《德国艺术家小说》引言①

---

① 我们一上来看到的是马尔库塞1922年的博士学位论文《德国艺术家小说》的引言的译文。它最初以德文发表了出来，参见 Herbert Marcuse, "Einleitung", *Der deutsche Künstlerroman*, in *Schriften* Vol. I, Frankfurt: Suhrkamp, 1978, pp. 9–19;reprinted Springe: zu Klampen-Verlag, 2004。引言在这里经查尔斯·赖茨翻译首次以英文发表了出来。关于马尔库塞的《德国艺术家小说》研究的重要性的解释，参见我为本卷所写的引言，pp. 4ff.; 参见 Charles Reitz, *Art, Alienation, and the Humanities*, Albany, N.Y.: State University, 2000；另参见 Berthold Langerbein, *Roman und Revolte. Zur Grundlegung der ästhetischen Theorie Herbert Marcuses und ihrer Stellung in seinem politisch-anthropologischen Denken*, Pfaffenweiler: Centaurus-Verlagsgesellschaft, 1985。——编者注

如果在这个研究中，我们把艺术家小说单独视为某种与其他所有小说不同的特别的东西，那么这种区分就只能通过证实这一点来证明，即艺术家小说拥有一种本真的品质和主题，使其在各种小说和史诗文学艺术中拥有独一无二的地位。

首先，艺术家小说与小说本身在史诗文学艺术中都有其特殊的地位。史诗以生命意识的前意识嵌入和一个民族及其文化的整个经历为先决条件。作为一种艺术，史诗源于个体和共同体、主体和客体、实然和应然、现实和生活形式的统一。自我还没有觉悟到拥有自由人格的自我意识，它只感觉到自己是共同体的一员并融入了共同体的生活形式。"史诗还要求感知和行动、外部事件和通过内在固有的必然性实现的内在目标之间的直接统一，这种统一，在其无差别的原始性中，只能在一个民族生活的最初阶段作为诗歌被发现"（Hegel, *Äthetik* III，第 334 页）。它的内容是一连串的事件，这些事件反映了整个民族的生活，它的神和它的英雄；它的形式是一种表达这种内在统一和社会嵌入的诗歌和口头叙述。

[72]

就像史诗是民族和文化的起源那样，小说则是民族和文化进一步发展的见证。小说继承了古代史诗的传统，其目的也在于展现完整的历史画面。然而，小说已不再仅仅是对一种生活的直接表达，它还是对一种渴望和奋斗的直接表达。"实然"和"应然"之间、现实和理想的断裂和裂缝已经摧毁了原初的整体性。民族逐渐分化、扩散为阶层和阶级，社会文化生活的扩展，已经无法塞入一种严格封闭的艺术形式。小说使自身适应了各个社会阶层，而随着各个社会阶层的发展，它也被迫越来越多地呈现生活的"节选"——尽管每个节选中都必须有一个"英雄"，并围绕他建构一个他以特有的方式经历的历史场景。小说以这种方式预设了一个"已经成为散文的现实"（Hegel, *Äthetik* III，第 395 页）。它是"一个时代的叙事诗，在这个时代中，宽广的生活的总体性已不再那么明显，而生活的内在意义也变得成问题了"（Lukács, *Die Theoriedes Romans*，第 44 页）。

　　根据上述的区别，比如，小说通过代表人物呈现了一幅关于不同阶层和不同职业的历史画面，艺术家小说因此将是这样一种小说，在这种小说里，艺术家被认为在他的环境中拥有一种独特的生活形态。所以，只有当艺术家的存在本身就意味着拥有一种与一般人不一致的独特的生活方式，也就是说，只有当艺术已不再是共同体整体生活内在的、必要的表达时，艺术家小说才有可能在史诗文学艺术中有其历史地位。只有当理念和现实仍然融合在一起的时候，思想在生活中才会体现出来，因此充满思想的生活才是"艺术的"。只有当艺术家处在这样的融合中，他才能满足于作为共同体的一部分，完全融入整体的生活形式。只有当环境本身表现出思想和形式、智慧和感性、本质和显象的完美统一，艺术家才能找到他所需要的合适的生活方式。希腊文化从繁荣的史诗时代到苏格拉底的到来这期间呈现出了这样一种状态。在这里，也只是在这里，生活本身就是艺术，神话本身就是生活，这种生活为整个民族所共有，与它的本质相结合，并具有明显的活力；艺术家在他自身所处的环境中找到了他自己的创作素材，没有任何东西能使艺术家超越于共同体之外，没有任何东西能把他与共同体隔离开来（Schelling, *Philosophie der Kunst*，第 42 页及以下；Hegel, *Äthetik* II，第 16 页）。

　　就像在古代一样，在日耳曼精神的发端，也存在着一种彻底而又严格的完整统一的文化：维京人的生活方式，当史诗（约公元 930—1030 年）在冰岛盛行时，它在冰岛找到了最纯粹的表达方式。在这里，整个民族在一个新的基础上以一个自我锻造的自由状态实现了自身，赋予了自己此时

[73]

此刻的生活以广度和深度。这里有足够的自由空间去满足内心深处对英雄
事迹的渴望，而那些在国外（在挪威或海盗航海中）无法满足个人成就愿
望的人则在国内通过屠杀、决斗、纵火和谋杀来宣泄怒火。没有人能置身
社会之外：仇杀，作为部落间亲密关系的明显的标志，得到了最频繁和最
有效的运用。这里的一切都意味着不存在任何超出这一现实的东西。冰岛
人对神的态度是这样的：他们是"无情而勇敢的勇士，和作为他们的敌人
的那一群巨人一样，是一个暴力的民族"。"鉴于人们对宗教如此奇怪的漠
视，很难说他们对神有明确的态度。""我们在这里看到的神话几乎都产生
自对冰岛的自然灾害的恐惧或迷信"（Niedner, *Islands Kultur*，第 44 页及
以下）。即使在公元 1000 年，基督教完全出于实际的政治的原因传入冰岛
时，维京人的生活方式本质上的异教徒特征在基督教面具下仍然保留了很
多年。

　　艺术家同样身处这个共同体。那些古代斯堪的纳维亚的吟唱诗人并
没有特别的艺术生活形态，也没有独特的存在感足以从根本上将他们从整
个社会中分离出来。吟唱诗人首先是一个英雄、一个勇士、一个战士、一
个"残暴的人"；和其他人一样，他从一个战场赶到另一个战场，与维京
人一同起航。这一点可以通过埃吉尔（Egil）① 这样一位他们当中最伟大的
人物得到证明，并且通过北欧英雄传说中对吟唱诗人的介绍而变得非常

①　参见威尔·杜兰特根据马尔库塞对艺术家小说的史诗品质的完整说明所作的极其相关的描
　　述："埃吉尔（900—983）是他那个时代冰岛有头有脸的人物——一个强大的勇士，一个追
　　求个人主义的男爵，一个爱国诗人……他的《丧子之痛》是对他认为夺去他儿子生命的神的
　　痛斥；他悔恨自己没能找到奥丁神，没有像对付其他敌人那样与他战斗，但是，当他想到诸
　　神不仅给了他悲伤，还赋予了他作诗的禀赋，他的心情又变得柔和了起来；和解之后，他决
　　定活下去，并重新回到了他在国家议会中的高位。"参见 Will Durant, *The Story of Civilization*,
　　Vol. IV, *The Age of Faith*, New York: Simon & Schuster, 1950, p. 509。——译者注

清晰："他是一个伟大的、健硕的、十分受人尊敬的人，也是一个优秀的吟唱诗人"（Niedner, *Vier Skaldengeschichten*，第 32 页，另见第 31、212 页）。艺术与生活的完全统一在他们身上表现了出来："埃吉尔只吟唱与他的生活有关的东西，并且他只有在吟唱的时候他才活着"（Niedner, *Islands Kultur*，第 149 页）。他们所创作的都是歌颂他们自身行为的歌，是竞赛中的战斗之歌和嘲弄之歌，是为求得保护和支持而对外邦君王的赞美之歌。只有在饱受单相思之苦的科马克（Cormac）①的爱情诗里，黑暗的二元意识才闯入了这一铁板一块的北欧英雄故事领域。除此之外，维京时代的文化在其他任何地方都没有将艺术的主体性置于与周围世界的本质对立之中。 [74]

　　在这样一种统一的文化中，作为史诗般的生命意识的基础的非个人的品质可能被认为是理所当然的。没有什么能迫使史诗诗人强调一种特别的个人意识，荷马史诗中的平静、愉悦、不安的客观性也源于对丰富体验的不带任何烦恼的服从。而只有当艺术家成了一种特殊的人格，成了那种他根本不可能与其周围的人共有的自身独有的生活形态的代表时，他才有可能成为小说的"英雄"。史诗般的生命意识与艺术家特定的生活形式格格不入，因此也与艺术家小说格格不入。但不止于此。即使在不再统一的文化中，史诗般的生命意识也可能出现：尽管只是在较小的空间中，并且伴随着有意识的放弃。现代史诗诗人必须通过激烈的斗争来获得古人被直

----

①　公元 1250—1300 年间由不知姓名的冰岛人完成的关于科马克的传说着重介绍了他的爱情诗："她站在我的心门，/ 在她衣服反射的微光中显得如此甜蜜：她的脚步唤起了一种狂怒，/ 一种我所不知道的炽热的爱……"这一由科林伍德（W.G. Collingwood）和斯蒂芬森（J. Stefansson）翻译的英文版本（Ulverston, 1901）来自《吟唱诗人科马克的生与死》或《科马克的传说》。参见 "The Life and Death of Cormac the Skald（Kormak's Saga）"，见 http://www.sacred-texts.com/neu/cormac.htm。——译者注

接赋予的非个人的品质。他已经"走出了与世界的前意识的统一，他已经开始为他的主体性而进行痛苦的、孤独的斗争"，而直到他认识到他"只有在放弃世界的情况下"才能拥有世界时，斗争才结束。"只有在他丢弃他所有的个人欲望，在他不想成为一个单独的个体的情况下，他才可以成为一切。因此他必须为世界牺牲他自己……这样，二元性才会被抹除，史诗的客观性才有可能"（Witkop, *Lyrik* II，第 287 页）。对现代史诗诗人而言，艺术家的生活是一种独特的生活形式，但他却放弃它，并有意识地让自己融入自己周围的世界。因此，他必须还要克服艺术家小说。对他而言，这只能通过描述自己的发展来实现：抛弃自身作为艺术家存在的艺术家，借由这种放弃，进入他周围世界的更大的圈子。艺术家小说变成了史诗般客观的"教育小说"。我们将借助于歌德、凯勒、托马斯·曼等人回到这些问题上。

　　然而，专注于这一典型的发展形式超出了我们目前的讨论，让我们回到我们的出发点。只有在生活和艺术的统一性被打破，艺术家不再沉浸于周围世界的生活形式，而是唤醒了自己内心最深处的意识时，艺术家小说才有可能。这种情况什么时候才能发生？

[75]　　艺术与生活的整体性只有在生活真正被视为理念、精神的具体体现时才能得以延续。当尘世的生活被剥离了诸神之后，精神就会意识到它的化身是一种偏离，是一种衰减，它就会寻求将自己纯粹地表现为不受现实束缚，甚至与现实相对的存在。这样一来，生活就不再是艺术的质料和形式了：它本身没有艺术，没有思想，它成了一个"问题"。这一时期的艺术本身没有把"最真实意义上的"生命本身"当成目标"，相反，它"背弃了这一美的缩影"（Hegel, *Ästhetik* II，第 133 页）。大体上讲，这一时期正好是基督教被接受的时期，这也导致艺术从此形成了一种新的联系，即

与宗教、与教会的联系。主体性的觉醒是无力的，即便中世纪的德国贵族多姿多彩、充满欢乐的世俗生活得到了应有的地位和繁荣，艺术重新与骑士阶层联系在了一起，艺术家也被吸纳进了骑士精神的世界。只有那些没有置身于这一阶层的人，或那些通过极尽世俗之奢华从这一阶层中解放出来的人，才可以在他们真正的意识和主体性上取得突破。那些巡回演出的剧团和哑剧演员，尤其是年轻的牧师和学生，挣脱了"修道院学校和牢房的严格纪律，从一个地方奔向另一个地方，过着欢笑的生活"（Winterfeld，*Deutsche Dichter des lateinischen Mittelalters*，第 123 页）。但这一过于自信的新浪潮冲击了骑士和教会的义务的永久性。的确，流浪诗人在宫廷和节日里大受欢迎，他们中的一些人甚至享受王公的保护，比如，他们中最伟大的诗人，"拱门诗人"（Archipoeta）①。但总的来说，他们都是一些流亡人士和局外人，周围世界的生活形式没有为他们留出空间。他们太过骄傲、太过狂热地去追求自由了，从不寻求妥协或稳定，所以他们的生活沦落到了艰苦的乞讨和不断的游荡的地步。"拱门诗人"也许是第一个能够真正意识到自身的艺术家，他认为并公开强调他的流浪生活和他对周围世界的反抗是一种艺术上的必要："他无时无刻不在证明精神高傲和自由的姿态。他反对教会的王公，主张王侯应该是那些从事自由职业却身无分文的流浪者。他的诗歌很有独创性，他的文字不可替代，而他也知道这一点"（Winterfeld，*Deutsche Dichte*，第 125 页）。他的流浪汉的告白中精彩的咏唱与自由艺术家真实的生活态度中的提升意识产生了共鸣（Winterfeld，*Deutsche Dichte*，第 229 页）：

---

① 这位最著名的歌利亚诗人的"名字早已被人们所忘却，但他的崇拜者却都称他为'拱门诗人'（公元 1161 年前后），说他是一位喜欢酒和墨水胜过剑和鲜血的德国骑士……"参见 Durant，*The Story of Civilization*，Vol. IV，*The Age of Faith*，p. 1025。——译者注

[76]　　　　　　因为据说有思想的人

大都注意安全：

他把房子建在磐石之上，而我是一个傻瓜

但我却像没有堤堰可以阻挡的奔腾的河水，

在草地的褶皱里铺床。

我就像没有舵手的船

把海岸抛于身后；

我就像微风中的鸟，

在乡间滑翔。

没有哪个门闩能锁住我，

没有什么羁绊能拴住我。

　　这种超越了一切环境界限的孤独的生命意识，只能在这种抒情的感叹和歌声中飞翔。史诗和小说本质上都尽可能地远离这种生命意识。而流浪的生命就是通过它自己孤独的、永远找不到重新获得平衡的方法的主体性来自我毁灭的。

　　骑士文化的衰落和城镇的兴起为艺术家带来了另一种社会联系：资产阶级。如果艺术家以前是一个骑士，那么现在他就是一个融入资产阶级生活形态的体面的公民。艺术变成一种通过学习可以掌握的手艺，它有自己的行会，比如，"名歌手"（Meistersinger）。在路德创造了一个新社会之后的那段时期，一个自由的空间为主体的内在性打开了大门，但它很快就受到了教条的束缚。接下来，在三十年战争之后，所有的社会联系和生活形式都被撕裂了。这个主体充满厌恶地看着这个完全堕落的、悲惨的、阴冷的、充满敌意并且不允许有任何成就感的社会环境。对理念与现实分

离的体验产生了那个世纪最伟大的小说。格里美尔斯豪森的《痴儿西木
传》(Grimmelshausen, *Simplicissimus*)① 捕捉到了那种可怕的对这一被剥夺
了神的世界的幻灭感，并对此提出了抗议："你的生命已经不再鲜活，而
是奄奄一息；你日复一日地活在阴郁的影子中，年复一年地活在沉重的梦
中……你所得到的是：我一贫如洗，我心事重重，没有什么能让我感到快
乐，最终我成了自己的敌人。"② 这种意识越来越强烈，最终到了狂热地反
对现实，除了逃入孤独之外别无他路的地步。　　　　　　　　　　　　[77]

> 哦，世界！你这个污秽的世界，为了你的缘故，我向你发誓，
> 我恳求你，我乞求你，我告诫你，我抗议你，因为你不再想要我了。
> 因此我也不愿再去寄希望于你，因为你已经知道我下定了决心，即
> 放下顾虑，告别希望和幸福！③

这里形成的是这样一个主体，他通过在一个极度堕落的环境中经历
苦难而认识到了真实的意识。不过，这种爆发源于纯粹的、未受过良好教
育的、原生性的人。"艺术家"自己没有听到，也没有经历这种痛苦。这

---

① 格里梅尔斯豪森（约 1621—1676 年）被认为是 17 世纪最伟大的德国小说家。"他的《痴儿
西木传》是那个时代德国唯一一部达到'世界文学'高度的小说：它对暴力行动与孤独反思
所作的独特结合，它的过度的幽默，它对一个先变成士兵后又变成隐士的农民所作的现实主
义的描写，使它成为德国文学中持续时间最长的畅销书……保留了那个时代最先进的政治思
想的印记……"参见 Karl F. Otto (ed.) , *A Companion to the Works of Grimmelshausen*, 见 http://
www.camden-house.com/71131841.HTM。——译者注

② 这种从第二人称到第一人称的转换与原文相一致。——译者注

③ "放下顾虑，告别希望和幸福！"我参考了乔治·舒尔茨－贝伦德（George Schulz-Behrend）
最近翻译完成的格里梅尔斯豪森的《痴儿西木传》中对这个拉丁文短语的翻译，参见 *Simpliz-
issimus*, Columbia, SC: Camden House, 1993, p. 266. 德文版马库塞文集第一卷中的拉丁文引
文（*Schriften I*, p. 15）包含一个转录错误："ouris" 应该是 "curis"。——译者注

一时期的艺术家远离生活，不为生活本身的矛盾和斗争所动。他们是一些空谈的、不切实际的诗人，对他们来说，文学的艺术性必须通过研究和依赖外国模式来获得。主体的内在生命只有在那些受到民歌和神秘主义影响的崇尚精神的抒情诗中才能听到，只有当艺术家最个人的命运被卷入了生活的漩涡，内在生命和外在世界、主体和客体之间的矛盾才成为一种富有成效的抗议，成为文学艺术的伟大悲剧的序幕，正如我们在克里斯蒂安·君特（Christian Günther）① 的作品中所看到的那样。

尽管如此，重大的变化还是逐渐发生了。两种趋势当时同时出现在了德国文化当中，它们当时正在积蓄力量，以完成艺术自我的解放，在真实的生活形态上实现突破。一方面，16 世纪和 17 世纪的宗教运动在虔信派那里达到了顶峰，虔信派最终将主体内在生命的完满摆在了生存的关键要素的位置，比如，摆在了"中心"的位置。另一方面，启蒙理性将有理性的、有道德的人放在了人的知性可以控制的世界的中央，从而放松了"迄今为止或多或少束缚了所有更高层次思想的神学链条"（Steinhausen, Die deutsche Kultur，第 6 页）。对艺术来说，这种理性主义的危险随着博德默和布赖丁格战胜了戈特谢德而被化解了。② 这些瑞士评论家清楚地揭示了这种新的世界观之于艺术家的意义：当他们建议艺术家从刻板的规范和盲目的模仿中解放出来时，当他们指认直接体验是创造力的源泉时，他们在文学理论中完成了关于艺术家自由的主体性的解放宣言。当那些要求

[78]

---

① 1720 年前后，莱比锡的君特就挣脱了矫饰的风格，学到了人文主义，并在《利奥诺拉之歌》（Leonorenlieder）等诗歌中记录了他的个人的苦难。——译者注

② 约翰·克里斯托夫·戈特谢德（Johann Christoph Gottsched, 1700—1766）是德国文学理论家，他提出了演讲与文学的理性标准。他遭到了瑞士文学批评家约翰·雅各布·博德默（Johann Jakob Bodmer, 1698—1783）和约翰·雅各布·布赖丁格（Johann Jakob Breitinger, 1701—1776）的挑战，他们抨击他是狭隘的理性主义者。——译者注

私人自我有权拥有自己的生活的艺术家随后走进周围的世界时，他忍受着这样一种文化的诅咒，在这种文化中，理念和现实、艺术和生活、主体和客体彼此之间截然对立。他在周围世界的有其局限性的生命形式中得不到满足，他真实的自我（本质）和他的欲望在那里找不到共鸣，他只能在孤独中反对现实。

这是艺术家小说创作的起点。在这里，艺术家试图以某种方式着手解决他痛苦的二重性，这种二重性使他作为艺术家的本质存在与不允许他从其生活形式中得到满足的周围的世界形成了对立。无论如何，必须找到一种解决办法，一种新的统一，因为这种矛盾是如此痛苦，所以从长远来看，在不破坏艺术家和人性的前提下，它是无法忍受的。作为一个人，艺术家被放在了现实世界的生命形式之中。他不得不以一种持续交互的方式在这些形式中表达他所感受和渴望的东西，他所忍耐和忍受的东西，以及他想要在这些形式中茁壮成长所需要的东西。作为一个艺术家，他内心有一种对理想及其实现的形而上的渴望。他认识到了现实与理想之间巨大的差距，看穿了理想的生活形式到底有多么渺小和空虚，而这种认识使他永远无法成功发展，也无法从中得到满足。艺术家必须克服这种二重性：他必须能够设定一种能够把被撕裂的东西结合在一起的生活，一种能够把精神与肉欲、艺术与生活、艺术家的价值与周围世界的价值之间的矛盾联系在一起的生活。

这是艺术家小说的基本问题和主题：它通常呈现给我们的是，一个艺术家试图以某种方式调和这种二分法。约纳斯·科恩在他的《美学通论》（Jonas Cohn, *Allgemeine Ästhetik*）中指出，当艺术家生活在一种不再完整的文化中时，"为生活形态而战"是他最紧迫的任务：

如果生命的形式得到了充分的发展，并继续具有不容置疑的效力，那么一种艺术就有可能仿若完全独立地作为一种与一个民族的情感完全融为一体的民族文化的最高花朵展现出来。艺术和生活之间没有明确界限，也没有必要有明确的界限，因为同一个生命创造了两者。

一旦生活形式不再充满精神和艺术气息了，

[79]
（新的挑战就会）在变得平淡无奇的现实和艺术家的需求之间出现……一种分裂（就会出现）……在这种情况下，艺术家面临着……新的任务。要么他必须充实各种文化生活的内容，赋予它们以生命力和形态，要么他必须创造一个避难所，让他有可能逃到那里，过他渴望的内容丰富的生活。

（Cohn, *Allgemeine Ästhetik*，第 281 页及以下）

这里已经指明了两种解决方案，同时也指明了两种主要的艺术家小说类型。由于其形式的广泛性，即包括了周围的世界和各种生活形态，小说最适合于这些实验性的创作：客观现实主义的艺术家小说和浪漫主义的艺术家小说。在客观现实主义的艺术家小说中，艺术家承认世界当今的环境是他艺术创作的基础，不过他会寻求转化、美化和更新它们。黑格尔发现小说的本质由以下事实构成：

一方面，故事中那些直接抵制现存世界的常规秩序的人物最终学会了接受常规秩序中那些真正的实质性的东西，并与既定的关系渐渐达成了和解，同时也有效地参与到了其中；另一方面，因为他们的行为和成就抹去了这些既定关系的平淡无奇的品质，所以他们假定了一个受美和艺术扶持的现实，而不是一个预先给定的现实。

（Cohn, *Ästhetik* III，第 395 页）

在浪漫主义的艺术家小说中，艺术家发现，在世界给定条件的框架下，他甚至无法看到任何潜在的满足：因此，他逃入了一个超凡脱俗的理想主义的梦境，并在那里构建了他诗意化的带来满足感的世界。

很明显，这些并不是解决问题的唯一方法，还有各种各样的变化和组合；同样，很明显，艺术家小说甚至不需要试图提出一个解决方案，它可以变得更像抒情或心理小说。从理论上讲，这种类型并不是纯理论的，也不是预先建立起来的，而是在没有任何强制的情况下从这种考察中产生的。然而，这里需要特别强调的是，在艺术形成的过程中，最广泛意义上的史诗诗人（因此也是小说家）或多或少地参与了周围的世界。在艺术家小说中，艺术家深入到了他自己的自我意识中，寻求与环境达成妥协，尤其是与反对他的环境达成妥协。由此可见，当下盛行的历史运动和文化形式将对艺术家小说的内容和形式产生强烈的影响，如果不去考虑伟大的创作人格的话，这些将直接规定艺术家小说的类型和方向。周围的世界极大地影响着史诗诗人的生活感受。因此，对艺术家小说的分析需要追溯文化生活的大致轮廓，而只有在早期，当一种新解放的主体性出现时，艺术家小说才首先表现出强烈的抒情或自传性质。当充满自信的富有创造力的人物在史诗般的情感的基础上（于此，史诗般的声音也发展了起来）获得了一种完整而平衡的生活形式时，这一点就不那么明显了，在这里，艺术家小说能够从这些文学艺术家更深层的存在感

[80]

中成长起来。在历史文化背景主要界定艺术家小说的中心问题和形式的情况下，这些问题和形式必须以一种有特色的、有代表性的方式被结合在一起。

这里首先要解决的问题是减轻周围世界的一些愤怒，弥合差距，调和对立，努力恢复平衡。因此，戏剧的审美形式是不适用的：它是围绕肯定主体与客体间的斗争和较量展开的。如果一部戏剧确实围绕一个属于艺术家的基本体验的问题来构建情节，那么它通常就会强调互相矛盾的元素之间的尖锐碰撞，例如，艺术与生活的分离，艺术家的世界与普通人的世界的分离，随着冲突的上升，将达到一个象征性的高潮。另外，除了关于艺术家的"历史"剧之外，还有一种艺术家戏剧，在这种戏剧中，艺术家经历了普遍的人类压力，不过他们有更高的感知和敏感性。同样地，艺术家戏剧可能会涉及艺术家生活中的孤独的问题和冲突，但不会触及艺术家与生活全面冲突的根源。只有第一种类型的艺术家戏剧将最终与下面的比较分析相关。

中篇小说在本质上与艺术家小说的基本主题甚至形成了更强烈的对比。

简而言之，中篇小说形式的本质在于，一个**决定性时刻**的无限的感官力量代表了整个人的生命。长篇小说与中篇小说在篇幅上的差异只是长篇小说和中篇小说所包含的生活总体之间真实的、深刻的和决定性的差异的表征。长篇小说以丰富的内容呈现了一个人的整个世界和他的命运，而中篇小说只是通过**生活的一个插曲**从形式上做到了这一点，尽管如此，这个插曲是被强有力地构造起来的，它太全面了，而且在感官上太明显了，以至于它使得生活的其他部分显得多余。

（Lukács, *Die Seele und die Formen*，第 158 页，强调部分为我所加）

一部中篇小说只会形成一个事件，一个情境，一个插曲：因此，艺术家中篇小说只能呈现艺术家生活中的一个场景，不能展开其个人的和社会的嵌入性。只有在一个独特的实例中，艺术家面临的诸多问题才能在这样一个"决定性时刻"，也就是说，在所呈现的插曲是象征性的——即一种典型的体验，在这种体验中，有生命的艺术家的整个存在仿佛在一瞬间被揭示了出来——的情况下，被集中在一起。在下面的考察中，我们将考虑中篇小说中的象征性的情节，因为托马斯·曼将其提升到了它最高的形式的位置。

二

文化的肯定性质①②

---

① 《文化的肯定性质》最初以德文发表出来，参见 "Über denaffirmativen Charakter der Kultur",
  Zeitschrift für Sozialforschung, Vol.6, No.1, Paris: 1937, pp. 54–94。本杰明·乔伊特（Benjamin
  Jowett）把它译成了英文，收入了《否定》一书，参见 *Negations:Essays in Critical Theory*,
  Boston: Beacon Press, 1968, pp. 88–133。《否定》不仅包括马尔库塞于 20 世纪 30 年代研究所
  期间完成的一些论文的译文，还包括马尔库塞于 20 世纪 60 年代的一些研究的译文。这本书
  已经绝版，所以我们选择在这里把这篇重要的文章发表出来，而这篇文章展示了马尔库塞关
  于文化和艺术的一些关键性的观点。——编者注
② 马克斯·霍克海默关于"肯定性文化"和现代文化中"虚假的唯心主义"的评论促成了这篇
  文章。参见 *Zeitschrift für Sozialforschung*, Vol.5, 1936, p. 219。

那种认为所有人类知识皆指向实践的信条，实属古代哲学的核心。亚里士多德就有这样的观点：借助知识获得的真理，应当像统领艺术和科学的实践那样，统领日常生活的实践。人类，在其生存斗争中，需要探索知识，需要去寻求真理；因为那些对人类来说是善良、有益和正义的东西，并非显而易见。巧匠和商贾、船工和医师、将军和政治家——每个人在其自身领域中，都必须具有正确的知识，以便能顺应变动不居的形势的要求去行动。

在亚里士多德强调一切类型的知识的实践特质时，他还对知识的各种形式做了有意义的区分。可以说，他把它们安排在了一个价值等级序列中：这个价值等级秩序的底层是对日常生活必需品的功能性认识，它的最高层是哲学知识。哲学知识没有外在于它本身的目的，它只是为了它自身而存在，并为人类提供福祉。在这个价值等级序列中，以必然的和有用的（知识）为一方面，以"美的"（知识）为另一方面，两者之间存在着根本的分裂。"整个生活遂被分解为两个部分：事务与闲暇，战争与和平，某种以必然和有用的东西为目的的行为与某种以'美的'东西为目的的行为。"① 由于这种划分本身没有受到质疑，也由于"纯"理论连同其他"美的"（知识）领域凝结成了一种与其他活动并行不悖却又超乎其上的独立的活动，哲学原初的要求——即实践应当由已知真理来引导——瓦解了。把有用的、必然的东西与美的、享受的东西分开后，随之而来的是这样一个新的局面：一方面，它把这一领域抛给了唯物主义的资产阶级实践；另一方面，抛给了"文化"保护下对幸福和心灵的抚慰。

---

① Aristotle, *Politics*, Benjamin Jowett (trans.), 1933, pp.30ff., in *The Basic Works of Aristotle*, Richard McKeon (ed.), New York: Random House, 1941, p. 1298.

在说明知识和快乐的最高形式为何总是被贬入纯粹的、无目的性的理论形态中去的理由时，有一种说法反复出现：必然性的世界，为生活提供日常所需的世界，不仅事实上，而且本质上，都是无常的、不安定的、不自由的。支配物质产品从来都不是人类劳作和智慧的全部工作，因为它受制于偶然性的规则。一个人若将其最高目标和幸福都倾注到这些产品中，必定会使自己成为人和物的奴隶。他就会放弃自己的自由。财富和幸福的到来与保持并不取决于一个人的自主决策，而是受制于神秘莫测的外界环境带来的变动不居的运气。因此，人就将自己的存在交付给了一个外在于他的目的。如果生活的物质条件没有得到很好的安排，也就是说，如果再生产是通过对立的社会利益的无政府状态来协调的，那么这个外在于人的目的就有可能摧残人、奴役人。由此情形看来，保持共在就与个体的幸福和自由不相容。只要哲学关注人的幸福（古代经典理论把这看成是最高的善），那么在生活的现存的物质组织形态中，哲学是不会实现自身的。这就是它何以必须超越这个秩序的事实性的原因。

这种超越性，除影响到了形而上学、认识论和伦理学外，还影响到了心理学。如同外在于心理的[①] 世界，人类灵魂也分为低级的和高级的。灵魂的发展史在感官性[②] 和理性两极之间展开。对于感官性价值的贬低，同对物质世界的贬低出于一样的动机：因为感官性王国是一个混乱的、变　　[84]

[①]　虽然"Seele"（灵魂）这个词有形容词形式"seelisch"，但它的英语对应词"soul"（灵魂）却没有形容词。我根据上下文用到了"psychic"或"spiritual"。因此，虽然"geistig"既有"spiritual"的意思，也有"mental"的意思，但在本篇文章中，我把它理解成了"mental"，而"spiritual"指的是"soul"而不是"mind"的特质。——译者注

[②]　"Sinnlich"（感性的）既有强调欲求方面的"sensual"（感官性的、肉欲的）的意思，也有强调审美方面的"sensuous"（审美性的）的意思。我在翻译时根据语境强调的重点做了选择，但它往往同时蕴含这两种意思。关于进一步的讨论，参见 Herbert Marcuse, *Eros and Civilization*, Boston: Beacon Press, 1955, pp. 166–167。——译者注

动不居的、不自由的王国。感官享受本身并不丑恶：它之所以丑恶，是因为就像人类的各种低级活动一样，它是在一个丑恶的秩序中实现的。"灵魂的低级部分"促使人垂涎于聚敛和占有、买进和卖出；它诱导人去"称道和赞颂的东西，只有财富及其占有者"①。因此，灵魂的"欲望的"部分，即灵魂中导向感官享受的部分，又被柏拉图称为"爱货币"的部分，"因为货币是满足这种欲望的主要手段"②。

所有古代唯心主义（理想主义）的本体论类型，都表达了社会现实的丑恶，在这种社会现实中，关于人类存在的真理的知识不再与实践融为一体。真、善、美的世界，事实上只是一个"理想"的世界，因为它超越了现有的生活条件，超越了这样一种生存形式，即大多数人要么像奴隶那样劳作，要么靠买卖为生，只有少部分人有机会关心除了提供和维系必需品之外的其他事情。当物质生活的再生产在商品形式的统治下进行，不断翻新阶级社会的贫穷时，真、善、美的东西也就超越了这种生活。假如为维系和保护物质生活所必需的每一件东西都是以这种形式被生产出来的，那么任何超出这种形式的东西无疑就都是"多余的"。最崇高的真理、最高尚的德行、最悦人的快乐，这些对人类来说真正重要的东西，在根本上就与人类生存所必需的东西被一道鸿沟分割开来，它们成了一种"奢侈品"。亚里士多德并未隐瞒这个事实。包含着最高尚的德行和最悦人的愉快的"第一哲学"，只具有为少数人赋闲的作用，对这些人来说，所有的生活必需品都得到了充分的照料。"纯理论"研究是精英独善的职业，而人类的大多数则被阻隔在了它的铁栅之外。亚里士多德并没有断言，真、

---

① Plato, *Republ.* p.553, in *The Republic of Plato*, Francis M. Cornford (trans.), NewYork: Oxford, 1945, p. 277. 参见 *Republ.* p.525。

② *Ibid.*, pp. 306–307.

善、美的东西具有普遍有效性和强制性的价值，它们同样应该"自上而下"地渗透和转移到那个为生活提供物质必需品的必然王国。只要提出这个主张，我们就立即会面临作为资产阶级实践及其相应世界观的核心的文化概念。那种关于真理比必然王国具有更高的价值的古代理论，还意味着"更高的"社会层次。因为，一般认为，这些真理为社会统治阶层所有，而他们的统治地位反过来又得到了这种理论的证实，因为最崇高的真理被认为是他们的职业。 [85]

在亚里士多德的哲学中，古代理论正处于这样的境地：唯心主义在社会矛盾面前退却了，并把这些矛盾表述成了本体论的先决条件。柏拉图的哲学仍然与雅典商业社会的秩序相抗争。柏拉图的唯心主义与社会批判的主题交织在一起。从理念的角度来看，物质世界被看作是事实性的东西，而在这个世界中，人与物是作为商品而发生关系的。

> 灵魂的公正秩序"被追逐财富的情欲所毁，它使人没有空闲去追求个人财富之外的任何别的东西。只要一个公民的整个灵魂全部被这种情形笼罩，那么，他整日除了占有欲外，便一无所思。"①

唯心主义基本的、真正的要求在于：应按照由理念的知识所产生的真理去改造和改善这个物质世界。柏拉图对这个要求的回答便是他为重新组织社会所作的规划。这个规划揭示了柏拉图眼中的罪恶的根源。他要求废除统治阶级（甚至还包括妇女和儿童）的私有财产，并禁止贸易。不

---

① Plato, *Leges* 831, A.E. Taylor（trans.）, in *The Collected Dialogues of Plato*, Edith Hamilton and Huntington Cairns（eds.）, New York: Bollingen Foundation-Pantheon Books, 1964, p. 1397. 参见 J. Brake, *Wirtschaften und Charakter in der antiken Bildung*, Frankfurt am Main, 1935, pp. 124ff.。

过，这个规划试图将阶级社会的矛盾根植于人性的深处，因此使社会矛盾永久化了。当国家大多数成员竭尽一生去从事这种提供生活必需品的毫无乐趣的劳作时，对真、善、美的东西的享受也就只留给了少数精英。尽管亚里士多德也是以政治学来结束其伦理学的，但对他来说，社会的重新组织不再在哲学中占有核心地位。就他比柏拉图"更现实"这一点来看，他的唯心主义在面临人类的历史性任务时更加顺从。在他那里，真正的哲学家实质上已不再是真正的政治家。事实和理念之间的距离正是因为人们认为它们之间具有更密切的关系而增大了。唯心主义的意图，即理念的现实化，化为了泡影。唯心主义的历史也就成了它逐渐与既定秩序握手言和的历史。

[86]　　在感觉王国与理念王国、审美性（sensuousness）王国与理性王国、必然王国和美的王国的本体论的和认识论的分离的背后，不仅存在着对丑恶的历史存在形式的否定，也存在着对它的罪孽的开释。物质世界（即这种关系中某些相应的"低级"成分的杂多形式）本身只是质料，只是潜能，与其说是存在，不如说是非存在。它们只有当参与到"高级"的世界中，才可能成为实在的东西。在所有这些形式中，物质世界对外在于它并唯一能赋予它价值的东西来说，仍然是纯粹的质料和素材。只有借助理念"自上而下"的恩赐，它才能获得所有的真、善、美。所有与生活物质必需品相联系的活动，在本质上都是不真实的、丑恶的、丑陋的。不过，即使具有这些特征，这种活动本身同质料一样，对理念来说仍是必需的。奴隶劳动的苦痛、人和物沦落为商品、生存的物质条件总体从中不断再生产自身的那种无趣和卑贱的状态，这些东西都没有引起唯心主义哲学的兴趣，因为这些东西都还不是构成这种哲学的对象的真正的实在。物质实践由于其不可取消的物质属性，它被免除了对真、善、美的责任。真、善、美遂成

了理论探讨的东西。理念价值与物质价值的本体论断裂，使得唯心主义在所有与物质生活过程有关的方面悄然敛迹。在唯心主义中，劳动分工和社会分层的特定历史形式取得了必然性与美、物质与理念的关系的那种永恒的、形而上的形式。

在资产阶级时代，关于必然性与美、劳动与享受之间关系的理论，发生了决定性的变化。首先，那种认为关注最高价值只是特定社会阶级所独有的职业的看法消失了，取而代之的是出现了"文化"具有普遍性和普遍有效性的观点。出于良知，古代的理论表述了这样的事实，即认为大多数人不得不为提供必需品耗尽一生，而只有少数人才可能献身于享受和真理。尽管这个事实没有变化，但良知却消失了。自由竞争把个人放入了劳动力的买者与卖者的关系中。人在其社会关系中沦为了纯粹的抽象，而这种抽象甚至蔓延到了与理念的交流。再也不会有这样的情形了：某些人生来适于劳作，而另一些人生来就适于闲暇；某些人生来适于生产生活必需品，而另一些人生来适于审美。正如每一个体与市场的关系是直接的（他的个人品质和需要都与市场无关，他只是商品）一样，他与上帝、与美、与善、与真的关系也是直接性的。作为抽象的存在，所有人都应该平等地参与到这些价值中来。如同在物质实践中，产品与生产者分离而独自成为"商品"这个普遍的物化形式一样，在文化实践中，一件作品及其内容也凝结了普遍有效的"价值"。哲学判断的真、道德行为的善、艺术作品的美，就其本身来看，应该吸引每一个人，与每一个人都相关，对每一个人都有约束力。在没有性别与出身的差别，不考虑他们在生产过程中的地位的情况下，个体必须服从文化价值。他们必须把文化价值吸收进他们的生活，并用文化价值来浸润和塑造他们的存在。"文明"受到了"文化"的激发和启发。

[87]

　　这里不是我们应该讨论如何界定文化的地方。这里存在着一种能作为社会研究重要工具的文化概念，因为它表达了精神在社会历史进程中的意蕴。就观念再生产领域（狭义上的文化，即"灵魂世界"）和物质再生产领域（"文明"）一道构成了历史上可辨识的、可理解的统一体而言，文化概念指的是一定条件下的社会生活总体。[①] 不过，它还有一种相当普遍的用法，从这种用法来看，灵魂世界被从其社会背景中抽离了出来，使文化成了一个（虚假的）集合名词，并赋予了它（虚假的）普遍性。第二种文化概念（我们可以在"民族文化""德意志文化"或"罗马文化"等表述中清楚地看到）通过把文化作为与社会效用和手段的世界相对立的、具有真正的价值和自足的目的的王国，从而使灵魂世界与物质世界形成了对抗。通过运用这个概念，文化与文明区别了开来，并且在社会学和价值学意义上摆脱了社会过程。[②] 这个概念本身是在特定的文化历史形式的基础上发展起来的，我接下来将把这种文化称作"肯定性文化"（affirmative culture）。肯定性文化是指资产阶级时代的文化，它在其本身的发展历程中，把作为独立的价值王国并被认为高于文明的精神的、灵魂的世界与文明割裂了开来。这种文化的决定性特征就是声称存在着普遍的义务，存在着必须无条件地加以肯定的永远都会越来越好、越来越有价值的世界：这个世界在本质上不同于每日忙于生存斗争的事实世界，而且每个人都可以在不改变任何实际情形的条件下"内在地"自为地实现。只有在这种文化中，文化的活动和对象才能获得那种使它们超越日常生活范围的价值。它

---

① 参见 *Studien über Autorität und Familie*, "Schriften des Instituts für Sozialforschung", V, Paris, 1936, pp. 7ff.。

② 斯宾格勒认为，文化与文明是"必要的有机继承"的关系，而不是同时的关系。文明是每一种文化的必然命运和归宿。参见 *Der Untergang des Abendlandes*, 23d to 32d editions, I, Munich, 1920, pp. 43–44。这种新的提法并没有改变上述对文化和文明的传统评价。

们的接受变成了一种值得颂扬和赞美的行为。

虽然文明与文化的区别只是在近来才成为社会科学和文化科学研究领域的脑力劳动的装备，但它所表达的事态却一直以来都是资产阶级时代的世界观和生活准则所特有的东西。"文明和文化"不只是对有目的性和无目的性、必然和美的古老关系的翻译。随着无目的的、美的东西被内化，并且连同那些与普遍有效性和崇高美相联系的性质一道变成资产阶级的文化价值，一个表面统一和自由的王国在文化——在这里，一般认为，那种对立的存在关系得到了稳定和平定——中被建立了起来。文化肯定了同时也掩盖了社会生活的新的条件。 [88]

在古代，超越了必需品的美的世界在本质上是一个幸福和享乐的世界。古人的理论从未怀疑人关注的终极东西即是他在尘世的满足和幸福。这是终极的东西，不是直接的东西，因为人首先关注的是为维持和保护单纯的存在而进行的斗争。鉴于古代经济生产力的低下发展，哲学从来没有想到，物质实践可以被塑造成一种本身就包含着幸福的空间和时间的实践形式。焦虑是所有在观念实践中寻找最高幸福的唯心主义学说的源头：对所有不确定的生活条件的焦虑，对可能出现的失败、依赖和贫穷的焦虑，以及对人和神的餍足、无聊、妒嫉的焦虑。尽管如此，驱使哲学把美和必然分裂开来的对幸福的焦虑即使在这个分裂的领域内也保留着对幸福的需求。幸福成了一块能够随时找到的保留地。人在真、善、美的哲学知识中所发现的是终极的快乐，它具有与物质事实完全对立的特征：变化中的永恒，不纯洁中的纯洁，不自由中的自由。

在资产阶级时代开始时作为实践主体出现的抽象个体，仅凭新的社会力量"星丛"，也成了对幸福所提出的新的主张的承载者。不再是更高层面的社会团体的代言人或代表之后，每个独立的个体都应该在没有封建社会的社会、宗法和政治中介的情况下，自己亲自把握其需求和欲望的满足，并直接同他的"天职"、他的意愿和目的联系在一起。在此情形下，个人有了更多的空间来完成其个体的需求和满足：发展中的资本主义生产开始使这个空间越来越多地充满了可能令人满意的商品。就此看来，资产阶级的个人自由使一种新的幸福成为可能。

但是，这种幸福的普遍性紧接着就被取消了，因为人的抽象的平等在资本主义生产中表现为具体的不平等。只有少数人才具有为保证幸福的维系所需的商品数量的购买力。平等并未延伸至取得生活资料的条件上。对于资产阶级在反对封建势力的斗争中所依附的城乡无产者阶层来说，抽象的平等只有作为实际的平等才有意义。对于掌权后的资产者阶层来说，[89] 抽象的平等已足以粉饰实际的个人幸福和实际的个人自由，因为资产者已经占有了能够带来这些满足的物质条件。无疑，停留在抽象自由阶段是资产阶级统治的条件。如果从抽象的普遍性（平等）过渡到了具体的普遍性（平等），那么资产阶级的统治就会受到威胁。另外，如果资产阶级不公开谴责自己，不向被统治阶级公开宣布，即使生活条件发生了改善，对大多数人来说，万事照旧，那么它就不可能放弃其要求的普遍性（即人人平等）。随着日益增长的财富使这一普遍要求的真正实现成为可能，但与此同时，城乡穷人却变得越来越相对贫困，这样的让步看来是愈发不可能了。因此，这个要求就成了一种设定，而它的目标也只不过是一个理念。人的天职，既然在物质世界中的普遍实现被否弃了，那么它也就被认为是一种理想了。

新兴的资产阶级团体将他们对新的社会自由的要求建立在了人类理性的普遍性之上。他们并不相信上帝设立的限制性秩序是永恒的，而是相信进步，相信未来会更美好。但是，理性和自由并没有延伸到这些越来越与大多数人的利益相敌对的团体的利益之外。对那些非难，资产阶级给出了一个决定性的回答，即肯定性文化。肯定性文化在根本上是唯心主义的。对孤立的个体的需要，它以普遍的人性来回应；对肉体的痛苦，它以灵魂的美来回应；对外在的束缚，它以内在的自由来回应；对残酷的利己主义，它以美德王国的义务来回应。在新社会蓬勃兴起的时代，由于所有这些理念超越了既有的生存组织形式，它们都具有进步性；但在资产阶级的统治开始稳固后，它们就越来越多地用在了镇压不满的大众上，用在了只能自我验证的提升上。它们掩盖了对个体身心的残害。

不过，资产阶级的唯心主义并不仅仅是意识形态，因为它还表达了正确的客观内容。它不仅包含着对既定存在形式的辩护，而且也包含着既定存在形式的确立带来的痛苦：它不仅包含着对实然的沉默，也包含着对应然的记忆。通过把苦难和忧伤变为永恒、普遍的力量，伟大的资产阶级艺术曾在人们的内心深处不断摧毁向日常生活的轻易妥协。它以这个世界的明亮色彩描绘了人与物的美和超越世俗的幸福，它在资产阶级生活的土壤上，除了种下了贫乏的慰藉和虚假的奉献，也种下了真实的渴望。这种艺术把痛苦与忧伤、绝望与孤独提高到了形而上的力量的层面，使个体在超越所有社会中介的赤裸裸的肉体直接性中，与他人和神灵对抗。这种夸张的手法包含着更高的真理，即我们不能一点一点地改变这个世界，而是只能通过摧毁它来改变。古典资产阶级艺术把它的理想形式与日常事件的距离拉得如此之大，以致那些在日常生活中受难和抱有希望的人只有通过跃入一个全然不同的世界才能重新发现自己。在此意义上，艺术滋养了这样一种信念，即以往所有的历史只是行将到来的存在的黑暗和悲惨的史前史。哲学非常重视这个观念，并高度关注它的实现。黑格尔体系是对那种毁坏这个观念的做法的最后一次抗议：反对把精神当成与人类历史毫不相 [90]

关的对象来随意玩弄。至少唯心主义坚信，唯物主义的资产阶级实践并不是最后的定论，所以必须引导人类超越它。因此，唯心主义与后来的实证主义相比，是更进步的发展阶段。因为实证主义在与形而上的观念作斗争的过程中，不仅消除了它们的形而上特征，而且也消除了它们的内容。实证主义因而不可避免地与现状同流合污了。

　　文化应当关注个体对幸福的主张。但文化根基上的社会对立使它只得以内在化和理性化的形式去承认这个主张。在一个通过经济竞争再生产自身的社会中，仅仅是对更幸福的社会存在的主张，就构成了反叛。因为，假如人们看重享受尘世的幸福，他们必定不会看重维持这个社会存在的贪婪的行为、利润以及经济力量的权威。在一个对多数人来说意味着需要、贫困和劳苦的秩序中，对幸福的主张是危险的。这个秩序的矛盾提供了使这个主张观念化的动力。但个体的真正满足不可能被唯心主义的动力所涵盖：这种动力不是不断地推迟这种满足，就是将它转变成对一种不可企及的东西的追求。它只有在**反对**唯心主义的文化的情况下才能实现，只有在**反对**这种文化的情况下才能被宣告为一种普遍的要求：对物质生存条件的真正改造的要求、对一种新生活的要求、对一种新的劳动和享受形式的要求。因此，自中世纪衰落以来，它一直活跃在那些与不断扩张的新的不公正的制度作斗争的革命团体中。唯心主义把尘世交给了资产阶级社会，并通过在天国和灵魂中寻找满足而使自己的理念变成了非实在的东西，唯物主义哲学则重视对幸福的关注，并在历史中为实现这种幸福而斗争。在启蒙运动的哲学中，这种关联变得清晰起来：

　　　　像神学一样，虚假的哲学也能向我们许下永恒幸福的诺言，让我们沉浸在美妙的幻想中，并以牺牲掉我们的生活或快乐为代价把我们带到那里。真正的哲学与之不同，而且更加聪明，它只提供暂时的满足。它在我们的生活道路上播撒玫瑰和鲜花，并教导我们去采撷它们。①

唯心主义哲学也承认人类幸福的中心地位。但是，在与斯多葛学派 [91] 的论战中，启蒙运动恰恰采取了这种形式的对幸福的主张，而这种主张与唯心主义不相容，是肯定性文化所不能处理的。

> 我们要成为反斯多葛学派者就好了！这些哲学家严厉、悲伤、冷酷，而我们要温柔、愉快、和气。他们把整个灵魂从肉体中抽离了出来，而我们要把整个肉体从灵魂中抽离出来。他们使自己对快乐和痛苦敬而远之，我们却为能感受到这两者而自豪。由于他们以崇高为目标，他们把自己提升到了一切事件之上，相信自己只有在不复存在时才是真正的人。对我们来说，我们不会控制支配我们的东西，不过，环境也不能控制我们的情感。在承认环境的主导地位和对我们的束缚后，我们将努力让它们同我们亲近起来，并坚信正是在此才栖留着生活的幸福。最后，我们深信，我们越幸福，我们就越能感受到自然、人性和所有的社会德行。我们只承认这些东西，只承认这样的生活。②

---

① La Mettrie, "Discours sur le Bonheur", *Oeuvres Philosophiques*, II, Berlin, 1775, p. 102.

② *Ibid*., pp. 86–87.

肯定性文化以其纯粹人性的理念承担了个体普遍解放的历史需求。
"假如我们根据人类所体现的法则来理解我们所认识的人类，我们就会发
现在人类身上没有比人性更高尚的东西了。"① 这个概念的含义，包括一切
指向"人类高贵教养的东西，包括理性和自由，更精致的感官和本能，最
娇嫩和最饱满的健康，对大地的改善和控制"②。所有人类治理的法则和形
式，都应具有这种义不容辞的目的，即"能够使人从他人的攻击中解放出
来，发挥他的能力，在生活中获得更美好的、更自由的享受"③。人所能达
到的最高目标，就是形成一个由自由而理性的人构成的共同体，在这个共
同体中，每一个人都有同样的机会去展示和完善他所有的能力。人的概念
（在其中，迄今反对压抑性的集体的斗争仍然很活跃）将不顾社会冲突和
习俗，将自身真正赋予所有个人。没有人能减轻个体存在的重负，然而，
也没有人规定他的行动的权利和范围——除了"他心中的律令"。

[92] 　　　　大自然的意图是让人类完全从自身产生一切超出其动物存在的
机械组织之外的东西；让人类只享有那种摆脱了本能而只凭借他自身
的理性所提供给他自身的幸福或满足。④

所有的财富和贫困都来源于他，并反作用于他。每个个体对自身是
直接的：没有尘世的和天界的中介。这种直接性同样适用于他与他人的关

---

① Herder, *Ideen zur Philosophie der Geschichte der Menschheit*, in *Werke*, Bernhard Suphan (ed.),
　 Berlin, 1877–1913, XIV, p. 208.

② *Ibid*., XIII, p. 154.

③ *Ibid*., XIV, p. 209.

④ Kant, *Idee zu einer allgemeinen Geschichte in weltbürgerlicher Absicht*, in *Werke*, Ernst Cassirer
　 (ed.), Berlin, 1912, IV, p. 153.

系。对这种人的观念的最清楚的表述可以在莎士比亚以降的古典文学中找到。个体与个体在戏剧中是如此接近，以至于在他们之间，似乎没有什么东西在原则上是不可言喻或不可表达的。诗歌使平凡的现实中已经不可能的事情成为可能。在诗歌中，人们可以超越所有社会的隔离和距离，谈及任何东西。古典文学在崇高而优美的语言的光辉中克服了事实上的孤寂，它们甚至可以把孤寂表现为一种形而上的美。罪犯和圣徒、王子和仆人、贤士和愚夫、富贾和穷汉都参与到了讨论中来，而讨论的自由进行被认为能够带来真理。艺术所表现的统一性及其人物的纯洁人性都是非现实的东西：它们是社会现实中所发生的事情的反象。但是，理想的批判和革命力量——使丑恶现实中人们最热切的渴望在艺术非现实性的深处仍然鲜活地保留了下来——在充分饱足的社会阶层完全背弃他们自身理想的时代表现得最为清楚。当然，这种理想是以这样一种方式被构想出来的，即它的倒退和辩护的特性，而不是进步和批判的特性占据主导地位，所以理想的现实化应该通过个体的文化教养来实现。文化所说的并不是一个更加美好的世界，而是一个更加高贵的世界：这个高贵的世界并不是通过推翻物质生活秩序来实现的，而是通过个体灵魂的活动来实现的。人性成了一种内在的状态，自由、善和美也都成了灵魂的品质：理解人类的一切，了解所有时代的伟大，欣赏一切艰难与崇高，尊重使所有这些东西在其中皆成为实然之物的历史。这种内在状态将成为不会与给定秩序发生冲突的行为的源泉。文化并不属于那种把人性的真理理解为战斗口号的人，而是属于那种在他身上人性的真理已成为恰如其分的行为举止的人：这种人即使在日常事务中，也表现出了和谐与反省的状态。文化应该渗入给定的东西而使它变得高贵，而不是用新的东西取代它。这样，它提升了个人，但却没有把他从事实上的贬值中解放出来。文化谈论着"人"的尊严，但却从不关心对人类来说具体的更有尊严的地位。文化的美首先是一种内在的美，它只能从内部到达外部世界。文化王国本质上是**灵魂**的王国。

[93] 文化是一个灵魂上的财富，这种看法至少自赫尔德以来就是肯定性文化概念的构成要素。灵魂上的财富从属于与纯粹文明形成对照的文化的定义。当阿尔弗雷德·韦伯写出下面这段话时，他只是在总结有着漫长历史的概念图式。

> 文化……仅仅是灵魂的表达和灵魂的意愿，因此是存在于所有对存在的理智把握之后的"本质"的表达和意愿，它也是在其努力表达和意愿中不考虑目的性和效用的"灵魂"的表达和意愿……由此而来的是这样一个文化概念，即文化是灵魂在给定的物质和精神存在实体中得以表达和释放的主要形式。[①]

这种解释所设定的灵魂概念不同于心理的力量和机制的总和（比如，那些可能被当成经验心理学对象的东西）。毋宁说，人的这种非物质性的存在被认为是个体的真正实体。

自笛卡儿以来，作为实体的灵魂的特性就建立在作为**"精神实体"**的自我的唯一性之上。当外在于自我的整个世界在原则上成为一个可度量的物质和可计算的运动时，自我是逃避新兴资产阶级唯物主义理性的唯一的现实维度。由于与本质上不同于它的另一实体——物质世界——不断形

---

① Alfred Weber, "Prinzipielles zur Kultursoziologie", *Archiv für Sozialwissenschaft*, XLVII (1920–1921), pp. 29ff.。另参见 Georg Simmel, "Der Begriff und die Tragödie der Kultur"，在此文中，"灵魂向自身的回归"被描述成了文化的基本事实（参见 *Philosophische Kultur*, Leipzig, 1919, p. 222）。斯宾格勒将文化描述成了"灵魂上的可能之物的实现"，参见 *op. cit.*, p. 418。

成对立，自我被明显地划分成了两个领域。一方面，作为思维主体(心灵)
的自我，以自我确定性的独立方式，仍然存在于物质存在的彼岸，可以
说，它是先天的；而另一方面，笛卡儿试图从唯物主义的角度把自我解释
为灵魂，解释为"情欲"(即爱与恨、喜与忧、羞愧、嫉妒、悔恨、感激等)
的主体。灵魂的情欲可以追溯到血液循环及其在大脑中的转化。但这种推
论并不十分成功。无疑，一切肌肉运动和感官知觉，都被认为依赖于神
经，神经"就像来自大脑的小细丝或小管道"，而神经本身包含着"一些
被称作元气的细微空气和风"①。尽管这里有非物质的残余，但这种解释的
意图是清楚的：自我要么是心灵（思想，思我思），要么，如果它不仅仅
是思想（思），那么它也就不再是真正的自我，而是肉体的自我。在后一
种情况下，那些归于它的属性和活动属于**广延实体**。② 不过，它们并不完
全承认自身溶于物质。灵魂仍然是介于有着不可动摇的确定性的纯思与有
着数学和物理确定性的物质存在之间未被征服的中间领域。从理性主义的
最初构想来看，其体系中并没有后来实际上被认为是构成灵魂的东西（即
个体的情感、欲望、欲求以及本能）的容身之所。试看经验心理学，即那
些实际上与人的灵魂打交道的学科在理性主义中的地位，可以说是非常有
特色的，虽然理性不能给它以合法地位，但它却仍然存在。

[94]

　　康德批驳了（鲍姆加登）在理性形而上学中对经验心理学的讨论。
他认为，经验心理学"必须从形而上学中被完全驱逐出去，并且它已经
通过形而上学的理念而从中被完全排除了"。但是，他接着说，"然而我

---

① Descartes, *Traité des Passions*, François Mizrach (ed.), Paris: Union Générale d'Editions, 1965, p. 39.

② 参见 "Descartes' Reply to Gassendi's Objections to the Second Meditation", *Meditationen über die Grundlagen der Philosophie*, A. Buchenau (trans.), Leipzig, 1915, pp. 327–328.

们按照经院哲学的惯例，毕竟总还是必须（哪怕只是作为题外话）允许它在其中占有一小块地方，其实是从经济的动因出发，因为它还并不丰富到能够单独构成一个学科，但却非常重要，以至于不应当完全排除它，或是把它固定到别的那些比起在形而上学中更加不能找到亲缘关系的地方去……所以它只是一个在此期间被接受下来的外来户，我们准许它在一段时间内作一个逗留，直到它将来能够在某种详尽的人类学（即经验性自然学说的对应物）中迁入它自己的住处为止"①。康德在他 1792—1793 年的形而上学讲演中，对这个"外来户"表达出更深的怀疑："经验心理学有可能成为科学吗？不可能。我们对灵魂的认识整体上看太有限了。"②

　　理性主义与灵魂的疏离指向一个重要的事态。因为事实上，灵魂并没有进入社会劳动过程。具体劳动被简化为抽象劳动，这使得劳动产品作为商品进行交换成为可能。灵魂的理念似乎是指那些还没有被抽象的资产阶级实践理性所控制的生活领域。对物质的处理就好像仅仅是通过"精神实体"的一部分，即技术理性来完成的。从制造业的劳动分工开始，到机器大工业的完成，"物质生产过程的**精神**潜能"作为"他人的财产和统治他们（直接物质生产者）的力量"与直接物质生产者形成了对立。③ 就思想并不直接就是技术理性而言，它从笛卡儿以来，就使自己摆脱了与社会实践的有意识的联系，并容忍了它本身所促成的物化。当人与人的关系在这种实践中表现为物质关系，表现为事物本身的法则时，哲学通过在纯粹

---

① Kant, *Critique of Pure Reason*, Norman Kemp Smith (trans.), London: Macmillan, 1958, p. 654.

② *Die Philosophischen Hauptvorlesungen Immanuel Kants*, A. Kowalewski (ed.), Munich and Leipzig, 1924, p. 602.

③ Marx, *Das Kapital*, Meissner (ed.), Hamburg, n.d., I, p. 326.

主体性中，在世界的先验构造的层面上后退和重新确立自身，从而使个体
完全屈从于这种显象。先验哲学并不与物化发生联系，因为它只考察对不
朽的物化世界的认识过程。　　　　　　　　　　　　　　　　[95]

　　灵魂不能用精神实体和广延实体的二分来理解，因为灵魂不能被简
单地理解为二者之一。康德摧毁了理性心理学，但却并没有得出经验心理
学。对黑格尔来说，灵魂的任一属性都是以灵魂所**过渡**（übergeht）到的
精神（Geist）为出发点去理解的，因为精神将自身揭示为灵魂的真正内
容。灵魂的本质特性就在于它"尚未成为精神"①。当黑格尔在其主观精神
学说中考察心理学，即人的灵魂时，其指导原则便不是灵魂而是精神。黑
格尔在根本上把灵魂看作是"人类学"的一个组成部分，在这里，灵魂"仍
完全与自然的属性联系在一起"②。他从总体上考察了地球上的生命、自然
的种族差别、人类的各个阶段、巫术、梦游，精神错乱的自我形象的不同
形式，以及仅仅用了几页篇幅来阐述的"现实灵魂"。在他看来，灵魂只
不过是向自我意识的过渡，借此，人类学意义上的灵魂学说便被抛在了身
后，而精神现象学也就随之到来了。因此，灵魂一方面属于生理人类学，
另一方面属于精神哲学。可见，即使在最伟大的资本阶级的理性主义体系
中，也没有灵魂独立的位置。情感、本能和意志这些心理学的真正对象只
能被认为是精神存在的形式。

　　然而，肯定性文化用灵魂概念恰恰指的是非精神的东西。无疑，灵
魂概念与精神概念的矛盾变得愈发尖锐起来。所谓的灵魂"永远无法被清
醒的精神所获取，永远无法被知性所获取，也永远无法被经验的、事实的
研究所获取……人们用刀子肢解或用浓酸消溶贝多芬的主题，也许比用

①　Hegel, *Enzyklopädie der philosophischen Wissenschaften*, II, par. 388.

②　*Ibid*., par. 387, addendum.

抽象思维分析灵魂更快一些"①。在这种灵魂的观念中，人的非物质性的潜能、活动、属性（按照传统的划分，即理性、意志、欲望）结合成一个不可分割的统一体，这个统一体明显地贯穿于个体的所有行为之中，并确实构成他的个性。

肯定性文化特有的"灵魂"概念并不是经由哲学发展起来的。我列举笛卡儿、康德、黑格尔只是为了说明哲学在面对灵魂时的尴尬。② 这个概念在文艺复兴时期的文学中最先得到了明确的表述。在这里，灵魂首先是世界上未开垦的处女地，它有待去发现和欣赏。那些需求及其宣布出来的东西，即新社会伴随着解放了的人对世界的理性支配、自由和个人的内在价值，延伸到了灵魂。因此，灵魂的丰富，即"内在生活"的丰富，与新发现的外在生活的丰富相关联。"对灵魂中被忽视的个体的、无与伦比的、有生命的状态的兴致，实属这一完全、完整地实现人的生命的构想。"③ 关注灵魂"反映了人的个性的日益分化，并通过植根于人的本质的自然的发展增强了人的享受生活的意识"④。若从 18—19 世纪臻于完成的肯定性文化的立场来看，这种心灵上的需求似乎是一个未曾兑现的诺言。"自然的发展"的观念依然存在，但它主要指的是内在的发展。在外部世界，灵魂并不能自由地"实现自身的生命"。由资本主义劳动过程组织起来的这个

[96]

---

① Spengler, *op. cit.*, p. 406.

② 值得注意的是，赫尔巴特在心理学中引入了灵魂概念：灵魂并非"随时随地存在"，它"绝对没有接收或产生任何事物的倾向和能力"。"灵魂的简单本性是完全未知的，而且永远如此；它既不是经验心理学的对象，也不是思辨心理学的对象。"参见 Herbart, *Lehrbuch zur Psychologie in Sämtliche Werke*, Hartenstein (ed.), Leipzig, 1850, V, pp. 108–109。

③ 关于狄尔泰对彼特拉克的论述，参见 "Weltanschauung und Analyse des Menschen seit Renaissance und Reformation", *Gesammelte Schriften*, Leipzig, 1914, II, p. 20. 关于狄尔泰对玖恩·维夫斯思想中形而上学向"描写与分析"心理学过渡的分析，参见 *ibid.*, pp. 423ff.。

④ *Ibid.*, p. 18.

世界把个体的发展变成了经济竞争，把他的需要的满足抛给了商品市场。肯定性文化用灵魂去抗议物化，但灵魂却最终向物化低头了。灵魂作为生活中唯一没有被卷入社会劳动过程的领域受到了庇护。

> "灵魂"一词给了高贵的人一种脱离一切现实的或业已定形的东西的内在的存在感，一种对他的生命、他的命运、他的历史中最隐秘和最真切的潜能的确定感。在所有文化的早期语汇中，"灵魂"一词是一个符号，它包含着一切超越尘世的东西。①

正是以这种消极的品质，灵魂才在今天成了资产阶级理想唯一仍然忠贞不渝的捍卫者。灵魂赞美顺从。在一个由经济价值规律决定的社会中，这种理想（即人类、个体、不可替代的人，超越了所有自然和社会差异，是终极的目的；真理、善、正义存在于人与人之间；人类所有的弱点都可以通过人性来弥补）只能通过灵魂表现为灵魂的事件。除此之外，任何其他东西都是非人的，都不可信。只有灵魂才明显不具有交换价值。灵魂的价值并不是以凝结为一个对象并进而变成一件商品的方式进入肉体的。在丑陋的肉体中有可能存在着美丽的灵魂，在病弱的肉体中有可能存在着健康的灵魂，在平凡的肉体中也有可能存在着高贵的灵魂，反之亦然。"发生在肉体上的事情不会影响灵魂"这个命题包含着一定的真理， [97]
但是，在既定的秩序中，这个真理却呈现出了可怕的形式。灵魂的自由被用在了替贫困、殉难以及对肉体的束缚开脱上。它有助于在意识形态上屈服于资本主义经济。不过，若加以正确的理解，灵魂的自由并不意味着让

---

① Spengler, *op. cit*, p. 407.

人进入到一个一切都得到了纠正但个体却再也无法从中获益的永恒的超越之境。毋宁说，它预示着一个更高的真理：这样一种社会存在形式在这个世界上是可能的，在这种形式下，经济不会占据个人的全部生活。人并非仅仅为面包而活。然而，这个真理却被这样一种解释弄得面目全非：灵魂食粮足以替代匮乏的面包。

灵魂似乎逃避物化，就像它逃避价值规律一样。事实上，它完全可以由这样的断言来定义：通过它自身的方法，所有物化的关系都被分解为人与人之间的关系并被否定。灵魂构制了一个无所不包、经世不衰的人类内在共同体。"第一个人类灵魂中的第一个思想与最后一个人类灵魂中的最后一个思想相联系。"[1] 在文化王国，灵魂的教育和灵魂的伟大克服了日常竞争中的不平等和不自由，因为人是作为自由和平等的存在者参与到文化中去的。照料灵魂的人能看透人本身的经济关系。哪里有灵魂的呼声，哪里就超越了人在社会过程中偶然的地位和功绩。爱情能打破富裕与贫困、高贵与低下之间的藩篱；友谊即使是对被放逐者和被鄙视者也保持其忠诚，真理即使是在暴君的宝座面前也大声疾呼。尽管存在着各种各样的社会障碍和侵犯，灵魂还是会在个体的内在领域发展。对灵魂来说，最狭小的环境，也足以拓展成一个无限广阔的空间。肯定性文化在其古典时期就是以这种方式不断地赋予灵魂以诗意的。

个体的灵魂首先与他的肉体相分离，并与之相对立。它作为生活的决定性领域而广为接受有两层含义：释放感官性（将其当成生活中无关紧要的领域），或者，恰恰相反，使感官性屈从于灵魂的支配。肯定性文化毫不含糊地采取了第二种方式。因为，感官性的释放会变成以没有内疚和

---

[1] Herder, *Abhandlung über den Ursprung der Sprache*, *op. cit.*, V, p. 135.

真正有可能得到满足为前提的享乐的释放。而在资产阶级社会，这种趋势逐渐与规训不满群众的必要性形成了对立。因而，通过精神化使享乐内在化，便成了文化教育的决定性的任务之一。感官性一经被纳入灵魂生活，就会受到束缚并发生变形。资产阶级的爱情观就产生于感官性和灵魂的联姻。

感官性的精神化使物质与天堂、死亡与永恒融为了一体。越不相信天堂的超越之境，就越崇拜灵魂的超越之境。这种爱情观吸收了对持久的尘世幸福的渴望，对无条件者的祝福的渴望，对征服终结的渴望。在资产阶级的诗歌里，情人的爱，与日常生活的反复无常、与现实的需求、与个体的屈服、与死亡，都格格不入。死亡并非来自外部，而是来自爱情本身；个体的解放并不是在一个以团结为基础的社会中，而是在一个以个体之间的利益冲突为基础的社会中实现的。个体具有独立自足的单子特征。他与（人和非人的）世界的关系要么就是抽象的直接的（在远古时代，个体在其自身中把世界建构成了知、情、意之自我），要么就是抽象的间接的（即由商品生产和市场的盲目规律所决定的）。在这两种情形下，个体单子式的孤立状态都没有得到克服。要想克服这种状态就要建立真正的团结，而这要以更高级的社会存在形式来取代个体主义的社会为先决条件。 [98]

然而，这种爱情观却要求个体克服单子式的孤立状态，并通过让个性屈从于两个人无条件的团结来达到自身的完满。在一个以利益冲突为个体化原则的社会中，这种彻底的屈从只有在死亡中以纯粹的形式出现。因为只有死亡才能消除所有破坏持久团结的外部条件，也正是在与这种外部条件的斗争中，个体耗尽了自己的一生。所以，死亡看上去并不是存在终止于虚无，而是爱情唯一可能达到的完满状态，因而对爱情具有最深切的意味。

当爱情在艺术中被提升到悲剧的高度时，它却在资产阶级的日常生活中完全沦为了责任和习惯。爱情包含着新社会的个人主义原则：它要求排他性。排他性要求无条件的忠贞。这种源于灵魂的要求对感官性也应当有强制性。但是，感官性的精神化又给这种排他性提出了它达不到的要求：从变化和动摇中抽身出来，进入到人格的统一性和不可分割性之中。正是在这一点上，内在性和外在性、潜能和现实，可以说是达到了一种前定的和谐，但是，社会的无政府主义原则无时无刻不在破坏这种和谐。这一矛盾使排他的忠贞成了不真实的和损害感官性的东西，感官性在小资产阶级偷偷摸摸的不检点行为中找到了一个宣泄的途径。

诸如爱情、友谊这些纯属私人的关系是唯一的于此灵魂的主导可以在现实中得到确认的领域。而在其他领域，灵魂主要的功用就是把人提升到理想的高度，但却并不去促成理想的现实化。灵魂有镇静安神的效用。由于物化过程豁免了灵魂，所以灵魂受物化之苦最小，因此也就同它无甚抵触。既然灵魂的意义和价值不属于历史现实，那么它就可以在恶劣的现实中确保自身无羔。灵魂上的快慰比肉体上的快慰廉价，它们较少危险并且可随意获得。灵魂与精神之间的一个本质差别在于前者并不关注对真理的批判认识，灵魂可以理解那些为精神所诅咒的东西。概念知识企图在一个东西和另一个东西之间做出区分，并且完全"在不带任何感情色彩地展示出来的对象之必然性中"解决矛盾；而灵魂很快就会使所有"外在的"对立在某种"内在的"统一中达成妥协。假如说存在着西方的、日耳曼的、浮士德的灵魂，那么，封建的、资本主义的和社会主义的社会，就不过是这些灵魂的外在表现。它们的僵持对立，遂消融在文化美妙和深沉的统一中。灵魂的调和性在心理学成了社会科学和文化科学有机组成部分但在那种深入到文化背后的社会理论中却毫无根据的地方清楚地表现了出来。灵

[99]

魂与历史决定论有很强的亲和力。早在赫尔德那里，我们就发现了这样一个观点：灵魂，从理性主义中解放出来之后，应该能够产生普遍的移情作用（einfühlen）。赫尔德祈求灵魂，

> ［祈求］统摄万物，按自己的方式筑造其他的性情和心理力量，甚至使那种最冷漠的行为变得丰富多彩的灵魂的整个本质——为了感受这一切，不要用语词来回答，而是要深入到时代中，深入到天界中，深入到所有历史中，感受一切……①

灵魂借助这种普遍的移情作用，使通过从物质存在的组织可实现的潜能这方面分析社会现实所得出的真与假、善与恶、理性与非理性的区分失去了价值。因而，如同兰克②所说，每一历史时期展示出的不过是同一人类灵魂的不同侧面。每一时代都具有其自身的意义，"它的价值并不依赖于它所产生的结局，而是依赖于它的存在本身，依赖于它内在的自我"②。灵魂与它所表达的东西的正确性无关，它可以为一件坏事增光添彩（正如我们在陀思妥耶夫斯基那里所看到的）。③ 在争取更美好的人类未来的斗争中，深沉而精致的灵魂，有可能袖手旁观，也有可能站在错误的一边。灵魂在严酷的理论真理面前会感到恐惧，因为这种理论指出了改变贫乏的存在形式的必要性。外在的转变何以能决定人真正的、内在的本质呢？灵魂使人变得软弱和顺从，屈从于事实；毕竟，他们真的不重要。

---

① Herder, *Auch eine Philosophie der Geschichte zur Bildung der Menschheit*, ibid., p. 503.

② Ranke, *Über die Epochen der neueren Geschichte*, in *Das politische Gespräch und andere Schriften zur Wissenschaftslehre*, Erich Rothacker (ed.), Halle, 1925, pp. 61–62.

③ 关于陀思妥耶夫斯基灵魂上的需求中的寂静主义特征，参见 L. Löwenthal, "Die Auffassung Dostojewskis im Vorkriegsdeutschland", *Zeitschrift für Sozialforschung*, III, 1934, p. 363。

[100]　在此意义上，当处在极权国家时代，一切可能的力量都必须被动员起来，反对社会存在的真正变革时，灵魂可能会成为控制大众的技艺中的一个得力因素。在这种灵魂的帮助下，发达资本主义国家的资产阶级埋葬了早期的理想。当权力才是最重要的时候，灵魂是最重要的，这只能是一句美妙的口号。

　　但是，灵魂确实必不可少，它就像是个体未表达、未实现的生命。灵魂文化以虚假的形式吸收了那些在日常生活中无处安身的力量和需求。文化的理想同化了人对幸福生活、人性、美德、快乐、真理，以及团结的渴望。只有在这个理想中，这些美好的东西才都带有一种属于更高尚、更纯粹、不平庸的世界的肯定的特征。它们要么是内化为个体灵魂的义务（去实现那些在整体的外在存在中不断被背叛的东西），要么是表现为艺术的对象（它们的现实借此被贬入了一个根本不同于日常生活的王国）。艺术是文化理想的典范，这种说法有其充分的理由，因为只有在艺术中，资产阶级社会才会容忍它自己的理想，并把这些理想当作普遍的要求来认真对待。所谓的乌托邦、幻想以及在现实世界中的反抗，在艺术中是被允许的。在艺术中，肯定性文化展示了这些在日常生活中被"现实主义"所战胜因而被忘却的真理。美的媒介净化了真理，使之脱离了现实。发生在艺术中的一切无需对任何事情负责。当这个美丽的世界并没有完全表现为久远过去的东西时（歌德的《伊菲格尼亚》是一部反映胜利的人性的经典艺术作品，是一部"历史"剧），它便被美的魔力剥夺了具体的相关性。

　　以美为媒介，人们被允许分享幸福。但即使是美，也只有在艺术的理想中才为良知所肯定。因为美包含着威胁既定存在形式的充满危险的破坏力。直接的美感直接暗含着感官上的幸福。在休谟看来，激发快乐的力量属于美的本质特征。快乐不仅是美的副产品，还构成了美的本质。① 而在尼采看来，美重新唤醒了"激发性欲的极乐"。他反对康德把美定义为完全无利害的快乐的对象的做法，并用司汤达的美是"对幸福的承诺"这个说法反驳了康德。② 因为在康德的说法中，隐含着一种危险：即在一个社会中，必须使幸福理性化和规范化。美在根本上是无羞怯感的。③ 它展示了那种不可能公开许诺的东西和那种被大众否弃的东西。在与理想完全分离的纯粹感官性的领域里，美成了这个领域普遍贬值的牺牲品。由于脱离了所有灵魂上的和精神上的要求，人们只可能在非常狭窄的领域中享受美，因为人们意识到，这只是一种瞬息即逝的解闷和放纵。

[101]

　　资产阶级社会使个体得到了解放，但作为活生生的人，他们不得不让自己留待枷锁之中。从一开始，对快乐的限制就是自由的先决条件。一个分裂成不同阶级的社会，只有以束缚和压榨的形式，才能把人弄成追求享乐的手段。由于在新的社会秩序中受管制的阶级并非直接服务于他人，而是间接地通过为市场创造剩余价值服务于他人，所以利用下属的身体来取乐，即直接把人当作手段（康德语），就被看作是非人道的。另一方面，利用他们的身体和智力来谋取利润却被认为是对自由的出乎本性的激活。因此，对穷苦人来说，在工厂里为工作出卖自己便成了一种道德义务，而出卖自己的肉体作为快乐的手段却是堕落和"卖淫"。此外，在这个社会，贫困还是利润和权力的前提条件，而依赖正是以抽象自由为媒介才发生的。由于穷人自己的决定，出卖劳动力才理所当然地发生了。他为他的雇

---

① David Hume, *A Treatise of Human Nature*, L. A. Selby-Bigge (ed.), Oxford, 1928, p. 301.

② Nietzsche, *Werke* (large 8vo ed., 1917), XVI, p. 233, and VII, p. 408.

③ 在《浮士德》中，福耳库阿斯说："这句话虽然很古老，但意思却依然真实而高尚：羞耻与美貌从来不会一起手挽手，走在人间苍翠小径上。"参见 Goethe, *Faust II, Werke* (Cotta Jubiläum-sausgabe), XIII, p. 159。

主劳动，在这个过程中，他可能为自己保留和培养这种作为神圣的保留地的抽象，即与社会价值功能相分离的"自在的人"。他将保持这种抽象的纯洁性。禁止把肉体不只是作为劳动工具还作为享乐工具来出卖，是资产阶级父权意识形态主要的社会和心理根源之一。在这里，物化有着严格的范围，这对该制度来说非常重要。而如果肉体变成了作为性功能的表现者和承担者的商品，它就会遭到普遍的蔑视。禁忌就被打破了。这种情况不仅适用于卖淫，也适用所有服务于再生产而不是出于"社会卫生"的原因而产生的欢愉。

不过，那些多少还带有中世纪形式而被推到社会最边缘地带、并且道德完全败坏的社会阶层，即使在这样的情况下，依然给人们提供了一种可以预期的回忆。当肉体完全成了一个对象，成了一个美的东西时，它有可能预示着一种新的幸福。人正是在最极端的物化的熬煎卜战胜了物化。美妙身体的艺术展示，即我们只能从马戏、杂耍、滑稽剧的演出中看到的肉体所表现的轻松自如和灵巧舒展，预示着一种人类从理想中被释放出来而达到的快乐：一旦人成为真正的主体，便能成功地征服物质。当与肯定性的理想的所有联系都被解除了，当在一个以知识为标志的生存环境中拥有真正的快乐而不带有任何理性化和任何清教的原罪感成为可能，换言之，当灵魂完全把感官性释放了出来，新文化的第一缕曙光也就出现了。

[102]

然而，在肯定性文化看来，"无灵魂"的领域并不属于文化。它们就像文明领域的其他任何一个商品一样，赤裸裸地被抛给了经济价值规律。只有灵魂上的美和愉悦才留在了文化中。在沙夫茨伯里看来，这是因为动物没有能力认知和享受美。

"人无论是用感官还是用其他粗野的部分，都不能知觉和享受美；他所欣赏的一切美和善，都要以一种更高贵的方式呈现，而且都是借助于最高贵的东西——他的精神和理性，才能享受到。"……当你把快乐置于精神之外的任何地方时，享受本身将不再是美的主体，也不会再有任何可敬、可爱的表现。[①]

只有以理想的美为媒介，即只有在艺术中，幸福才有可能作为一种文化价值在社会生活的总体中被再生产出来。哲学与宗教，这两个在其他方面与艺术一样表现着理想的真理的文化领域，都不能再生产作为一种文化的幸福。哲学，在其唯心主义的趋势中，变得越来越不相信幸福了；而宗教，只在来世给幸福安置了一个位置。理想的美是一种渴望可以在其中得到表达、幸福可以在其中得到满足的形式。因此，艺术便成了可能之真理的预兆。德国古典美学在人类审美教育的观念中领悟到了美和真的关系。席勒认为，一个更美好的社会组织的"政治问题"，"必须通过审美王国来解决；因为人正是通过美而达到自由的"[②]。他在《艺术家》一诗中表述了既定文化和行将到来的文化之间的关系："今日作为美者／来日却是真。"就社会所允许的真理的范围和所获得的幸福的形式而言，艺术在肯定性文化中是最高级的、最有代表性的领域。"文化，即艺术对生活的统摄。"——这就是尼采的定义。[③] 那么，又是什么东西赋予艺术这一独特的角色的呢？

与真的理论不同，美的艺术可以同恶劣的现实状况和平共处，即使

---

① Shaftesbury "The Moralists, a Philosophical Rhapsody", in *Characteristics of Men, Manners, Opinions, Times, etc.*, John M. Robertson (ed.), in two volumes; New York: E. P. Dutton & Co., 1900, II, p. 143.

② Schiller, *Über die ästhetische Erziehung des Menschen*, end of the second letter.

③ Nietzsche, *op. cit.*, X, p. 245.

[103]　有这种现实和在这种现实中，美的艺术也可以提供幸福。真的理论认出了既定秩序中比比皆是的苦难和不幸福状态。即使在它展示变革的方式时，它也绝不会向人们提供与现存东西和解的慰藉。而在一个没有幸福的世界里，幸福实质上只能是一种慰藉：即在无尽的不幸中出现的那美妙的瞬间的慰藉。幸福的享受被压缩进了一个瞬息即逝的时间片刻。而这一瞬间包含着幸福的消失所带来的痛苦。就孤独的个体实际所处的孤立状态看，没有一个人能够在这一瞬间消逝后保住他的幸福，没有一个人不屈从于这种孤立的状态。那种并不带来幸存者之间团结的短暂性必须被永恒化，才能使人完全可以忍受。因为每一瞬间都包含着死亡，所以美妙的瞬间必须被永恒化，这样才能让幸福成为可能。肯定性文化在它所提供的幸福中，使美妙的瞬间永恒化了，使短促的人生变得不朽了。

　　肯定性文化的一个决定性的社会任务就建立在这样一个矛盾之上，而这个矛盾就是糟糕的存在所具有的难以忍耐的可变性和为了使这种存在可以忍耐而需要幸福之间的矛盾。在这种存在状态下，矛盾的解决只能是虚幻的。解决的可能性恰恰在于艺术美的虚幻性。一方面，只有以精神化、理想化的形式享受幸福才是被允许的；另一方面，理想化又废止了幸福的意义。因为理想是不能被享受的，也就是说，一切欢愉都与理想格格不入，如果理想想要执行它内化、规训的功能，就会破坏它在非理想的现实中必须坚持的严肃性和纯粹性。那些放弃自己的本能、让自己置于义务的绝对律令（这种康德式的理想不过是文化的所有肯定倾向的缩影）之下的人所效仿的理想对幸福无动于衷。它既不能提供幸福，也不能提供慰藉，因为它从不提供当下的满足。假如个体曾经受理想的力量的驱使，以致相信他具体的渴望和需求存在于理想之中，甚至以完满和满足状态存在于理想之中，那么，理想所给出的东西，必定是准予当下满足的幻象。哲学和宗教都不能得到这种虚幻的现实。只有艺术以美为媒介可以做到。歌德揭示了美的欺骗和慰藉作用，他写道：

> 人类的心灵在它欣赏、崇拜以及提升一对象和为一对象所提升时，都会发现自己处于一种极好的状态。只是它不能长久地保持这种状态。普遍的东西会使它无趣，理想的东西会使其升华。不过，它总是想回归它自身。它想重新享有早先为个体所珍惜的情致，而不是回到被束缚的状态，它不愿让那个有意义的东西，即那个提升心灵的东西离开。在这种情形下，如果不是美的介入并幸福地将疑窦解开，心灵将多么不幸啊！唯有美能赋予科学以活力和温暖；美通过使崇高和重要的东西变得温和，并普施天界的魔力于它之上，拉近了我们与它的距离。美丽的艺术作品兜了一圈，又回到了原地；它现在成了一种我们可以充满感情地去拥抱和占有的独特的东西。① [104]

在这一点上，最重要的并不在于艺术表现理想的现实，而在于艺术把理想的现实表现为美的现实。美赋予了理想以幸福所具有的充满魅力、令人开怀、使人惬意的特性。只有美能使艺术的幻象变得完美。因为只有借助美，幻象的世界才能唤起熟悉的、当下的显象，质言之，现实的显象。幻象的确能使某些东西显现出来：在艺术作品的美中，渴望暂时被满足了。感知者体验到了幸福。而一旦幻象在艺术作品中形成，美妙的瞬间就可以不断地重复。它在艺术作品中被永恒化了。感受者在艺术享受中总能再现这种幸福。

---

① Goethe, *Der Sammler und die Seinigen*, toward the end of the sixth letter.

　　肯定性文化是一种历史形态，那些超越了存在的物质再生产的人类欲求就保留在了这种历史形态之中。在这个意义上，它所归属的社会现实的形式的真理，也适用于它本身：真理站在它这一边。无疑，它赦免了"外部条件"对"人的天职"所应担负的责任，因而使外部条件的不公正稳固了下来。不过，它也给了外部条件一个任务，一个更美好的社会秩序的图景。这幅图景已被歪曲，而这种歪曲使资产阶级的所有文化价值都变成了虚伪的东西。不过，这幅图景本身仍然是一幅幸福的图景。在出色的资产阶级艺术作品中，即使当它们在描绘天堂时，也总有一些尘世快乐的元素夹杂其中。个体从美、善、辉煌、安宁以及胜利的喜悦中得到了享受，甚至从痛苦与受难、残酷与罪恶中也得到了享受。他体验到了解放。他也理解了他的本能和要求，并在对他的本能和要求做出反应的过程中遭遇到了他对自身本能和要求的理解。物化在私人领域被戳穿了。在艺术中，人们没有必要"现实一点"，因为在艺术中最要紧的不是个人的职业和地位，而是人本身。痛苦就是痛苦，快乐就是快乐。世界就是商品形式背后的那个东西：风景就是风景，人就是人，物就是物。

　　就肯定性文化所归属的那种存在形式来看，"现有的幸福……只有作为在幻象中的幸福才是可能的"[1]。但是，这种幻象产生了真实的效果，带来了满足。尽管满足的意义明显发生了改变；它服务于现状。反叛的理念成了替现实辩护的帮凶。比物质存在更高级的世界和更高级的善的真理掩盖了这样的真理，即人们可能创造一种更美的物质存在，从而可以实现这种幸福。在肯定性文化中，即使不幸也会成为使人们屈从和默从的手段。艺术通过把美作为当下的东西展示出来，宁息了反抗的欲望。艺术与其他

---

① Nietzsche, *op. cit.*, XIV, p. 366.

文化领域一道，促成了这一把解放了的个体弄得如此服贴的伟大教育成
就：对个体来说，新的自由带来了新的束缚形式，他忍受着社会存在的不 [105]
自由。一种更丰富的生活的可能性，即那种借助现代思想而显示出来的可
能性，已与贫乏的现实生活形式公开对立了起来。贫乏的现实生活形式，
不断逼迫这种思想内化为思想本身的要求，进而偏离它本身所得出的结
论。长达几个世纪的教育，都在帮助人去忍受日常不断发生着的冲击，这
种冲击是由以下两个方面的矛盾引起的：一方面，是个人的不可剥夺的自
由、崇高、尊严，理性的自律和荣耀，人性以及公正的仁慈与正义所表现
出来的善这些永恒不变的信条；另一方面，则是大多数人的普遍堕落，社
会生活过程的不合理，劳动市场战胜了人性，以及利润战胜了慈善。"整
个超越和来世的假象都是在贫困生活的基础上成长起来的……"① 但是，
把文化上的幸福注入不幸之中，进而让感官性精神化，能够减轻那种生活
中的痛苦和厌倦，使人们拥有一种"健康的"工作能力。这确实是肯定性
文化的奇迹。人可以在根本就没有幸福可言的时候感到自己是幸福的。即
使某人断言自己是幸福的，幻象的效果也可以使他的这个断言不正确。这
个四处碰壁的个体学会了忍耐，在某种意义上，学会了爱他的这种孤立状
态。事实的孤独被升华为了形而上的孤独，并进而使内在丰富所带来的全
部光彩和喜悦与外在贫乏达成了一致。肯定性文化在其人格概念中再生产
并美化了个人的社会孤立与贫乏状态。

　　人格是文化理想的载体。它应当以这种文化所宣称的它乃最高的善
的形式来表现幸福：在普遍无政府状态下的私人的和谐，在痛苦的劳动中
快乐的活动。人格吸收了一切善的东西，抛弃或提炼了一切恶的东西。人

---

① Nietzsche, *op. cit.*, VIII, p. 41.

活着并不重要。重要的是他活得越来越好。这是肯定性文化的戒律之一。这里的"好"本质上指的是文化：参与到灵魂上和精神上的价值之中，仿照充满人性的灵魂和宽宏大量的心灵来塑造个体的存在。非理性的享受带来的幸福被幸福的理想忽略了。幸福的理想不会违反现存秩序的法则，实际上也不需违反它们，因为这些理想可以内在地实现。在发达的肯定性文化中，人格被认为是人类"最高的幸福"，但它必须尊重现状的基础：顺从既定的支配关系是它的美德。只有当它意识到自己在做什么，并且随后为自己的所作所为道歉，它才能脱离羁绊。

[106]　　过去却不是这样的。以前，在新时代开始的时候，人格展示的是另一幅面容。像追求着其完美人性内涵的灵魂一样，人格最初是资产阶级个体解放的意识形态。人格是所有力量和属性的源泉，它使得个体能够按他的需要掌握自己的命运，改变自己的环境。雅各布·布克哈特在他对文艺复兴时期"全面发展的人"的描绘中① 勾勒了这一人格概念。如果个体被冠以某种人格，这就是强调他所创造的一切都属于他自己，而不属于他的祖先、他的社会地位或神祇。人格的判别标志不是灵魂（从"美丽灵魂"的意义上讲），而是力量、影响、名誉：一种行动尽可能广泛、丰富的生活。

　　从康德以降作为肯定性文化代表的"人格"概念来看，这种扩张性的行动主义已荡然无存。人格只有作为灵魂和伦理的主体才是其存在的主人。"从整个自然机制(现如今是自然的标志)中获得的自由和独立"②，也仅仅是一种"理智上"的自由，它把接受既定的生活环境当成了义务的内

---

① 尤其参见 *Die Kultur der Renaissance in Italien*, 11th ed., L. Geiger (ed.), Leipzig, 1913, I, pp. 150ff.。

② Kant, *Kritik der praktischen Vernunft*, *op. cit.*,V, p. 95.

容。外在满足的空间缩小了，而内在满足的空间却扩张得相当厉害。个体已学会把所有要求首先放置在自己身上。灵魂的法则已变得内紧外松。人格再也不是向世界发起攻击的跳板，而是成了向后方撤退的一道防线。人格，就其内在性来看，即作为伦理的人格来看，是个体唯一可靠的财产，是他绝对不会失去的唯一的财产。[①] 它已不再是征服的源泉，而是成了自弃的源泉。人格首先突出表现在那些在既定条件（无论多么贫困）下放弃或竭力维持满足的人身上，这种人在现存秩序中寻求幸福。然而，即使以这种贫乏的形式，人格概念也包含着进步的一面；对个体的关注仍然是压倒一切的。诚然，文化将人类个体化了，使其成了其实现就在自身之内的孤独的自足的人格。而这对应于一种本质上仍然自由的规训方法，因为它使具体的私人生活领域摆脱了支配。只要个体不干扰劳动过程，它便允许个体作为一个人存活下来，并且它还允许这个劳动过程的内在规律，即经济力量，来照料人的社会整合。

———————

一旦劳动过程的既定形式的保存不再能够借助局部动员（即让个体保留其私生活的权利）达到它的目的，而必须要求"总动员"，即让个体在他生存的所有领域都服从专制国家的纪律时，变化就出现了。现如今，资产阶级与它自身的文化产生了冲突。垄断资本主义时代的总动员与以人格概念为核心的文化的进步方面格格不入。肯定性文化的自我消亡开始了。 [107]

———————

[①] 歌德曾这样来表述当今存在于人格观念中"仅有"的品质："人总是合理地、肆无忌惮地挑剔人格。但是，除了你喜欢的人格之外，还有哪种人格能让你感到高兴呢？""Zahme Xenien", *Werke*, IV, p. 54。

　　威权国家在反对人性、个体性和理性的"解放理想"以及反对唯心主义艺术和哲学时表现出的嚣张的好斗性无法掩盖正在发生的是一个自我消亡的过程。正如从议会民主制过渡到威权领袖国家所涉及的社会重组不过是既定社会秩序内的重组一样，自由主义的理想主义赖以变成"英雄主义的现实主义"的文化重组也发生于肯定性文化之内。它的本质就是为旧有的存在形式提供一种新的辩护。文化的基本功能依然如故，只是它运用这种功能的方式发生了改变。

　　保留在完全发生改变的形式中的内容的同一性在内在化的思想中尤其明显。由于内在化把爆炸性的本能和力量转移到了灵魂层面，因此它已成为规训过程中最有力的手段之一。[①] 肯定性文化在一种抽象的内在共同体中取消了各种社会对立，作为人，从他们灵魂的自由和尊严而言，他们都被认为具有同等的价值。文化上团结一致的王国高于事实上对立的王国。在肯定性文化发展的最近这段时期，这种抽象的内在共同体（所谓抽象是指它没有触及现实的对立）已经变成了同样抽象的外在共同体。个体被塞进了虚假的集体（种族、民族、血缘和国土）之中。而这种外在化与内在化又具有同样的功能：放弃自身并屈从于现状，由于表面上的满足而变得可以容忍。那些已获得 400 多年自由的个体之所以能够毫不费劲地加入威权国家的纵队，在很大程度上要归咎于肯定性文化。

　　如果不背弃包含在文化早期阶段的进步因素，新的规训方式是不可能成功的。从最近的发展来看，文化的那些早期阶段似乎是一个幸福的过去，但是，无论这种对存在的威权主义重组在多大程度上实际只服务于一小撮社会群体的利益，它都像自己的前身一样，表现为社会总体在变化的

---

① 参见 *Zeitschrift für Sozialforschung*, V, 1936, pp. 219ff.。

形势下保持自身的方式。从这个意义上说，它代表着——以一种丑恶的并
且使大多数人越来越不幸福的形式——所有那些其存在与这一秩序的持存
息息相关的个体的利益。理想主义的文化就是在这种秩序中产生的。这
种双重矛盾在某种程度上就是文化现如今在抵制其新形式上软弱无力的
根源。

理想主义的内在性与英雄主义的外在性在多大程度上相互关联，这
可以通过它们的反精神的统一战线得到揭示。高度尊重精神是肯定性文
化若干领域和载体特有的方面，但与此同时，资产阶级实践中却表现出
对精神的发自内心的蔑视。这一点可以在哲学缺乏对人的真实问题的关
心中找到根据。不过，肯定性文化为什么在根本上是一种灵魂的文化而
非精神的文化，还有另外一些理由。精神即使在它衰落之前，也总是被
看作某种不可信的东西。与灵魂相比，它更为具体，更苛刻，更接近现
实。精神的批判的清晰性与合理性以及它与非理性的现实状况的矛盾很
难隐藏并保持沉默。黑格尔在威权国家名声不佳，是因为他执着于精神，
而现代人却执著于灵魂和情感。不否弃自身，精神就不可能逃避现实；
灵魂却可以这样而且就是这样做的。正是因为灵魂栖居于经济之外，所
以经济可以轻易管住它。灵魂的价值源于它不受价值规律支配这一性质。
充满灵魂的个体会更加顺从，更加卑微地服从命运，而且能更好地服从
权威。因为他可以为自己保住他的灵魂的全部财富，并且能悲壮地、英
勇地提升自己。自路德以来大踏前进的为内在自由所进行的强化教育现
如今——即当内在自由通过转化成外在的不自由而取消自身时——已结
出它最宝贵的果实。当精神成为仇恨和轻蔑的牺牲品时，灵魂却仍会得到
滋补。自由主义甚至遭到了指责，因为它已不再关心"灵魂和伦理的内
容"。"伟大的灵魂和坚强的人格""灵魂的无限扩张"，被誉为"古典艺术

最深层次的灵魂特征"。① 威权国家的庆典和节日，它的游行，它的面貌，以及它的领袖的演讲，都是针对灵魂的。它们直达内心，即使它们真正的意图是权力。

英雄主义形式的肯定性文化的轮廓在为威权国家进行意识形态准备期间被最清楚地勾勒了出来。它最明显的特征是敌视"学术和艺术建制"，[109] 以及它所采取的"怪异的教化形式"②。这种文化建制从总动员的必要条件的角度受到了审判并遭到了拒绝。它"只不过是资产阶级最后一块安全的绿洲。很明显，它为摆脱政治决断提供了貌似最合理的借口"。

> ［文化宣传］是一种鸦片，它掩盖了危险，并激起了欺骗性的关于秩序的意识。但是，在日常需要不是谈论传统，而是创造传统的情境下，这是一种不可忍受的奢侈。我们生活在这样一个历史时期，此时，任何东西都仰仗于对有用力量的无限集中和动员。③

动员和集中起来干什么呢？恩斯特·云格尔可能仍然认为这是为了拯救"我们生活的总体"，或创造一个英雄主义的劳动世界，等等，但这种所谓的拯救或创造在行动中日益显示出它本身是为最强大的经济利益服务而重塑人类存在的各个方面。这些利益还决定了对新文化的要求。劳动纪律所必要的强化和扩展，使得花在"为自身而存在的客观科学和艺术的理想"上的功夫看上去有些白费。人们似乎应该抛弃这个领域的压舱石。"我们的整个文化，甚至连最小的邻国的边境挑衅都不能制止"，这才是最

---

① Walter Stang, *Grundlagen nationalsozialistischer Kulturpflege*, Berlin, 1935, pp. 13, 43.

② Ernst Jünger, *Der Arbeiter: Herrschaft und Gestalt*, 2d ed., Hamburg, 1932, p. 198.

③ *Ibid*., p. 199.

重要的。世人必定知道，政府会毫不犹豫地"在国防需要时拍卖博物馆中所有的艺术宝藏"①。这种态度决定了取代旧文化的新文化的构成，它必须由年轻、鲁莽的领袖们来代表。"这个阶层所受的普通教育越少越好。"②

　　云格尔提出的冷嘲式的看法并不明确，并且主要着眼于艺术。"正如胜利者撰写历史，即创造他自身的神话，他同样也决定着什么算作是艺术。"③ 艺术甚至必须为国防服务，为劳动和军事纪律服务。（云格尔提到了城市规划，即把大城市分成数块，以便在战争和革命时疏散群众；他还提到了乡村的军事组织；等等）。只要这种文化以威权国家的丰饶、美化和安定为旨归，它的社会功用就表现为它是为了少数经济实力强大的集团及其走卒的利益而组织整个社会的。因此，它一方面讲求谦恭、奉献、清贫、负责；另一方面却讲求极端的权力意志、扩张冲动，以及技术上和军事上追求完美。"总动员的任务，就是把生命转变为一种能量，即一种通过车轮的飞转表现在经济、技术和交通中，通过战火和出击表现在疆场上的能量。"④ 理想主义者对内在性的崇拜和英雄主义者对国家的崇拜都服务于一种从根本上讲相同的社会秩序，在这个秩序中，个体被完全牺牲掉了。以前的文化提升是为了满足个人对幸福的希冀，而现在个人的幸福却完全消失在了民族的伟大性之中；以前的文化在现实的幻象中满足了对幸福的要求，而今天的文化却教诲个人根本就不应有这样的非分之想："既定的标准就在工人的生活方式中。我们所需要的并非是改变这种生活方式，而是赋予这种方式以终极的、决定性的意义。"⑤ 在这里，"提升"再

[110]

①　Ernst Jünger, *Der Arbeiter: Herrschaft und Gestalt*, 2d ed., Hamburg, 1932, p. 200.

②　*Ibid.*, p. 203.

③　*Ibid.*, p. 204.

④　*Ibid.*, p. 210.

⑤　*Ibid.*, p. 201.

一次取代了改造。因此，以这种方式摧毁文化是肯定性文化基本倾向最强烈的表现。

在任何真正的意义上克服这些倾向，并不会摧毁文化本身，而是会废止其肯定的性质。肯定性文化是这样一种社会秩序的反映，在此秩序下，生命的物质再生产使得人们没有空间和时间去发展那些古人称为"美"的存在领域。人们已习惯于认为整个物质再生产领域本质上就带有贫困、苛刻和不公正等缺陷，并且习惯于放弃或压制任何对其提出抗议的要求。所有传统文化哲学的取向——即把文化与文明分开和让文化脱离物质生活过程——都基于承认这一点，即这种历史状况是永恒的。这种历史状况被这样一种文化理论——按照它的说法，生命必须"在一定程度上被抑制"，以"获得具有独立价值的商品"①——以形而上的方式免除了罪责。

将文化整合到物质生活过程中，这被认为是对精神和灵魂的犯罪。事实上，它的发生只会使那些盲目产生作用的东西明朗化，因为不仅是文化产品的生产，而且文化产品的接受，都受到价值规律的支配。这种指责还是有道理的，因为到目前为止，这种再吸收只是以功利主义的方式进行。功利主义只是肯定性文化的一面。它的功利概念只不过是商人的概念，他把幸福作为一种不可避免的花费（作为必要的养生之道和娱乐）写进了他的书里。幸福从一开始就根据它的功效进行了计算，正如获取利润的机会是根据风险和成本来衡量的一样。因此，这种幸福便被顺利地整合到了这个社会的经济原则中。在功利主义的理论中，个体的利益仍然与现存秩序的根本利益相联系。他的幸福是无害的，这种无害性即使在威权国家对休闲的组织中也得以保留。所允许的一切快乐都被组织了起来。田园

---

①　Heinrich Rickert,"Lebenswerte und Kulturwerte", *Logos*, II, 1911–1912, p. 154.

诗般的乡村，周日寻欢的场所，都被改建成了训练场；小资产阶级的野餐也被童子军的活动取代了。无害性带来了它自身的否定。

从现状的利益出发，肯定性文化的真正废除必须看上去是乌托邦式的，因为它超越了文化被樊围其中的社会总体。只要西方思想中的文化是指肯定性文化，那么废除其肯定的性质就会表现为废除文化本身。只要文化改变了有满足的可能、但实际上未满足的渴望和本能，它就会失去它的目标。那种认为文化在今天已不必要的断言包含着一种动态的、进步的因素。在威权国家，文化缺乏目标，这并不是因为满足，而是因为意识到了在目前的形势下即使是保持对满足的渴望也是危险的。当文化到了必须维持满足本身而不再仅仅是维持对满足的渴望的地步，它就不能再在具有肯定性质的内容上这样去做了。那时，"感恩"也许真会成为它的本质，就像尼采就所有美丽而伟大的艺术所说的那样。[1] 当美不再表现为现实的幻象，而是表达了现实以及现实中的快乐时，它将找到新的化身。这种潜能的先兆，在体验古希腊雕像毫无造作的展示和莫扎特或晚期贝多芬的音乐时，你可以预先体验到这种潜能。不过，美以及对它的享受甚至也有可能不会转移到艺术上。这样的艺术也有可能没有目标。对普通人来说，它已被禁闭在博物馆中至少达一个世纪之久。博物馆是最适合再现个人撤离现实并且由于被提升到一个更具尊严的世界而带来慰藉——这种体验既受特定环境，又受倏忽逝去的时间的限制——的地方。这种"博物馆式"的性质还表现在以隆重的仪式对待经典上，在这里，仅凭庄严就足以平息一切爆炸性的元素。对经典作家或思想家所从事或所述说的东西，不必看得过于认真，因为它们属于另一世界，所以不会与这个世界发生冲突。威权国

---

[1]　Nietzsche, *op. cit.*, VIII, p. 50.

家对文化建制的抨击包含着一些正确的认识。但是，当它反对"古怪的教化形式"时，它不过是想用更现代的方法取代陈旧的肯定的方法。

任何试图勾勒肯定性文化的反象的尝试都会碰上关于愚人天堂的无法消除的陈词滥调。相比接受那种宣称把这个尘世改造成巨大的社区中心的陈词滥调（它似乎是某些文化理论的基础），接受这种陈词滥调可能会更好。如今大家谈论的是"文化价值的普遍传播"，谈论的是"全体国民享有文化福利的权利"，谈论的是"提高国家物质文化、精神文化和道德文化水平"①。然而，所有这些都仅仅是将一个充满冲突的社会的意识形态提升为另一种有意识的生活方式，使一种新的美德因其必要性而产生。当考茨基谈到"行将到来的幸福"时，他主要指的是"科学工作带来的令人愉悦的效果"，以及"科学、艺术、自然、体育和游戏等领域中令人称意的享受"②。"迄今为止以文化的方式创造出的任何东西都应……由大众来支配"，而大众的任务便是"为了他们自己而征服整个文化"③。这不过是意味着要说服大众服从由"整个文化"所肯定的社会秩序。该观点没有抓住这一要点，即废除这种文化。愚人天堂的观念的错误并不在于它原始的、唯物主义的因素，而在于它的不朽。只要世界是变幻无常的，就会有足够的冲突、忧伤和苦难去破坏这幅田园诗般的图景。只要存在着必然王国，就会有足够的需求。即使是非肯定性文化，也将承载变幻无常和必然性的重担：在火山口跳舞、在悲伤中欢笑、与死神调情。如果确实如此，生命的再生产就仍包括文化的再生产：对尚未满足的渴望进行塑造和对尚未满足的本能进行纯化。在肯定性文化中，弃权与外部对个人的损害密切

---

① 　1921 年的德国社会民主党纲领和 1866 年的撒克逊人民党纲领。

② 　Karl Kautsky, *Die materialistische Geschichtsauffassung*, II, Berlin, 1927, pp. 819, 837.

③ 　*Ibid*., p.824.

相关，与他遵守丑恶的秩序密切相关。与短暂性的斗争并未解放感性，反而贬低了它，而这场斗争实际上只有在这种贬低的基础上才有可能。这种不幸不是形而上的，而是一个不合理的社会组织的产物。通过消灭肯定性文化，废止这种社会组织不会消灭个性而是实现个性；"如果我们要永远幸福，那么，除了促进文化，我们什么也做不了"①。

① Nietzsche, *op. cit.*, XI, p. 241.

三
单向度社会中的艺术①

---

① 《单向度社会中的艺术》最初是马尔库塞于 1967 年 3 月 8 日在纽约视觉艺术学院所作演讲的讲稿。我们在马尔库塞的档案中找到了一份讲稿，还有一份以论文形式打印出来的手稿；马尔库塞对手稿做了一些更正，其中的大部分但并非全部被纳入了所出版的各个版本当中。这个文本首次于 1967 年 5 月发表，参见 *Arts Magazine*, Vol.41, No.7, pp. 26–31；后来在我们所借鉴的《艺术中的激进观点》中被再次发表，不过它在这里按照马尔库塞最初打印稿中提出的修改意见做了更正，参见 *Radical Perspectives in the Arts*, Lee Baxandall（ed.）, Harmondsworth, UK: Penguin, 1972, pp. 53–67。——编者注

[113]　　作为一种个人介绍，我想就我是如何开始觉得需要致力于研究艺术现象的说几句。我一直在一般的意义上使用"艺术"这个术语，它涵盖了文学、音乐及视觉艺术。类似地，艺术的"语言"——艺术语言——应当是指图画、雕塑、音调以及文字。

　　那是一种失望或绝望，一种认识到所有的语言，所有平凡的语言，特别是传统语言，不知怎么地似乎将要灭亡的绝望。传统语言似乎无法传达当今正在发生的事情，而且与艺术语言和诗意语言的成就和力量相比，特别是在我们这个时代抗议的、反叛的年轻人反抗这个社会的背景下，传统语言显得有些陈旧、有些过时。当我看到并参与那些年轻人反对越南战争的示威游行时，当我听到他们唱鲍勃·迪伦的歌时，不知何故，也说不清楚，我只是觉得，这才是当今仅存的革命语言。

　　现在，这听起来可能有些浪漫主义，而我也经常为自己或许过于浪 [114] 漫地评价艺术解放的和激进的力量而自责。我记得很久以前人们就艺术无用甚至有罪经常如是说：帕台农神庙不值得一个希腊奴隶流血流泪。同样人们就无用还有一个相反的说法，即只有帕台农神庙才证明了奴隶社会的正当性。现在，这两个说法哪一个对呢？如果审视现如今的西方文明和文化，以及它所从事的大规模屠杀与暴行，那么在我看来，第一个说法可能比第二个说法更准确，但艺术的存续可能是当今连接现在与未来希望的唯一薄弱环节。

　　在我的许多讨论中，我都提到过我们这个时代艺术存续的问题。艺术的可能性，艺术的真理性受到了质疑。它之所以受到质疑，是因为我们当前这个所谓的"富裕社会"的极权主义特征，即它很容易就吸收所有那些不顺从的活动，而恰恰是由于这一事实，艺术传达和再现的就不再是一个世界，而是现存秩序了。我想在此讨论一下这个说法是否真的正确，我们今天是否生活在这种封闭的社会，这种无所不在、压倒一切的社会，这是不是我们这个时代艺术苦恼的真正原因。讨论这个问题涉及更大的与所有艺术的历史要素相关的问题。如果我们审视一下艺术的这一历史要素，我们将不得不说，当今艺术的危机只是人们从政治和道德上反对我们社会所面临的普遍危机的一部分，表现在它无能于确定、命名和传达反抗这一毕竟履行诺言的社会的目标上。这个社会比以往任何时候都能够更好地履行诺言，但为了履行诺言，它却需要不断地牺牲人类的生命：死亡、残害、奴役。但这些事情发生的地方离我们很遥远，所以并未真正触及我们大多数人。

那些被用来指认一个更好的社会——即一个自由的社会（艺术与自由存在着某种关系）——的传统观念与话语在今天看来没有任何意义。它们不足以表达人或物是什么，也不足以表达它们能够或应该是什么。这些传统观念隶属于这样一种我们不再生活于其中的前技术的、前极权主义时代的语言。它们并没有包含 20 世纪 30 年代、40 年代和 60 年代的经验，它们的合理性本身似乎妨碍了这样一种或许可以传达现在的恐慌和未来的希望的新的语言。因此，自 30 年代以来，我们注意到了对一种新语言，对一种作为革命语言的诗意语言，对一种作为革命语言的艺术语言的愈演愈烈的、有条不紊的探索。这意味着，作为一种认知能力的"想象力"概念能够超越并打破现存秩序的魔咒。

从这个意义上讲，这一时期发展起来的超现实主义论题，将诗意语言提升到了不屈从于现存秩序所使用的那包罗一切的语言的地位，成了一种彻底否定的"元语言"——这种彻底否定甚至超越了革命行动本身。换言之，只有当艺术自身没有变成任何现存秩序、包括革命性的现存秩序 [115]

的一部分时，它才能够履行它内在的革命功能。我认为，这一点在本杰明·佩雷（Benjamin Péret）1943 年发表的一份声明中得到了最清楚的体现：

> 如果诗人不反对他所生活的这个完全不合常规的世界，那么他就不能再被认为是诗人。他反对这个世界的一切，包括那些只把自己放在政治舞台上的革命者，因为政治舞台也就因此被武断地从整个文化运动中孤立了出来，而这些革命者也就这样宣告了文化要屈从于社会革命的成就。

与此不同，超现实主义者宣称社会革命要屈从于诗意想象的真理。然而，这一超现实主义的论题却是非辩证的，因为它低估了诗意语言本身被普遍的虚假和欺骗所感染的程度；诗意语言本身并不纯洁。超现实主义早已成了畅销品。

然而，尽管有这样的感染和吸收，艺术却仍在继续。想象的语言仍然是一种抗争的语言，一种控诉的语言，一种抗议的语言。当我在《壁垒》（Rampart）上读到一篇关于"儿童十字军"和鲍勃·迪伦的文章时，我读到了阿瑟·奥肖内西（Arthur O'Saughnessy）的一首诗。我根本不知道阿瑟·奥肖内西是谁。我听说他事实上是一个很差劲的诗人，但令我震惊的是，我看到阿瑟·奥肖内西这首诗一字不差地出现在了约翰·伯奇协会（John Birch Society, JBS）的蓝皮书中。然而，我喜欢这些诗句，这或许向你们表明了这一点，即我对艺术所知甚少。我认为它们道出了某些东西，甚至是某些重要的东西，而我也不会以再次把它们拿给你们看而感到羞耻。

　　一个人只要有梦想，就可以随心所欲地

　　去征服一顶王冠；

　　而三个打着同一首新歌节拍的人

　　就可以践踏一个帝国。

　　除了有点诗意（至少它们押韵）之外，这些诗句纯粹就是胡扯，完全不正确。因为实际发生的是，自中世纪以来，"儿童十字军"，不管有没有吉他，向来都是被帝国所践踏，而不是相反，就像这些诗句想说的那样。

　　但尽管如此，诗歌和歌曲却保留了下来；艺术也保留了下来，它们看上去甚至呈现出了一种新的形式和功能，即它们想有意识地和有条不紊地变成具有破坏性的、无秩序的、消极的无意义的反传统艺术。今天，在一个"积极的"意义和秩序必须用一切可用的压抑手段来强制施行的世界上，这些艺术本身就具有一种政治立场，就具有一种抗议、抵制和拒绝的立场。

　　艺术的这种客观的政治内容可以自成一体，即使在古典的传统形式，[116] 而不是破坏的、否定的和无意义的形式复活的地方也是如此：例如，在法国抵抗运动的诗歌——本杰明·佩雷反对这种诗歌——中庆祝合法的爱和自由。现在看来，通常被认为与艺术无关的、与艺术不相容的元素进入了艺术领域（现在比以往任何时候都更多地进入了艺术）；而艺术本身从其创作的内在过程和程序来看有走向政治维度的趋势，但没有放弃艺术自身的形式。在这个不断变化的过程中，审美维度正在失去其独立的、中立的外表。或者说，艺术的历史状况以这样一种方式发生了变化，即艺术的纯洁性，甚至艺术作为艺术的可能性都受到了质疑。艺术家现如今被迫去阐明和传达一个似乎与艺术形式不相容的、艺术形式难以触及的真理。

我曾说过，当今的艺术是对我们社会危机的回应。不只是现存的生活体系特定的方面和形式受到了威胁，整个体系，以及有着质的不同的需要和满足的涌现，新目标的涌现，都受到了威胁。如果要想使发达国家野蛮和残暴的时代不再无限地继续下去，就有必要由一种本质上新型的人来建构一个有着质的不同的新的技术环境和自然环境。

这意味着艺术必须找到一种本身就能够传达这种必要性的语言和形象。因为，如果人们继续去看这些压抑的、剥削的和神秘的形象，继续去使用这些压抑的、剥削的和神秘的语言，那么我们怎么可能想象人和物之间会产生新的关系呢？新的需要和目标体系属于可能的经验王国：我们可以通过对现存体系、现存生活形式——即那些攻击的、压抑的和剥削的本能在其中屈从于愉悦感官的、有镇静作用的能量的生命本能的需要和满足体系——的否定来定义它。

那么，在这样一个世界理念的发展和现实化的过程中，艺术可能起到什么样的作用呢？对既定现实的有规定的否定将是一个"审美"世界，"审美"在这里（有两层意思，一方面与感性有关，一方面与艺术有关）即接受形式——作为人和物的存在的可能模式的美丽和愉悦的形式——的印象的能力。我认为这样一种世界形象和想象的现实化就是艺术的终结，同时我也认为艺术语言对着这样一个世界言说却永远无法触及它，艺术的权利与真理是由其目标的非现实性和非实存性来定义和验证的。换句话说，艺术只能靠保持幻象并创造幻象来实现自身。而我认为，这就是艺术现状的意义所在，当今的艺术，在历史上第一次面临着有可能是全新的现实化的模式。或者说，艺术在世界上的地位正在发生改变，当今的艺术正在成为建构一种新现实的一个潜在的因素，这一前景意味着艺术将在实现其自身目的的过程中被取消和超越。

为了更加清楚地阐明我想说什么，我想首先讨论艺术在何种意义上 [117] 是一种有其自身真理的认知能力，以及艺术语言在何种意义上发现了一个隐藏的、被压抑的真理。我想向你们表明的是，艺术从某种极端的意义上讲是发现的语言。

艺术（主要是视觉艺术，但并不排除其他艺术）发现存在着各种各样的事物；这些事物并不只是可以随意处理和使用的物质碎片和部分，而是"事物本身"，那些"想要"某种事物的东西，那些经历了苦难的东西，那些将自身放进了形式领域的东西，也就是，那些本身"有美感"的东西。因此，艺术发现并解放了与压抑感性的真理和力量的、压抑作为爱欲维度的审美性维度（the sensuous dimension）的感知中虚假的、无形的、丑陋的东西相对的审美性形式（sensuous Form）的领域，感性的快乐。

我在这里想引用一位伟大的俄国形式主义者的话，他在布尔什维克革命时期曾这样写道①：

> 艺术存在的意义，在于给人以生命的感觉，去感受对象，去体验石头就是石头。艺术的目的是把对象作为视觉的对象而不是熟悉的对象来感觉。艺术"把对象变成了奇形怪状的东西"；它模糊了原本熟悉的各种形式，增加了感知的难度，并使感知的时间变持久了。在艺术中，感知行为本身就是目的，而且必须被延长。艺术是一种

---

① 在本文的讲义版本中，马尔库塞指出这篇出自罗曼·雅各布森编纂的文集《文学理论》的、写于 1917 年的文章的作者是维克托·什克洛夫斯基。这位俄国形式主义作家的名字在不同语言中以不同的方式拼写，而标准的英文写法是 Viktor Shklovsky，他是"诗意语言研究会"（OPOJAZ）的创始者，该研究会帮助发展了俄国形式主义的语言技巧和风格。——编者注

体验对象生成的方式；那些现成的东西对艺术而言完全不重要。

因此，艺术创作就是"将对象从感知的自动性中解放出来"，这种自动性扭曲并限制了事物是什么和可能是什么。相应地，我们可以说，艺术发现并创造了一种新的直接性，这种直接性只有随着旧的直接性的毁灭才会出现。这种新的直接性是在回忆的过程中获得的：那些早已"为人熟知"的形象、概念、观念等在艺术作品中发现了它们的感性表征与确证。

作为认知和回忆，艺术似乎在很大程度上依赖于沉默的审美力量：绘画和雕塑的沉默，渗透到悲剧中的沉默，音乐响起时的沉默。作为沟通的媒介，沉默与熟悉的事物决裂了；沉默不只在某一地方或时间留给人们去沉思，它就是一个没有被使用的整体的维度。喧闹处处都伴随着有组织的攻击。那自恋的厄洛斯，一切爱欲和审美能量的初始阶段，首先寻求的是[118]　宁静，在这种宁静中，感官可以感知和倾听那些在日常事务和娱乐中被压制的事物，在这种宁静中，我们能真切地看到、听到并感受到我们的存在、事物的存在。

这些说法可能表明审美维度在何种程度上是现实本身的潜在维度，而不仅仅是与现实相对的艺术的潜在维度。或者我们可以说，艺术正在走向它自身的现实化。艺术忠于感性：在艺术形式中，被压抑的本能的和生理的需要找到了它们的表现形式——它们在对一个不同的现实的筹划中被"客观化"了。"审美"是一个生存论意义上的社会学范畴，因此，它并非"自外部"施加于艺术，它就属于艺术本身。

那么问题就来了：为什么"审美的"生物学意义上的和生存论意义上的内容在不真实的、虚幻的艺术王国中而不是在现实的改造中得到升华呢？艺术作为创造性活动的一个特殊分支，脱离了社会物质生产，属于马克思所谓的人类的"史前史",即人类在自由社会中获得解放之前的历史,这一庸俗的说法是不是也有一定的道理呢? 那么这就是为什么整个现实的维度仍然是"想象""幻象"的原因吗? 这里,我们禁不住要问这样一个相关的问题,即现在或许是时候该把艺术从纯粹的艺术和幻象的限制中解放出来了吧? 是时候该把审美维度和政治维度结合起来,在思想和行动上为把社会变成一件艺术品打下基础了吧? 从这个意义上说,"艺术的终结"的概念在历史上就是合理的吗? 难道技术文明的成就不是预示着艺术有可能转变为技术、技术有可能转变为艺术吗? 对自然和社会进行控制实验的全部意义不就是为了赋予自然与社会以审美形式,也就是说,赋予它们以和平、和谐的世界形式吗?

可以肯定,"政治艺术"是一个可怕的概念,艺术本身永远不会实现这种转变,但它可以解放这种转变所需的感知和感性。而一旦社会发生了变革,艺术这种想象的形式就可以指导新社会的建构。由于审美价值是无与伦比的非攻击性的价值,作为技术和技艺的艺术将意味着在建设自由社会的过程中一种新理性的出现,即技术进步本身的新模式和新目标的出现。

然而,我想在这里提出一个警告。任何试图根据审美范畴在社会、社会环境构建中的应用来解释审美范畴的尝试都不可避免地使人联想到美化运动的骗局和苏联现实主义的恐怖。我们必须记住:使作为社会重建原则的艺术现实化的前提是社会发生了根本的变革。问题的关键不在于美化现状,而在于在一个新的社会中对生活进行全面的重新定位。

在这个语境下,我曾谈到过艺术的认知能力,即作为表达和传播特 [119] 定的感知模式、知识、知性甚至科学的艺术的认知能力,作为传达一种适用于现实的特定真理的艺术认知能力。换句话说,我又重新拾起了那种熟悉的关于真与美之间的亲缘关系的陈词滥调。在讨论这种陈词滥调时，我想问几个问题。既然那么多的艺术，那么多伟大的艺术在任何意义上都明显是不美的，那么为什么人们却习惯根据美来对艺术进行定义呢？美的东西是否有可能是为了给真理做好思想准备，或者说，真与美之间的亲缘关系是否指的是感性与知性、审美性与理性之间的和谐呢？但是，在我们的印象中，审美性与理性、对美的接受与认识活动似乎相反，而不是相似。在大多数情况下，真理的知识是令人痛苦的和丑陋的，反过来，真理也只能以一种高度去肉欲的、升华的方式才能被认为是美的，例如，当我们说到数学方法的美时。或者说，美或许就是另外一种仍未完成的真理——即人与自然、物质与精神、自由与快乐达成和谐，而这将意味着人类史前史的终结——的感性媒介呢？黑格尔在他的《美学》一书设想了这样一种世界状态，在这种状态下，无机的和有机的自然、事物和人类都参与到了理性的生活组织中去，而攻击也在普遍与特殊之间的和谐中得到了平息。这不也是把社会当成艺术品来设想，当成艺术的历史的现实化来设想吗？

这种艺术作为建设社会和指导建设社会的技艺的形象，需要科学、技艺和想象力之间的相互作用，以建构和维持一种新的生活体系。技艺是艺术，是美的东西的建构，它不是美的对象或场所，而是生活总体——社会与自然——的形式。作为这样一种总体的形式，美的东西永远不可能是自然的、直接的。它必须由最严格意义上的理性和想象来创造和中介。因此它是一种技艺的结果，但这种技艺完全不同于支配当今压抑性社会的技艺，也就是说，这种技艺摆脱了把人与物、精神与物质纯粹当成用于分裂、组合、转化和消耗的东西的破坏性力量。相反，艺术——技艺——将把物质保护生命、增强生命的潜能解放出来；它将会受到这一在社会范围内使攻击性能量屈服于生命本能的能量的现实原则的支配。凭借什么样的品质，美的东西才有可能抵消攻击本能的破坏性力量，并发展充满爱欲的感性呢？

美的东西似乎介于未升华的和升华的客观事物之间；它与未升华的冲动无关。毋宁说，它是某种非感性事物的感性表现。在我看来，这就是根据形式而对美所下的传统的定义。

形式实际上完成了什么？形式把物质聚集在了一起，规定了物质，并赋予了物质以秩序，为的是给它一个目的。目的从字面意义上讲指的是设定一个明确的限度，在这个限度内，物质的力量在其完成和实现的范围内停止。这样形成的物质可能是有机的，也可能是无机的；可能是脸的形式、生命的形式、石头或桌子的形式，也可能是艺术品的形式。这样的形式是美的，它在某种程度上体现了暴力、混乱、强力的终结。这样的形式就是秩序，甚至是压制，但它却服务于感性和快乐。 [120]

现在，如果这种意义上的形式对艺术来说必不可少，并且美是艺术的必不可少的形式元素，那么我们就会得出这样的结论，即艺术就其结构而言是虚假的、欺骗性的，它起到了相反的效果；艺术的确是一种幻象：它呈现出的是不存在的东西。因此艺术取悦于人；在悲惨的现实中，它提供了替代的满足。关于替代的满足的那些陈词滥调所包含的不仅仅是真理的内核。这里说的并不是艺术家的心理；我认为，艺术本身的结构是代偿性的。而且这种代偿性的结构塑造了艺术与接受者和消费者之间的关系。确切地说，最本真的艺术品证明了这种艺术的客观代偿性。伟大的艺术家可以捕捉到现实中一切的痛苦、恐惧、悲伤和绝望——而所有的一切都因艺术形式本身而变美了，甚至让人得到了满足。并且只有在这种变形中，艺术才能使痛苦、恐惧和绝望保持鲜活，使它们保持美丽，永远让人感到满足。因此，艺术事实上就是一种宣泄、一种净化，它平息了反抗与控诉的愤怒，将否定转化成了肯定。艺术家的魔力使恐惧与快乐都停了下来，将痛苦转化成了娱乐和消遣，将飞逝的瞬间转化成了一种被储藏在战争时期转入地下、屠杀过后重又出现的伟大的文化宝库中的持久的价值。

艺术离不开这种变形与肯定。它无法打破形式的那有魔力的宣泄功能，它无法使恐惧与快乐俗化。这幅不代表任何东西或仅仅代表某种东西的一部分的画仍然是一幅画，不管它装裱了，还是没有装裱，它都有可能成为市场上的商品。俗化也没有帮助。这种艺术上的俗化可以消除艺术的元语言与普通语言之间的差异。它可以捕捉到卧室和浴室中发生的事情，并以此为傲，但是，这种冲击早就消失了，也被收购和吸收了。在线条的设置上，在节奏上，在对美的超越元素的偷偷夹带中，艺术形式以这样或那样的方式维持了自身，否定了这种否定。在一个充满恐惧的世界里，艺术似乎注定只能是艺术与文化。最疯狂的反传统艺术也仍然面临着美化、制造恐怖这一不可能的任务。在我看来，"美杜莎的头颅"是永恒而又恰当的艺术象征：恐怖是美的；恐怖以令人满意的形式出现在了华丽的对象上。

当今艺术的处境有所不同吗？艺术已经无法创造和面对美杜莎的头颅了吗？也就是说，完全无法面对自己了吗？有人曾说奥斯维辛之后不可能再写诗；现如今恐怖的规模对一切形式，甚至是无形的形式，提出了挑战。

[121]　　　但我的问题是：现实的恐怖有没有阻碍过艺术创作呢？希腊的雕塑与建筑同奴隶社会的恐怖和平共处。中世纪伟大的爱情与冒险故事同阿尔比派的屠杀与异端审判的酷刑同时发生；印象派所画的平静的风景同左拉的《萌芽》（Germinal）与《崩溃》（La Débâcle）中所描写的现实共存。

现在，如果这是真的，如果不是恐怖的规模带来了当今艺术的无用，难道是我们社会的极权主义的单向度特征带来了当今艺术的最新处境吗？在这一点上，我们同样不得不怀疑。艺术形式的元素总是与既定现实的元素相同。画家的色彩、雕塑家的材料，都是这个共有的世界的元素。为什么当今的艺术家似乎没有能力找到一种使事物变形和变质的形式，在丑陋的和破坏性的现实中抓住事物并将它们从束缚中解放出来呢？

　　我们不得不再一次把注意力转向艺术的历史性。艺术不同的风格与形式是一种历史现象，艺术本身也是一种艺术现象。历史或许正在迎头赶上艺术，或者说艺术正在迎头赶上历史。艺术的历史轨迹与功能正在发生变化。真实的现实正在成为艺术未来的领域，艺术正在成为一种字面意义上的、"实践"意义上的技艺：它正在制造和改造事物，而不是画画；它正在试验文字和声音的潜能，而不是写诗或作曲。① 这些创作也许预示着艺术形式有可能成为一种"现实原则"——艺术在科学技术成就的基础上、在艺术自身成就的基础上实现自我超越？

　　如果我们可以对自然和社会做一切事情，如果我们可以对人与物做一切事情，那么我们为什么不能在一个平静的世界中，在一个非攻击性的审美环境中，把它们当成主客体呢？实用知识就在那里。用于建构这样一种社会和自然环境——在这种环境下，未升华的生命本能将改变人类的需要与能力的发展方向，改变技术进步的方向——的工具与材料就在那里。这些用于创造美的事物——不是装饰品，不是丑陋的表面，不是博物馆的

---

① 在本文的手稿版本中，马尔库塞要求插入一些手写的注释：

　　　艺术制造和再造"事物"，它以物质的可能性自娱——我们再也不能在一幅画前，在听到一首歌时问："这究竟是什么？它说了什么，它表现了什么？"

　　　因为它应该重新定义现状，应该将感知从构成我们压抑性的世界的对象的范围和形状中解放出来。

　　　　　　　　　　　　　　　　　　　　　　　　　　　　　　——编者注

展品，而是一种新型的人的表达与目标，是一种新的生活体系中的生物需要——的先决条件就在那里。由于艺术的地位及其功能可能发生这样一种
[122] 变化，超越自身的艺术将成为重建自然和社会、重建城邦的一个因素，一个政治因素。它不是政治艺术，不是作为艺术的政治，而是作为一个自由社会的架构的艺术。

为了反对自由社会的这样一种技术可能性，现存的压抑性的社会出于自卫以前所未有的规模将攻击性调动了起来。它们巨大的力量和生产力阻碍了通往解放的道路，也阻碍了艺术的现实化的道路。

在我看来，艺术的现状可能在托马斯·曼的要求——即我们必须废弃《第九交响曲》——中得到了最清晰的体现。我们必须废弃《第九交响曲》，不仅是因为它是错误的和虚假的（我们不能也不应该唱颂欢乐，即使是应许也不行），还因为它就在那里，它本身是真实的。在我们的世界里，它代表着那种不再正当的"幻象"的正当性。

然而，废弃了一件艺术品还会有另一件艺术品。就废弃《第九交响曲》而言，我认为施托克豪森已经做到了。① 如果废弃过去伟大的艺术只能带来另一件艺术品，那么我们就有了艺术从一种形式到另一种形式，从一种风格到另一种风格，从一种幻象到另一种幻象的过程。

---

① 马尔库塞非常尊重先锋派作曲家卡尔海因茨·施托克豪森。在马尔库塞的私人收藏中，有一份施托克豪森的档案，一份关于施托克豪森的《施托克豪森的一周》（他于 1969 年 6 月 14 日就自己在巴黎的一周，即 5 月 28 日至 6 月 4 日，创作了这首诗）的描述，以及英文杂志对施托克豪森的采访（参见 *Circuit* 7, Spring 1969, pp. 135–144）。虽然从马尔库塞这里的引用或收藏的材料来看，我们并不清楚马尔库塞究竟是在如此夸张地赞扬施拖克豪森的哪一部著作，也不清楚为什么，但在《反革命和造反》（*Counterrevolution and Revolt*, p. 116）中的一段文字给出了答案："根据阿多诺的观点，艺术用总体的异化回应了压抑和管理的总体性。约翰·凯奇、施托克豪森、皮埃尔·布列兹的这种高度理智的、建构主义的但却自发的无形式的音乐可能是其极端的例证。"感谢查尔斯·赖茨发来了这段话并明确了这样一种联系。——编者注

　　也许在这个过程中真的发生了什么。如果意识和无意识的发展能够使我们看到我们看不到或不允许看到的东西，说和听我们没有听到过、没有说过也不允许听和说的语言，如果这种发展现在能够影响到艺术本身的形式，那么艺术连同它所有的肯定，作为否定性的解放力量的一部分，将有助于解放那些巩固压抑性的现存秩序的被摧残的无意识和意识。我认为，当今的艺术比以前更自觉、更有条不紊地执行了这个任务。

　　剩下的就不取决于艺术家了。现实化，也就是说，使人和物获得自由的真正的变革，仍然是政治行动的任务；艺术家不能作为艺术家参与其中。但是，今天这种没有关联的活动也许与艺术的处境密切相关，甚至与艺术的成就密切相关。

四
作为艺术品的社会①

---

① 1967 年 8 月，在第三次萨尔茨堡举行的人文主义对话会上，《作为艺术品的社会》首次以德语发表了出来；这篇文章与赫伯特·里德的《作为第二世界的艺术》一起发表在了奥地利杂志上，参见 *Neues Forum*, Vol.14, No.167–168, pp.863–866。这里首次以英译文——由爱博梅特翻译——的形式发表了出来。虽然马尔库塞的这篇文章类似于后来在《论解放》上发表的某些文章，但这篇文章第一次对马尔库塞将在他生命的最后 20 年从事的美学理论的各个方面进行了系统的概述，并将他当时正在形成的美学理论全面地呈现了出来。——编者注

[123]   艺术的功能——艺术的功能之一——在于将精神上的平和带给人类。我相信没有比这样来表征当代艺术中的意识状态特征更好的表述了：越来越多的人开始意识到，仅仅保持精神上的平和是不够的，因为它从未阻止过也永远不能阻止真正的冲突；同时也开始意识到，也许当今艺术的功能之一就是促进和平—— 这种功能不能强加于艺术，而是必须存在于艺术自身的本质之中。

如果要分析当代艺术的功能，则必须返回到第一次世界大战之前的严重危机阶段。我相信这场危机不只是以其他形式——比如，对象的消解，人的消解，等等——取代了居支配地位的风格。这场危机是对艺术的整个传统功能的反叛，对艺术的传统意义的反叛——从立体主义①和未来主义开始，然后是表现主义、达达主义、超现实主义，一直到目前的形式。

为了传达这次反叛的广度和深度，我想回顾一下弗朗兹·马克（Franz
[124]   Marc）1914 年的一个观点："我们设定了一个'否定'（No）来反对整个世纪；令我们同时代的人不屑于惊讶的是，我们选择了一条看上去几乎很难称之为路的小路并宣称：这是人类发展的捷径。"根据拉奥尔·豪斯曼（Raoul Hausmann）1919 年的观点，这个"否定"反对的是欧洲的再现性艺术，因为这一艺术将世界再现为一个由人支配和占有的物的世界，并因此篡改了这个世界。因此，在这种情况下，艺术的任务是来补充和纠正这一错误的形象——以艺术的方式并只能以艺术的方式来描述真理。

所以我们说，传统艺术相对于现实生活仍然是无力的和外在的。它

①   Cubism，译为立体主义，另译为立方主义，是西方现代艺术史上的一个运动和流派，1908 年始于法国。——中译者注

只是假象。正因为如此，艺术仍是一种特权，只是教堂、博物馆和收藏家的某种东西。

这种艺术的人造品格及其所蕴含的真理，以美作为其本质的风格形式——它通过假象来改造对象世界——呈现了出来。这样做，它确实表现了被隐藏和被压抑的真理，虽然这种真理还保有其假象的特征。

对传统艺术的反叛取得了成功，［首先］是因为这种艺术太过顺从；它仍然处于一个由支配塑造的世界的魔咒之下。其次，它成功了，因为这个魔咒使得并且必定使得艺术所达到的真理拥有**美丽的假象**。这种对传统艺术的双重反对把强烈的政治元素——最广义上的"政治"元素，即艺术反对现状的立场——带入了艺术。此外，一种新的艺术认知功能就包含在这一反对立场之中；艺术被要求表现真理。我想再次引用弗朗兹·马克的那句话："我们要寻找自然内在的精神性的一面。"

拉奥尔·豪斯曼更进一步，用一个非常重要的随后被形式主义者所采纳的陈述描述了艺术的特征："艺术是一种有形有色的**认知批判**。"

这句话包含着对新光学、新知觉、新意识和新语言的需求，而这将带来现有的知觉形式及其对象的消解。

这是一个激进的突破；表现人和事物的新的可能性是问题的关键所在。但是，难道艺术的这一激进功能不正是因为它只能在艺术中实现，只能作为一件艺术作品而与一个假象的世界联系在一起吗？这场反叛很敏锐地意识到了这一矛盾。艺术不应该再对生活无能为力，而应该帮着塑造它——但艺术仍然是艺术，即假象。

摆脱这个矛盾的第一种方式由 1918 年伟大的欧洲革命揭示了出来；人们要求艺术服从政治。但人们只需想一想无产阶级的所谓的狂热和这一趋势在"社会主义现实主义"中最终的灾难性的表现，就可以很快认识到这根本不是出路。

　　随着 20 世纪 20 年代和 30 年代早期超现实主义的到来，一个决定性的新的反题出现了。不是艺术服从政治，而是政治服从艺术，服从创造性的想象。我想引用一下 1943 年超现实主义者本杰明·佩雷（Benjamin Péret）的那段话：

[125]　　　　　诗人可以不再被认为像今天这样，只要他完全不顺从地反对他所生活的世界，反对一切，包括那些只在政治舞台上展开并因而把艺术从文化发展的总体中孤立出去的运动。这些革命者宣称文化服从社会革命。

　　为什么会有让社会政治运动服从艺术想象这样相反的需求呢？因为这种想象用语言和形象创造了——按照超现实主义的说法——新对象，即一种使人与自然从物化与支配中解放出来的环境。因此，它不再仅仅是想象；它创造了一个新的世界。在现实中有限的、被压抑和被篡改的认识、看和听的能力在艺术中却成了真理和解放的力量。

　　这样一来，艺术在其双重的、对抗的功能中得到了拯救。作为想象的产物，它［仅仅］是假象，但出现在这种假象和艺术中的可能的真理和现实能够打破现状虚假的现实。

　　关于超现实主义的论点，我们就谈到这里。但是在这里一个新的难题又马上很明显地出现了。艺术作为艺术，作为作品，作为形象，作为声音，被认为具有消解和转化现实的功能。但是，就其本身而言，它仍然是另一种现实，一种**非物质的文化**。它如何才能成为一种物质力量，成为真正的变革的力量，而又不会否定作为艺术的自身呢？

艺术的形式与现实的形式有本质的不同；艺术是风格化的现实，甚至是否定性的，否定的现实。事实上，艺术的真理不是改变现实的概念思维、哲学或科学的真理。感性不管**从内在还是外在讲**都被认为是艺术的元素，审美的元素，它是接受性的而不是主动性的。

有没有办法从一个维度到另一个维度，即不仅维持而且首次实现作为形式的艺术的艺术的物质现实？社会的某些事物必须与艺术相向而行，因为只有这样才能使艺术现实化。但不是以使艺术服从社会进程的方式，不是以使艺术服从社会支配所产生的任何利益的方式，不是以强迫艺术服从他律——哪怕是社会必要的那种他律——的方式，而是只能以社会为艺术的真理融入社会进程和艺术形式得以物质化创造物质和知识可能性的方式。

为什么当很明显地看到这么多的艺术根本不美时，仍然有人坚持在艺术哲学中把美当成艺术的本质呢？美的哲学定义是理念的感性显现。因此，美似乎介于升华的与未升华的本能领域之间。直接的性对象不需要是美的，而在另一个极端，最大限度升华的对象只能在一种非常抽象的意义上被认为是美的。美隶属于非压抑性的升华的领域，是感官的原始材料的自由的形式，因而是理念的感性**体现**。 [126]

作为非压抑性秩序的美

在这个意义上，美与秩序是密不可分的统一体，但这个秩序仅仅指的是非压抑意义上的秩序，比如，波德莱尔在《邀游》中将这个意义上的"秩序"与"奢华"和"享乐"两个词放在了一起来使用。

秩序带来了中断，遏制了对原材料的暴力，以及对以人的形式存在的原材料的暴力，秩序即和解——从这个意义上讲，美就是艺术的形式。从这个意义上讲，每一件艺术作品都是完美的、自给自足的、有意义的，因此它扰乱你、安慰你并协调你的生活。

这也适用于最激进的非客观的、抽象的艺术作品。即使这些作品是图像或雕塑，它们也有一个作为其边界和限度的框架。即使没有框架，它们也有自己的空间、自己的表面。它们都是潜在的博物馆珍品。

其实，在文学中，真正的作品都不是"圆满的结局"。它们都充满了不幸、暴力、苦难和绝望。但这些否定性的元素通过艺术作品的风格、结构、秩序和完成在作品本身的形式中**被扬弃了**。善并不占上风，一点也不占上风，但它的失败在整部作品中是有意义的，也是必要的。

美的秩序即正义。在这个意义上，不管它是否希望，它都是一个**道德**秩序并且确实意味着精神宣泄，亚里士多德认为这是悲剧的本质。艺术起到了净化作用，它消除了生活中那些不可调和的、不公正的和毫无意义的东西。

现阶段的反叛从一开始就反对这一虚假的、**虚幻**的将无意义的东西转化成艺术上有意义的东西的变形。这么做针对的是艺术本身的存在。它是艺术对客观的、社会的和历史的条件和情况的回应；对欧洲再现性艺术的反叛是晚期资本主义时期的一个方面，在这个阶段，社会矛盾在两次世界大战以及一连串的革命和生产性破坏的增加中表现了出来。

在先锋艺术家的意识中，艺术在此期间成了**这个恐怖的世界**或多或少算得上是美丽的、愉悦的**装饰背景**。艺术的这种奢侈功能必须被摧毁。艺术家的抗议变成了充满激情的社会批判分析。我想到了奥托·弗伦德里希（Otto Freundlich）的一部作品，在这部作品中，这位前卫的艺术家描述了他那个时代的资产阶级：

很久很久以前，你就已经把这个世界塞进了你的烤罐里，你 [127] 是个美食家、面包师和糕点师。但你并不和蔼可亲，一切都应该只适合你的口味，所以你的餐桌上美食泛滥，只为了迎合你永不满足的胃。人们必须了解你，你爱吃甜食，当面团不符合你贪婪的口感时，你会极其痛苦。你的一只手拿着烤盘，另一只手拎着剑、匕首、大炮、毒药、毒气和殉道者，随时准备迫使这个顽固的面团就范。

对于弗伦德里希 1918 年所说的这个真理，他自己的生命做了最可怕的证明。我们看一下这段摘自选集索引的话：

奥托·弗伦德里希，生于 1878 年，1943 年在集中营迈登涅克毒气室遇难；德国雕塑家、画家、插画家，柏林十一月集团成员；1924 年来到巴黎，1943 年因犹太人身份被驱逐出境。

自那时起，艺术和社会本质上的不相容进一步加剧了，并得到了表达，例如，出现了这样的说法，即在奥斯维辛后，人们不可能再去写诗了。

就这一点，有人指出：如果艺术也不能经得住这种情况，那么它就算不上是艺术，也不可能有任何进一步的作用。我认为，今天的艺术事实上经受住了考验。在文学上，我想说的是塞缪尔·贝克特（Samuel Beckett），他不是唯一一个觉得不再有任何内在正义或意义的人。这说明艺术的功能发生了激进的转变。

艺术和消费社会

我的研究假设是，使艺术变得不可能的不是现实的恐怖，而是我所谓的"单向度的社会"的特定特征及其生产力水平。它表明了传统艺术的终结及其实现扬弃的可能性。

伟大的艺术与现实的恐怖共存从来都不是什么问题。我们只需想一想下面这些矛盾就会明白这一点：帕台农神庙和以奴隶制为基础的社会；中世纪的传奇故事和阿尔比派教徒的屠杀；拉辛和他那个时代的大饥荒；印象派画家的美丽风景与同时期左拉在《萌芽》（Germinal）中描绘的现实。

艺术在其美的形式中同样还保留了它超越的内容。艺术在其美的形式中存在着从审美上达成和解的批判性元素，即需要去解放和安抚的力量的形象。这是艺术的另一个与现实对立的、被压抑性社会本身所抵消和占据的超越的维度。

[128] 在所谓的消费社会，艺术成了大众消费的一种物品，似乎失去了超越的、批判的和反抗的功能。在这个社会，寻求另一种存在的意识和本能萎缩了或看上去很无力。量的进步吸收了可能的自由和现行的自由之间质的差别。

现如今，所有充满创造性想象的设计似乎都有了**技术的**可能性。但现行秩序却被调动起来去反对它们的实现，因为今天在创造性想象力范围内可能的自由的内容和形式与现行秩序的物质和道德基础不可调和。因此，现在的创造性想象，作为对人和物质的可能性的系统实验，已经成了**一种改造现实**的社会力量，社会环境已经成了艺术潜在的物质和空间。

技术和艺术融合在了一起，这并非毫无根据；相反，它在物质生产过程的发展中已经明显地表现了出来。技术与艺术有着古老的亲缘关系：以理性为基础的创造和以想象为基础的创造。但是，技术与艺术之间古老的亲缘关系在历史进程中被撕裂了；技术仍然变革现实的生活世界，但艺术却受到了诅咒，只能在想象中形成和变革。这两个维度分离了：我们在现实的社会世界看到的是技术的支配和作为支配手段的技术，我们在审美世界看到的是虚幻的假象。

今天，我们可以预言这两个维度有可能统一起来，即**作为艺术品的社会**。这种趋势似乎内在于社会本身，尤其内在于物质生产过程中技术的支配地位日益提高，内在于这个过程中体力劳动的减少，内在于生存斗争过程中自我否定的异化劳动的必要性的减少。这一趋势本质上会促使人们对没有负担、没有异化、没有剥削的劳动和休闲的技术可能性进行系统的实验。

这将意味着对解放和安抚人的存在的可能性进行实验，即不仅是对那种将技术和艺术融合在一起而且是对那种将工作和娱乐融合在一起的理念，对那种关于生活世界的可能的艺术形式的理念进行实验。

艺术创造与自然相对立，即不仅与虚假的、被亵渎的、丑陋的自然相对立，也与社会的"第二自然"相对立。当艺术与技术从压抑社会的奴役中解放出来时，当它们不再模仿这个社会及其理性时，技术人员将有可能成为艺术家，社会将有可能成为艺术作品——换句话说，只有在整个社会发生激进变革期间和变革之后，这种情况才会成为可能。

关于审美现实的乌托邦理念必须加以捍卫，即使面对它必然会引发的嘲讽也要如此。因为它很可能指出了自由和现行秩序之间质的区别。

审美不仅仅是"审美"。它是感性的理性，是被理性渗透的感觉形式和可能的人的存在形式。作为生命形式的美的形式，只有作为一个潜在的 [129]

自由社会的总体才能存在，而不能仅仅停留在私人、某个特定的地方或博物馆那里。

作为一种当代的可能性，艺术的历史扬弃标志着物质生产与知识生产的融合，**社会必要劳动和创造性劳动、实用和美观、使用价值和价值的相互渗透**。这种统一不可能作为丑陋的系统的美化，也不可能作为野蛮的装饰门面，而只能作为自由社会中自由人能够为自己提供的一种一般的生活方式。

在期待这样一种形式时，我们不能给出任何具体的东西，我们只能说它作为可能性包含在当前社会的发展变化之中。这种对艺术的扬弃无论如何都不是艺术本身所能实现的，而只能是经济、政治、心理、知识所有维度的社会进程的结果。

因为艺术如果不破坏本身，不违反自己的本质，不放弃自己，就永远不会成为政治。艺术的内容和形式从来都不是那些直接行动的内容和形式，它们总是一个尚未存在的世界的语言、形象和声音。艺术只有在**保持自己**时才可以保存对这样一个世界的希望和记忆。现如今，这意味着：不再是过去那种伟大的具有代表性的、具有调和作用和净化作用但却不再和现实相匹配而被博物馆宣判死刑的艺术，取而代之的是不妥协地**拒绝幻想**，否弃与现状的约定，解放受现行秩序残害的意识、想象、知觉和语言。

五

在新英格兰音乐学院毕业典礼上的演讲①

①　马尔库塞于 1968 年 6 月 7 日在新英格兰音乐学院的毕业典礼发表了这篇演讲。这篇演讲之
　　前没有被发表过，它是马尔库塞关于音乐的唯一的有说服力的陈述，所以我们把他的讲义按
　　照我们在档案中发现它时的样子以《在新英格兰音乐学院毕业典礼上的演讲》为标题呈现了
　　出来。在德语译文中，彼得－欧文·詹森则借用作曲家勋伯格的一句话——马尔库塞在演讲
　　中引用了这句话——把它命名为《来自另一个星球的音乐》为标题呈现了出来；参见 *Kunst
　　und Befreiung*, Peter-Erwin Jansen (ed.), Lüneburg: zu Klampen, 2000, pp. 87–94. 本文本来自马
　　尔库塞档案，它是一份长达 19 页的、用打字机打出来的有着马尔库塞典型讲座格式的讲义，
　　档案编号是 345.000。按照讲义被发现时的样子将其发表出来是为了证明了马尔库塞对每一次
　　受邀演讲都会做出精心准备。文本中的黑体字通常是他在演讲中强调的部分。马尔库塞的讲
　　座内容丰富，直至实质，令人激动，读者在这里可以分享马尔库塞关于一个他从未发表过看
　　法的话题的讲座的经历。——编者注

[130]　　　能有机会被选中同在座的各位音乐家交流，我非常感动，

　　　　——你们即将工作的领域不是我的专业和专长，

　　　　——对于这些（领域）我很陌生，是个门外汉。

　　　　但我在这里感到很自在，

　　　　——在艺术及音乐的领域；

　　　　——比起和哲学家、社会学家、政治科学家交往，我在这里觉得更自在。

　　　　——我和他们没法共享同一个世界，同样的经验。

　　　　我在艺术领域觉得更自在，

　　　　——因为我的工作使现如今的我比以前更相信，艺术在改变人类的生活条件以及人类的经验方面必须扮演决定性的角色。

[131]　　　——在帮助我们摆脱我们所处的非人的、残忍的、伪善的和虚假的世界的过程中扮演决定性的角色。

　　　　——在帮助我们想象、感知甚至建造一个更好的、自由的、人道的社会中扮演决定性的角色。

　　　　我只能从哲学家、**政治哲学家**的角度来谈一下我的看法；对于音乐，**我是一个消费者**，

　　　　即便受到了我的朋友**阿多诺**的"教育"，

　　　　他的教育让我对马勒、勋伯格、奥尔本·伯格、魏本甚至施托克豪森感到特别亲切

——这些人的作品可能对你们来说早已是过时的"经典"了！①

作为哲学家，

我通过**黑格尔**和**叔本华**进入了音乐，

——我认为他们，

已经指出了音乐**在文化中赖以发挥独特功能**的品质：

在**超越现在**和**召唤未来**——一种我们必须为之奋斗的可能的和必然

的未来——方面，

音乐是最自由、最自律的艺术。

对黑格尔而言，

音乐是一种**浪漫的**艺术，

因为它表达了纯粹的主体性及人的内在，

摆脱了所有外在的中介，

摆脱了所有的物质，空间的局限，

——而且

因此真理的预兆

不能以任何其他形式，

不能以任何其他语言传达！

就这一独特的音乐概念而言，黑格尔**赞同他伟大的对手。**

叔本华

---

① 阿多诺经常讨论这些作曲家。在这里，马尔库塞指出，阿多诺深刻影响到了他对音乐的思
考。关于施托克豪森对马尔库塞的重要性，请参见本卷英文版第 122 页的编者注。——编
者注

——音乐是对维持宇宙运行的力量的唯一自由的、直接的表达，

——**意志**的表达，

生存意志，**生命**本能的表达。

[132]　　　——音乐并不像视觉艺术那样"再现""模仿"；

音乐不使用，也没有被迫使用，更没有义务使用语言，这种被滥用的、"虚假的"语言，这些被滥用的文字——即便是最奢侈的诗歌甚至也会受其束缚。

因此，对叔本华而言，

音乐也有着**独特的自由**：

——音乐摆脱了

那些虚假的、压抑的、欺骗性的关于虚假的、压抑的和欺骗性的人类存在的文字、图像、价值，

——音乐抑制和**阻止了那些遮蔽宇宙真正本质的力量**，

——它撕开了"**玛雅的面纱**"，使生命意志**直面现实、直面真理**：因为音乐**并不表达任何主观的、个人的和特殊的**痛苦、悲伤、快乐及欲望，而是

"**客观地**"表达痛苦、悲伤、快乐和渴望本身，因为它们是我们的存在、我们的世界及我们的生命的本质、实体、真理。

让生命意志直面未被扭曲的现实并摆脱幻觉的面纱的过程中，

艺术，特别是音乐，**产生了一种新的意识**

以及一种新的无意识：

——一次痛苦的**体验**，一种**战栗**，

这将使个体与现存的、"虚假的"、扭曲的现实产生隔阂；

对叔本华来说，

——艺术以其洞察力唤起了将"美学"真理转化为现实的必要性：

即：中止自掘坟墓的生存斗争，

——**使意志本身停止**

——撕破玛雅的面纱：拒绝、**否定个体化原则**：

——回到最初的统一，

——在**涅槃**中安息。

音乐，

艺术，因此也是**巨大的否定力量**：

——只有它能驾驭这种"语言"，这种语言打破了我们这个世界和我们在其中挣扎的虚假的和欺骗性的表象。

我们必须认真对待这种生存论意义上的悲观主义：　　　　　[133]

——把它当成对**历史通往更高阶段的理性和自由的进程中**不道德的信仰的**大拒绝，**

——这个进程急需更多的受害者和牺牲，

——这个进程带来了纳粹集中营的出现和越南的酷刑。

我们必须把握这一作为**强大的否定力量**的艺术、音乐的理念

——否定反过来为新的肯定奠定了基础：

字面意思就是，**音乐为了未来**，属于未来！

——对我们而言：不是**死亡**，涅槃，

而是开始！

允许我补充几句外行话，作为解释。

在创造自身形式、自身语言的过程中，艺术进入了一个现实的维度，

这个维度不同于甚至是敌对于现存的日常现实；

但因此，

——在"取消"、转化甚至改变既定的图像、文字、声音时，

——音乐"保留了"它们被遗忘或被扭曲的真理，通过赋予它们"美的"形式、和谐、不和谐、节奏、舞蹈把真理保留了下来，因此，音乐美化、升华、抚慰了人类的体验和人类的状况。

从痛苦中创造**和谐**，

从短暂的欢愉中创造永恒的快乐，

为不和谐辩护，

在他人只能**说话**的时候**歌唱**：

我认为，这一切都是传统音乐**伟大的文化成就**：

——这终究只是否定中的肯定，最终的**和解**！

不可调和的东西达成了和解，这是那个开始于巴赫的时期的难以置信的成就，

——等到了贝多芬，纯粹的主观性出现了，它要求自身的权利和

自由：

——它在表达自身的同时，也在**克制自身**，

它以古典和浪漫的美的形式升华了自身的体验。

肯定与否定之间，

反叛与和解，

无序与形式之间的张力到了极限。

马勒终结了这一时期：　　　　　　　　　　　　　　　　　[134]

——"他在不可能写交响乐的时候写了交响乐"（阿多诺）：

——美的形式的最终胜利

——歌声压过了**哭声**

——地球**最后的歌曲**

（地球的哭声紧随其后）

然后是在勋伯格的作品中出现了断裂：

"我感受到了来自另一个星球的空气"：（升 F 小调）

——哭泣，否认，旧的形式消亡，新的形式出现：

——"我们再也不能为正在发生的事情谱曲了"，

但是：

我们必须谱曲，因为我们呼吸到了另一个星球的空气：

可以驱散被污染的空气的新鲜空气；

无论是巴赫还是贝多芬都无法控制的风暴。

"翻过巴赫，

翻过贝多芬；

同样：翻过勋伯格和魏本，等等"？

那些星球——他们感受到了它们的空气——是不是太遥远了？

——他们的否定是不是仍然很"抽象"，

或者说这种否定，尽管摧毁了一切，但却仍然**忠于过去**，

　　——是不是没办法为**新的空气、新的音乐**赋予形式、声音和文字？

　　——是不是仍然有太多的经不起奥斯维辛和越南的考验的过去的"**经典语录**"？

这个世界，我们今天的世界，是不是最终拒绝了文化的升华，拒绝了那些不可调和的事物的和解？

无论如何，

　　——**严肃音乐和流行音乐**由来已久的区分似乎已经**瓦解**了：

　　——音乐的实质和美之所在的纯粹的形式，

　　——似乎已经取消了（消解了）它古典的、浪漫的甚至后浪漫的特征。

我认为，目前所发生的不仅仅是"风格"和"样式"上的变化：某些更激进的变化，

[135]　　**改变了音乐与社会的关系，**而这种关系与音乐的本质和命运息息相关。

我们要把握音乐的历史特征和本质，

即，

把握这样一个事实，它是由一个**主体为类主体谱写的**。

并且，

正是由于这一事实，作曲"包含"**双重历史背景**，即，

（1）乐器的**技术发展**达到的阶段，听觉的范围及分化达到的阶段；

（2）**意识**对人类恐怖状况的认识**达到的阶段**。

在这两个层面上，**社会**（其功能、结构、意识形态）**进入了作品和作曲家**，

——进入了对声音和声音的运动的艺术安排

——并且为社会现实中发生的事情**打开了形式**（即音乐的实质和内容）的大门。

它是技术和艺术的交汇点，

是普通的**日常经验世界**和**音乐经验世界**的交汇点。

通过这样一种方式，

艺术、音乐的内在发展对这一它被创作出来用以支持或反对的社会**做出了回应**，并同时对它做出了否定。

也许这些抽象的哲学反思允许我们**假定**严肃音乐与流行乐之间区别的消失有着重要的意义！

现代流行音乐——从经典的蓝调音乐到爵士再到摇滚——是严肃音

乐的**合法继承者**吗?

在这个发展过程中，我们是否目睹了对严肃音乐的**扬弃**:

——保留了无法以"古典的"形式表达的内容，

——通过破坏这些形式，并且用很可能预示着"**传统**"**艺术的终结和艺术所属的社会的终结的形式**来取代这些形式。

[136]　　解释!

严肃音乐和**流行**音乐之间的**区别**:

(仅列举一些一般性的特质):

"严肃"音乐:

(1)体验、抗议和否定高度**升华**，

——**表现**在形式仍执着于**音乐中的美**上，

——表现在旋律、节奏上，

——表现在"驯化"不和谐和扭曲，使其服从和谐上;

(2)作为形式的元素和接受过程中的元素的高度的**沉思**;

(3)一个"**封闭的结构**":终结和自身的终结;"包含着"同时也抑制了它自身的爆炸性力量，

——**阻止**、**禁止其转变为现实** =

它阻止**时间中的运动**(声音的运动)**转化成空间中的运动**(接受者

的**身体的运动**）（汉斯利克）。①

（这在那些处在严肃音乐边缘地带的舞蹈和进行曲中保留了下来。）

结果是：

（4）**作为音乐空间**的音乐厅、沙龙、歌剧院、教堂的封闭空间：

——一个隔离的空间，保留区，与另一个现实**隔离**了开来，

——对**整个"外部"世界不闻不问**：

——这个**真实的生存斗争**的世界。

毋庸置疑：

——（传统的）艺术**必然要维持这种隔离和保留**，

——**只有在这种升华中**，它才仍然是艺术。

岌岌可危的恰恰就是艺术本身的这个维度：

现实还允许这种隔离和升华吗？

这里，我们碰到了传统严肃音乐的阶级性： [137]

——音乐是为了那些有风琴、受过教育、有时间进行富有成效的升华和沉思的人，

——那些在悲伤、快乐和激情等中追求美好的有良知的人。

---

① 马尔库塞这里所引用话来自音乐评论家爱德华·汉斯利克（1825—1904），著名的《论音乐的美》[*On the Musically Beautiful*, G. Payzant（trans.），Indianapolis: Hackett Publishers, 1986)]就出自他之手，这本书发展出了一种高度形式主义的音乐理论。在演讲中，马尔库塞有一页讲义来解释汉斯利克的理论，但是又被划掉了，因此在这里没有被纳入进来。——编者注

——因其**内在的形式**，这种音乐**是上层和中产阶级的音乐**，

——即便曲子是由他们的家臣、家属和艺人谱写而成的，也概莫能外。

如你们所知，这种音乐形式的**解体**发生**在严肃音乐的连续体中**，

但是，

似乎这种**质变**起因于（或许仅是发生在其后?）**"来自底层的"**黑人**音乐；**

而

不是起因于丰富和复兴了传统的**民俗，**

不过

它只是一种生命的爆发和表达，一种传统——甚至是不成调的传统——世界之外和之下的体验。

——一种无法认真对待严肃音乐的生活和体验；因为它与严肃音乐没有任何相关性；

——"黑人音乐"不仅仅是因为被黑人演奏和演唱，还因为，就像是在黑人小说中，或在黑色幽默中那样，它拒绝和颠覆了文明由来已久的禁忌；

——一种**俗化的**音乐，

直接把**声音**的运动**转化成了身体**的运动。

——**一种非沉思的音乐，**

它消除了创造和接受之间的鸿沟，而靠的就是直接地（几乎是自动地）使身体做出自发的动作，

——抵制、扭弯和扭曲"正常的"的动作模式：通过颠覆性的模式，原地运动，拒绝移动，破坏了它。

——在快乐中反叛，

不仅过度的压抑被打破了；与此同时，压迫与堕落的意识也立即爆发了出来，摆脱了传统的美和秩序形式所强加的艺术限制。

结论：

现如今这对你们来说意味着什么呢？

仅仅是一个门外汉、局外人的理解：

你们将面对的是

——有些东西不再像过去那样高贵、鼓舞人心并且美好了，　　　　　　　[138]

——不再是崇高的文化价值的最高的体现了；

而是

更加粗俗的、技术化的和物质的东西：

艺术看起来**像是自身否定了自身，**

但是

这样一来，它就能在不屈服于现实的情况下**赶上现实**——

——这种艺术在世界的各个角落推动着**一整代人**

去唱歌、跳舞及游行，

——**不再**跟在军士或者上校的后面；

——**不再**应和优美的有约束的曲调或农夫的消遣的曲子；

而是

只听从自己的喜好，

去应和他们自己的身体和他们自己的心灵的曲调。

你们面对的是**受压迫者的音乐，**

这些音乐否认和挑战受压迫者所经受的**整个白人文化。**

根据这种文化的标准，

——这种音乐不友善、不美，不是艺术，只是一些乱七八杂的、不受限制的东西。

而且，

——**它最受欢迎的表现手法大多**已经成为现行秩序的一部分，

——**由市场制造并**出售

——成了巨大的操纵企业和**社会工程**的分支：

——把本能无害而又愉悦地调动了起来。

在这两个方面，

由于其颠覆性，以及

它对操纵攻击性和娱乐性的市场的热忱，

所发生的情况是

"高雅文化"显然已经举步维艰，因此只能待在其保护区内。

而你们，

这种文化的倡导者和实践者，将不得不在你们的工作中**对侵入到文化王国的新的价值做出回应：**

——新的价值、新的目标在反对实然和支持应有事物或应然事物的

呼号、哭喊和呻吟中体现了出来。

　　——一种没有恐惧、残忍和压迫的生活，年轻人都知道，在今天有其现实可能性！

　　这些价值，这些本能想要发声、歌唱和节奏感，　　　　　　　　[139]
　　——它们反对传统的升华、协调和安抚形式，
　　——它们已经成为全世界年轻人的呼声；

　　——这是失去耐心的男男女女的呼声，他们感受到了我们的文化和艺术中的谎言、虚伪和冷漠
　　——他们真的想要"来自另一个星球的音乐"，来自非常真实和接近的星球的音乐。

　　所以，
　　对压抑性文明的大反叛包括音乐王国，
　　——并且把你们**变成了附庸或敌人**。

　　——你们要用旧事物尚未完成和仍然有效的诺言和形式来**保卫和挽救**它，
　　或者
　　——你们要努力**赋予**新的力量以**新的形式**，
　　不管是哪一种情况，**你们都是其中的一分子**！

六

作为现实的形式的艺术[①]

① 1969 年，在纽约所罗门·古根海姆博物馆举办的关于艺术的未来系列讲座中，马尔库塞做了一场题为《作为现实的形式的艺术》的演讲。1970 年，这篇文章以《作为现实的一种形式的艺术》为题发表在了《艺术的未来》上，参见 On the Future of Art, Edward F. Fry (ed.), New York: Viking Press, 1970, pp. 123–134。后来又以这一更加契合马尔库塞立场的《作为现实的形式的艺术》为题被《新左派评论》再版，参见 New Left Review, London: July–August 1972, pp. 51–58。我们在这里把《新左派评论》中的版本发表了出来，在这个版本里，编者增加了马尔库塞原稿中不存在的次级标题，以强调文中的某些主题。——编者注

[140]　　　　艺术已终结，这个命题已成了众人皆知的口号：激进者把它当成了不证自明的东西，他们把艺术当作资产阶级文化的组成部分抛弃掉或"悬置了起来"，就像他们抛弃或悬置资产阶级的文学与哲学一样。这种结论还轻而易举地蔓延到了所有不能激发行动和实践，不能明显地帮助人们去变革世界，不能——哪怕是在短时间内——打碎我们生活于其中的精神和肉体都遭受污染的世界的理论和知识（无论这些理论和知识多富于"创造性"）。音乐却能通过歌曲和舞蹈做到这点：激活身体的音乐；不再用于吟唱，而是用于哭诉和呐喊的歌曲。要估量一下30 年来所走过的路，我们只需比较一下西班牙内战时的歌曲那"传统"而古典的曲调和歌词与今天的抗议和抗争歌曲。或者，比较一下布莱希特的"古典"戏剧与今日的舞台剧。我们亲眼看到向艺术的所有形式发起的不仅仅是政治上的，而且主要是艺术上的攻击，也就是说，主要是对作为形式的艺术本身的攻击。艺术与现实的距离以及分离遭到了否定、拒斥、摧毁；假如艺术还多少有点意义的话，那么它就必须是现实的，必须是生活的组成部分，而这种生活本身就是对现存生活方式的有意否定，包括否定它的全部体制、它的整个物质和精神文化、它的一切不道德的品行、它所需要的行为和它私底下的行为、它的劳作和它的娱乐。

　　　　双重现实，即那种人们对它表示"否定"的现实，和人们对它表示"肯定"的现实，已经出现（或再次出现）。那些从事任何"有效的"艺术活[141]　动的人不但拒绝去"肯定"现实，而且拒绝去"肯定"艺术。而这种拒绝本身也是一种现实——那些用其自身的肉体和心灵，体验着既定现实的恐怖和令人压抑的舒适，已经忍无可忍的年轻人是非常现实的；贫民窟及其

代言人的呼声是现实的；遍布全球的东方和西方的解放力量是现实的；第
一、第二和第三世界也是现实的。但是，这种现实的意义，对那些体验它
的人来说，不再可能以现存的语言和形象，即以各种可用的表达形式来传
达了——无论它们多么新颖、多么激进。

形式的领域

问题的关键在于，对一种现实的憧憬和体验在根本上是如此不同于、
如此对立于当前的现实，以致任何经由现存方式实现的传达都会削弱这种
差异，都会败坏这种体验。这种与传达媒介本身的不协调，还扩展到了艺
术形式本身，即作为**形式的艺术**①。从今天反叛和拒绝的立场来看，艺术
本身表现为传统的组成部分和力量。这种传统使现存的东西永恒化，并且
阻止了能然和应然的现实化。艺术之所以这样做，正在于艺术是形式，因
为艺术的形式（无论它多么努力成为**反**艺术）抓住了正在运动的东西，赋
予了它在现存的经验和愿望世界中的界限、框架和地位，赋予了它在这个
世界中的价值，使它成了诸多他物中的一个。这意味着，在这个世界中，
艺术作品，以及反传统的艺术作品，都成了**交换**价值，成了商品：正是这
种作为现实形式的**商品形式**成了今日反抗的目标。

的确，艺术商业化并不是什么新东西，甚至可以说不是近来的东西。
它同资产阶级社会一样古老。这个过程的动力在于艺术作品所具有的几乎
无限的可复制性；凭借这种可复制性，甚至最精巧、最崇高的艺术作品也

---

① 我这里用到的"艺术"一词不仅包括视觉艺术，也包括文学作品和音乐。我用"形式"（Form）
来指代那种把艺术规定为艺术——也就是说，从本质上（本体论上）不但有别于（日常）现
实，而且有别于科学和哲学等智识文化的表现形式——的东西。

变得易于被模仿和重复了。本雅明在他对这个过程的绝妙分析中，曾指出有一种妨碍所有复制性的东西的存在，这就是艺术作品的"光晕"，即艺术作品在其中被创造并对之诉说、规定了艺术作品的功能和意义的独一无二的历史情境。一旦艺术作品脱离它自己的那个不能再重复和不能再挽回的历史时刻，它"原初"的真理就会被篡改，或被（较谨慎地）修正：它就会获得另一种意义，这种意义（以肯定的或否定的方式）对另一种历史情境做出回应。借助于新的工具和技术，借助于新的感知和思维形式，原初的作品现在可以被阐释、利用和"翻译"，从而变得更丰富、更复杂、更精巧、更有意义。然而，事实仍然是，对于艺术家和他的观众及公众来说，作品已不是它**曾是**的东西了。

[142]

不过，在所有这些变化中，某种东西依然保持其同一，那就是作品本身。所有这些修改都缘于此。"最新的"艺术作品仍然是那件被更新了的特殊的、独一无二的艺术作品。何种实体在其万变中始终保持其同一的"实质"呢？

它不是"情节"，索福克勒斯的悲剧与其他许多文学表现形式一样都分享了俄狄甫斯的"故事"；它也不是绘画的"对象"，即那个（作为普遍的范式：人的坐立的肖像和风景画）出现过无数次的东西；它也不是素材，即作品借以创作的质料。那种构成作品的独一无二、经世不衰的同一的东西，那种使一件**作品**成为一件艺术作品的东西——这种实体就是形式。借助形式而且只有借助形式，内容才获得了其独一无二性，使自身成为一件特定的艺术作品的内容，而不是其他艺术作品的内容。故事的叙述方式，诗歌与散文的结构和选择性，那些**没有**说出来、**没有**表现出来以及尚不在场的东西，点、线、色的内在关联——这些都是形式的某些方面，它们使作品从既定现实中分离、分化、疏离出来，并使作品进入到它自身的现实之中，即形式王国。

形式王国是一种**历史**现实，是一系列不可逆转的风格、主题、技法、规则——它们都与社会密不可分，并且只能作为模仿来重复。即便在它们中存在着无限的多样性，那也只不过是**一种形式**的变种。这种形式使艺术区别于人类活动的任何其他成果。自从艺术告别巫术，自从它不再是"实践"，即不再是其他技法中的一种"技法"；也就是说，自从它成为社会劳动分工中一个独立的分支后，它就有了它自身的、为一切艺术所共有的形式。

这种形式符合艺术在社会中的新功能：给予可怕的日常生活以"假日"、提升、中断——展示某些更"高贵"、更"深沉"，也许还更"真实"、更"美好"的东西，满足在日常劳作和嬉戏中没有满足的需求，从而带来愉悦。（我说的是艺术的社会的、"客观"的历史功能，而不是艺术之于艺术家的意义，也不是艺术家的意图和目标，它们是完全不同的层次。）用另一种更通俗的话来说：艺术不是（或不应当是）一种在人的日常活动过程中被消费掉的使用价值。它的效用是超越性的，即对灵魂或心灵的效用，它并不进入人们通常的行为中，而且实际上不会改变通常的行为——除了那短暂的提升和文化节日之外，比如，在教堂中，在博物馆、音乐厅、剧场里，在伟大历史的纪念碑前和废墟上。可是，当这一中断过后，现实生活仍旧继续，一切如常。

[143]

古典美学

借助这些特点，艺术成了这个（既定）社会中的一股力量，而不是这个（既定）社会的一股力量。艺术产生于并服务于既定现实，它为这种现实提供了美和崇高、提升与愉悦，但它同时也游离于这种现实之外，并遭遇另一种现实：艺术所表现的美和崇高、快乐和真实，并非仅仅是一些来自现行社会的东西。无论艺术在多大程度上由普遍盛行的价值、品味和行为的标准、经验的限制等所决定、塑造和引导，它都不只是也不同于对实然的美化和升华、消遣和验证。即使是最现实主义的作品也建构了它自身的现实：它的男人和女人、它的对象、它的风景、它的音乐揭示了那些在日常生活中尚未述说、尚未看见、尚未听到的东西。艺术是"疏离的"。

作为**现存**文化的一部分，艺术是**肯定的**，它维持着这个文化；艺术因为与既定现实相疏离，所以是一种**否定的**力量。**艺术的历史**可以当成是**对这种对立的调和**（harmonization of this antagonism）。

艺术的物质、素材、材料（不仅包括言语、声音、线条与色彩，还包括思想、情感、意象）以构成一个结构化的整体的方式进行了排序，关联在了一起，进行了界定，并"被纳入了"作品——它从外观上看被封闭在了两张封面之间，被放进了一个框架，被放在了一个特定的地方。它的展现需要一个特定的时间，而这个时间之前或之后都是**另一种**现实，即日常生活。作品本身就其对接受者的效果看，是可以延续和重现的；但作为重现物，它仍会是一个独立的整体，一个与（真实）事物明确分离、判然有别的精神性的或审美性的（sensuous）对象。在作为统一整体的作品中，支配诸要素组合的规律或法则似乎具有无限多样性。然而，古典美学传统却给了它们一个共同的标准：它们应该由美的理念来引导。

古典美学的这个核心理念不仅唤醒了人的理性，而且还唤醒了人的感性，激发了现实原则和快乐原则；艺术作品虽诉诸于人的感官，以满足他的审美性需求（sensuous needs）——但是要以升华的方式来进行。艺术要有和解的、镇静的和认知的功能，它不仅要美，也要真。美曾经通向真理：在美中，真理本来应该出现，但却没有出现，也不可能以其他形式出现。

美和真的和谐——这个本来被认为是艺术作品本质上统一的东西，现在却变成了越来越不可能的**对立统一**，因为真与美已越来越不相容。生活，即人类的生活条件，已变得越来越不利于以艺术形式升华现实。

这种升华首先（或根本上）不是艺术家心灵中的一个过程，而是一　　[144]种与艺术形式本身有关的本体论的状态。这种升华需要把物质组织在一个统一体中，并保持作品的稳定性，而这种组织，和过去一样，"屈从"于美的理念，就好像这种理念将要通过艺术家的创作能量（虽然决非是他有意识的意图），将自身强加在了物质身上。这种结果很明显地表现在了那些毫不妥协地"直接"谴责现实的作品中。艺术家提出了控诉——但这种控诉使恐怖失去了感觉。因此，在戈雅的作品中，到处都是野蛮、愚昧、恐怖，但作为"绘画"，这些东西却被审美变形的过程吞没了——它们可以被称道，可以被悬挂在操控这种恐怖的君王的辉煌肖像旁边。形式与内容产生了矛盾，形式战胜了内容，但代价却是使它变得麻木不仁了。直接的和未升华的（生理的和心理的）反应：呕吐、叫喊、狂乱，让位给了审美体验，而这是对艺术作品的恰当反应。

这种审美升华的特性，这种对艺术至关重要而且作为肯定性文化的一部分与艺术的历史须臾不可分离的东西，也许在康德"无利害的愉悦"——脱离所有利益、欲望、爱好的愉悦和快乐——的概念中已找到了最明确的表述。这种审美对象事实上没有任何特定的主体，或者毋宁说，除了与主体**纯粹的冥想**——**纯粹的眼睛、纯粹的耳朵、纯粹的心灵**有关联外，与主体没有任何关联。只有在这种对日常经验及其对象的纯化中，只有在这种现实的变形中，作为快乐、美丽、崇高的审美对象和世界才会出现。以另一种通俗的话来说，艺术的先决条件就是彻底看透现实，因而也就是对现实视而不见——压抑其直接性，以及压抑对它的直接反应。作品本身即对直接性的压抑，它实现了这种压抑；而且，作为审美的压抑，它是"令人满意的"、欢快的。在这个意义上，艺术本身是一个"幸福的结局"；绝望变成了庄严的东西，痛苦变成了美丽的东西。

几个世纪来，耶稣受难的艺术表现一直都是这种审美变形的最好范例。尼采在十字架上看到了"所有时代最隐秘的阴谋——即反对灵魂的明智、美丽、健康、勇敢、精神、高贵的阴谋，这是一种**反生命**的阴谋"（《反基督》，第 62 节）。作为审美对象，十字架揭发了艺术的美和精神中压抑性的力量，即"反生命的阴谋"。

尼采的概括，也许非常有助于阐明今日反抗艺术这一肯定的资产阶级文化重要组成部分的动力和范围。潜在的东西与现实的东西之间，以及非常现实的解放的可能性与当权者所操持的阻碍这种解放的诡计多端的企图之间现如今已经难以容忍的残酷冲突，引发了这一反抗。人们似乎不难看出，审美升华正趋近其历史极限；艺术对理想、对美与崇高的追求，以及与之相伴的艺术的"假日"功能，现在都冒犯了人类的处境。艺术的认知功能似乎再也不能遵从和谐的"美的规律"了，因为形式与内容的矛盾破坏了传统的艺术形式。

[145]

对艺术的反叛

对艺术形式本身的反叛有着悠长的历史。在古典美学鼎盛时期，它是浪漫派纲领的内在的组成部分。它的第一声绝望的呼号，见之于乔治·毕希纳，他斥责所有理想主义的艺术都表现出了"可耻的对人性的轻蔑"。这种抗议在重新开始的通过摧毁熟悉的、占统治地位的知觉形式以及熟悉的对象和事物显象（因为它是虚假的、残缺的经验的组成部分）来"拯救"艺术的努力中延续了下来。艺术向非具象艺术、极简艺术、反传统艺术的发展便是一条走向**主体**解放的道路，它为主体准备了一个崭新的对象世界，而不是接受、升华、美化现存世界；它解放了身心，使其获得了一种再也不能容忍残缺的经验和残缺的感觉的新的感性和感受性。

进一步发展便是"生活艺术"（**一种矛盾的结合?**），即运动中的艺术，作为运动的艺术。艺术，在其内在发展中，在其与自身的幻象的抗争中，逐步加入到了与心灵上和肉体上的掌权者的斗争中，加入到了反对支配和压抑的斗争中，换言之，艺术借助其内在的功能，想成为一股**政治力量**。它拒绝为博物馆或陵墓而存在，拒绝为不再存在的贵族展览而存在，拒绝作为灵魂的休憩或大众的提升而存在——它想获得**现实性**。现如今，艺术走进了反叛的力量，只是因为它**被俗化了**，它成了一种生活形式，赋予了难以形容的东西，赋予了谎言及揭穿谎言，赋予了恐怖及摆脱恐怖，赋予了作为所有"美学"的源泉和根基、作为灵魂及其文化的根基、作为精神（Geist）的第一"统觉"的肉体及其感性以语词、形象和声音。

各种各样的生活艺术、反传统艺术——它的目标难道不是适得其反吗？那种对没有形式的东西的创造，那种用审美对象对真实东西的替换，那种对自身和资产阶级顾客的嘲讽，所有这些疯狂的努力，难道不是些令人沮丧的活动吗？它们不是已经成了文化产业和博物馆文化一部分吗？我认为这种"新举动"的目标适得其反，因为它仍然并且必定（无论以何种抽象的形式）保留了不同于非艺术的艺术形式，而正是艺术形式本身，挫败了那种减少和取消这种差异性并使艺术成为"现实"和"生活"的意图。

艺术，若不取消自己作为艺术的所有形式，即便是以其最具破坏性、最具抽象性、最具"生活性"的形式，它也不可能成为现实，不可能使自身现实化。使艺术与现实分离的沟壑，艺术本质上的他者性，它的"虚幻"性，只能在这样的程度上被弱化，即现实本身趋向于作为现实本身的形式的艺术。这就是说，在革命的过程中，催生出一个自由的社会。在这个过程中，艺术家应作为**艺术家**而不是作为**政治活动家**参与其中，因为艺术的传统不能简单地被忘却或丢弃。那些在本真的形式中业已获得、展现和揭示的东西，包含着超越直接的现实化或解决方案的真理，甚至有可能还包含着**超越**任何现实化和解决方案的真理。

[146]

　　今日的反传统艺术注定依旧是艺术，无论它多么强烈地追求"反传统"。对"形式"的反叛，无法弥合艺术与现实之间的沟壑，无法摆脱艺术—形式的锁链，而是只能带来艺术性的丧失，只能是对异化的虚幻的摧毁、虚幻的克服。本真的**作品**，我们时代的真正的先锋派，远不是模糊这个距离，远不是**淡化**异化，而是**增强**异化，并强化了它们与既定现实的不相容，它甚至藐视任何（行为上的）应用。它们以这种方式完善了艺术的认知功能（即它内在激进的、"政治的"功能），也就是去明言那不可说的东西，让人面对他背弃的梦想和忘却的罪恶。实然和能然之间可怕的冲突越是剧烈，艺术作品就越会疏离于现实生活、思想、行为（甚至是政治思想和行为）的直接性。我认为，现如今真正的先锋派，绝非那些竭力创造没有形式的东西，而且同现实生活结合的人，而是那些在形式的紧迫性面前毫不退缩的人，那些找到了崭新的词语、形象和声音的人，而这些崭新的词语、形象、声音能够以唯有艺术所能领会的方式去"领会"现实——进而否定现实。这种真正的崭新的形式，早已从勋伯格、贝尔格和韦伯恩的作品（早已成为"古典"）中，从卡夫卡和乔伊斯的作品中，从毕加索的作品中涌现了出来。今天，它在施托克豪森的《螺旋》（*Spirale*）中，在塞缪尔·贝克特的小说中延续了下来。他们使"艺术已终结"的观点失去了效力。

超越现存的劳动分工

相反，今日的"生活艺术"，尤其是"舞台剧"，放弃了疏离的形式：通过消除演员、观众和"外界"之间的距离，它建立了对演员及其信息的熟识和认同，而这很快就把否定和反抗拽入了日常世界——即把它们当成了这个世界中令人愉快和可以理解的因素。观众的参与是虚假的东西，是他们预先安排的结果，意识和行为的变换本身不过是游戏的一部分——与其说幻象被摧毁了，不如说是被加强了。

这里，我想引述马克思的一段话："**应当对这些僵化了的关系唱一唱它们自己的曲调，迫使它们跳起舞来。**"跳舞，可以使死寂的世界充满生机，并使其成为人的世界。但在今日，"它自己的曲调"似乎已不再有传达性了，除非是以极端疏离和脱离所有直接性的形式，即以艺术最自觉和最审慎的形式。 [147]

我相信，"生活艺术"，艺术的"现实化"，只能成为有着质的不同的社会的事件。在这个社会，新型的男人与女人（不再是被剥削的主体或客体）可以在他们的劳动和生活中发展出对被压抑的人和物的审美可能性的想象——审美将不再作为某些对象（艺术对象）的特定属性，而是作为与自由个体的感性和理性相适应的存在形式和模式，正如马克思所说，是"对世界的感性占有"。艺术的现实化，即"新艺术"，只有在建构一个自由社会的世界的过程中才可以想象——换言之，它只能是作为现实的形式的艺术。

作为现实的形式的艺术：我们不可能回避由这个概念激起的联想，诸如大型的美化工程、艺术公司办公室、美工工厂、工业园区。这些联想都属于压抑性的实践。作为现实的形式的艺术意味着：不是美化既定的现实，而是建构一种全然不同的、截然相反的现实。美学构想是**革命**的组成部分，它是马克思的构想："动物只是按照需要来构造，而人也按照美的规律来构造。"

我们不可能使作为现实的形式的艺术具体化：艺术将成为创造力，将成为物质上和精神上的创造，将成为整个环境重建过程中技术和艺术的结合点，将成为最终摆脱了商业剥削和美化的恐怖的城市与乡村、工业与自然的结合点，所以艺术就不再是商业的刺激物了。毋庸置疑，创造这样一个环境的可能性依赖于对现存社会的整体变革，依赖于一种崭新的生产方式和生产目的，依赖于一种作为生产者的新型的人，依赖于角色扮演、既定社会的劳动分工以及工作与娱乐的终结。

艺术的这种现实化，是否意味着传统艺术"丧失了效力"？换言之，是否意味着理解和欣赏它们的能力"萎缩了"，意味着体验过去的艺术的智力和感官"萎缩了"？我的回答是否定的。艺术在这个意义上是超越的，即它有别于和游离于我们可能设想的任何"日常"现实。社会无论怎样自由，它都必须承受必然性——劳动的必然性，与死亡、病魔和匮乏作斗争的必然性。因此，艺术将保留与它们密切相关——而且只与它们相关——的表达形式：与那些现实的形式相对抗的美和真的形式。即使是在传统戏剧最"无能为力的"诗行中，即使是在最"无能为力"的歌剧咏叹调和二重唱中，也存在今天仍然"有效"的反叛因素。在它们中间，存在着对自身激情的某种忠贞，存在着无视常识、语言和行为的，控告和反抗现存生活方式的"自由表达"。正是借助这种"他者性"，传统艺术中的美才保存

[148]

着它的真实性，这种他者性不可能且不应当被社会的发展所抛弃。相反，所应抛弃的东西倒是它的**对立面**，也就是说，是艺术虚伪的、顺从的和舒适的接受性（以及创造性），是它与现行秩序的虚假整合，是它对压抑状况的调和与升华。届时，也许是第一次，人们有可能欣赏贝多芬和马勒无尽的忧伤，因为它在自由的现实中被克服并被保存了下来。也许是第一次，人们有可能用柯罗、塞尚、莫奈的眼睛去**看**，因为这些艺术家的知觉帮我们形成了这个现实。

七
耶路撒冷演讲①

---

① 1971 年夏，马尔库塞受邀到与希伯来大学有联系的凡雷尔耶路撒冷基金会做演讲。马尔库塞指出，他从未去过以色列，他的妻子英格将随行。英格曾经于 20 世纪 30 年代来过以色列，并且她在那里还有一些亲属。马尔库塞和朋友们通了几封信，并同意进行为期两周的访问，重点是他在希伯来大学的两场演讲，并与一些以色列和巴勒斯坦组织进行接触。讲座定于 12 月 21 日和 23 日，主要集中在美学方面。马尔库塞在开场白中坦言，他被告知要讲授一个哲学主题，所以他选择了美学，但警告说这将不可避免地谈到政治。这个分成两部分的讲座概述了他的美学理论的形成以及美学如何实际地与政治联系在一起。在他的私人文件中，我们看到了一份讲义形式的文字记录，以及一份准备发表的打字稿。不知出于何种原因，这些讲座从未发表过，在这里首次以英文原文的形式呈现了出来。这里发表出来的这个版本对原有的文字记录稍微做了一下编辑，改正了一些明显的誊写错误。——编者注

[149]　　　　　凡雷尔耶路撒冷基金会

　　　　　　　1971 年 12 月 21 日

　　主席：晚上好。我希望能够以我们所有人的名义，也就是说，能以凡雷尔研究所及其宾客，以耶路撒冷人、以色列人以及在座出席的各位的名义，欢迎我们今晚的嘉宾马尔库塞教授。看到如此拥簇的现场，马尔库塞先生将会展示他"驯服"群众的能力。

　　我认为他不需要我来介绍，但因为还有一些小小的疑问，同时为了抚慰我作为今晚的主席的自尊心，我还是要简短地介绍一下他。

　　相信大家都知道，从地理上来说，马尔库塞先生有着丰富的生活经历。他的足迹遍布柏林、弗莱堡、纽约（即哥伦比亚大学）、哈佛大学、布兰迪斯大学、加州大学等。他的思想历程至少引导他从黑格尔走进了马克思，走进了弗洛伊德和尼采，甚至在我看来走进了超现实主义。

[150]　　　今晚你们将看到，并将体验到，马尔库塞先生这个有时莫名其妙地被认为危险人物，其实是一个温和的、和蔼可亲的人。我想人们之所以把他视为危险人物是因为他宣扬——听起来像是尼采的术语——大拒绝，即为了达到我们所期待的善的世界，我们不得不拒绝当下的世界。在我看来，也许你们不会同意，他有一个希望，一个有点古老、有点神秘的希望：就人而言，未来的人类在思想和精神上，或者是在诗歌和科学方面，将不再有任何不同；就文化而言，无论是在艺术或是其他方面，将不再被分为更高级的一半和多少有些残暴愚昧的更低级的一半；失去人性的低级的那一半将不用再通过攻击从它身上分割出去的有贵族气派的那一半来证明自己的力量。在这里，有对我们所了解的达达艺术这种反传统艺术的喜

欢或至少是欣赏，有对愉悦感官和令人恐惧的东西的期盼，以及某种预示着真正的或可能作为合题的黎明的反题。

正如大家所知道的那样，他有很多特点。你可以把他当作和我们所有人一样的单向度社会的子维度；把他当作一个同时披着羊皮和狼皮的破坏者；当作一个短暂的迟早将被革命者——真正的革命者——抛弃掉的预言家，或者当作一个真正的预言家。我认为今晚马尔库塞先生会宣扬某种让人想起柏拉图和孔子的道德和美学的结合，但马尔库塞不像他们那样热爱等级制度。事实上，我们今天的出席至少意味着马尔库塞是法国人过去常说的"**思想的力量**"。我认为我们今天来到这里就是为了感受和欣赏马尔库塞的思想的力量，有请马尔库塞教授。

马尔库塞教授：正如你们所听到的那样，我有很多很多的方面，我也有很多很多的特点。今天在这里我只想强调的是，我是非常温和的，恐怕今晚你们就要领会到我的温和了，我不妨告诉你们为什么。

当我受到凡雷尔基金会的邀请时（对此我非常感激），他们建议我选择一个严格的哲学意义上的非政治的话题。当然，我答应了。鉴于我的坏名声，我乐于服从，因此选择了刚才宣布的那个标题，即"美学的哲学"——这个标题确实很温和。但曾经发生在我身上的事情总是会再次在我身上发生，也就是说，一旦我仔细观察一个哲学问题，就会发现它也负载着社会和政治内容。因此我认为，作为一个哲学家，我的任务就是不要忘记这个内容，不要简单地把它放在一边，认为它不属于这个主题，而是要表明这个内容何以属于这个主题。

目前，纯粹哲学和社会问题之间的这一内在联系的一个很好的例子就是审美，以及这个术语在美学领域所经历的意义的重要变化，我将其简要概括为，它从隶属于感官的东西，变成了隶属于感知的东西，又变成了 [151]

隶属于感性的东西，最后变成了隶属于艺术的东西。或者还可以说，它从一种生理状态变成了一种艺术状态。此刻，我认为，这种意义上的变化，表面上似乎完全属于哲学史，但它本身却属于社会史。也就是说，这种变化反映了社会压抑的一个方面和模式，即人类感官的要求和潜能，以及人类感性的满足，这两者都归入了艺术范畴。也就是说，归入了小说、诗歌和幻象。在艺术作品中，并且主要是在艺术作品中，人类可以找到在现实中难以实现的承诺、希望和真理。在艺术的维度中，人类可以表达他不得不以生命或现实生活中的幸福为代价加以抑制和限制的激情、欲望和渴望。通过这种转化，这种变形，艺术呈现出了一种肯定的特征——这种特征能够使得艺术不去触碰和改变人世间的苦难和现实生活中的物质条件。甚至，艺术通过给出虚幻的安逸、满足以及和谐来支持社会压抑。正是艺术和社会之间这种明显的抽象关系现如今爆炸了，变成了政治运动——激进的政治运动——的一个强大的因素。

我所说的就是西方所谓的文化革命，它与中国的"文化大革命"没有太大关系，它主要发生在西方技术发达的工业国家，在那里，在这场激进的对抗中，整个艺术传统遭到了拒绝。甚至不仅是整个艺术传统遭到了拒绝——审美形式本身也遭到了排斥，作为幻象遭到了拒绝，因此，历史上与这种虚幻的艺术相联系的所谓的资产阶级文化也同样遭到了拒绝。反对派不再需要被认为是支持和肯定痛苦的现实的那种传统的虚幻艺术了，相反，他们想要的是一种生活艺术，反传统艺术，能成为激进社会变革斗争中的力量的艺术——一种作为解放的工具而不是作为压抑的女仆的艺术。

这种将艺术政治化的做法还会破坏以审美形式表现出来的感官和感性的升华。人们所寻求的是一种俗化的艺术或是被俗化的艺术，一种解放而不是限制和压抑人的生命本能——即几个世纪以来为了统治和剥削人类和自然而饱受压抑的爱欲能量——的艺术。

这种为国家和社会重建服务的艺术的政治形势，实际上是我们今天可以目睹到的最重要的一种现象的一个方面，即今天对既定社会的反叛的范围扩大了——只需对今天的激进运动和最近的激进运动进行一下比较，我们就可以看出这一点。

这场运动酝酿的文化革命确实是一场彻底的革命。它不仅要在人的 [152] 物质条件上，不仅要在政治结构上，不仅要在意识上，而且要在感性上，在人的内在动力和需求上，有改变，有激进的改变。它希望把解放感官作为建设一个自由社会的先决条件。

这关系到什么呢？受到挑战的不仅仅有人与人的关系，还有人与自然——人自身的自然（本性）和作为其生活环境的自然——的关系。我们要问并且我将试着简短回答的问题是：为什么？这一涉及整个传统文化的激进化的基础和原因是什么？

我只能提出两点：首先，在这一历史阶段，技术进步为在全球范围内消除贫困、不平等和压迫提供了一切自然的、技术的和人力的资源。其次，要想把这一技术可能性转化为现实，要想相信这种确实可以实现的新的可能性，要想相信人类自由的新的可能性，心灵和身体必须向一种新的关于世界的经验—可以使男人和女人决定自己的生活，可以使个人在他们工作和闲暇之余发展他们真正的人类需要和能力——持开放态度。在能够构建和生活在一个真正自由平等的社会之前，人们必须从自身压抑和扭曲的人性中解放出来，而这种解放开始于我们最直接地经验我们的世界的地方，即我们的感官，我们的感性。

这是审美和社会变革实践——不仅需要新意识，新的理论，而且需要新感性，需要人自身新的感知方式和模式——之间的具体的环节。我想从历史发展的这两个层面来讨论这个环节，也就是说，今晚我将简要讨论感性固有的社会内容；周四的演讲将讨论艺术固有的社会内容。

现在我们开始第一部分。那么首先我想提醒在座的各位，我将真正履行我的承诺并进入哲学史，试着来讨论技术性很强的哲学问题。我不介意这样做，因为我认为这将给你们提供另一个美妙的例子，让大家看到最抽象的哲学史，最抽象的哲学传统，是如何以一种论证的方式反映社会发展变化的。

现在，在哲学传统中，几乎是从一开始，人类的感官、感性以及想象力等人类精神其他古怪的能力都注定要扮演相当低下的角色，都服从于
[153]　理性和知性。感官和想象力的真理——如果它们被给予了真理的话——即使不完全是消极性的，也有着很强的依赖性。现如今，这个始于柏拉图，并贯穿整个哲学史的人类精神的等级结构观念，从康德、席勒和黑格尔哲学中的德国唯心主义开始出现了决定性的转变。这整个的观念在马克思的理论中爆炸了，特别是青年马克思（我至少会简要地讨论一下）提出了把"解放感官"纳入革命概念当中的要求。今天同样的等级结构被新的生活方式和作为激进行动元素的想象的出现粉碎了。法国 1968 年 5—6 月发生的事件已经清楚地表明人们对人类能力的价值和功能做了全新的解读，而且它们作为激进的社会力量出现在了人们的想象中。

当下这种激进化，这种感性和想象力的地位的变化，宣告价值发生了激进的转变，即作为过时的社会组织原则的绩效原则遭到了反抗。我在这里可以简要地将这种绩效原则定义为根据个人在社会必要的有偿劳动中的竞争性表现，调节人类行为、人与人的关系和人在社会中的地位的规范和标准。

现在，针对这个竞争性的绩效原则，出现了对这样一种新经验的诉

求，这种新经验，正如马克思所表述的那样，能够改变感性的地位和功能，使其成一种实践力量。

我们可以用一种非常迷人的方式追溯从康德经由黑格尔到马克思的发展中的这种变化。我想简单地确认一下至少是这个发展中的几个要点，而借助于这些要点，人类精神的传统的等级结构正在逐渐消失，并为其他可能性腾出空间。

如果我们看一看康德的三大批判，我们就会发现他对自由的定义发生了一个有趣的变化，而这与感性在整个精神结构中的作用的观念有关。在第一批判中，感性只是接受性的——它的组织形式，感官赖以组织我们的经验的形式，是纯形式，没有任何物质性的内容，即时间和空间。然而想象力的中心作用已然显现。在这个阶段，康德称想象力为人类精神深处神秘的能力，尽管它的性质神秘，没有明确的定义，但康德认为想象力在人类精神的运作中起着中心作用，即在感性和知性之间起着中介作用。这是重新定义自由的第一个阶段。根据第一批判（纯粹理性批判）的说法，只有认知主体是自由的，即（对康德而言）所谓的先验统觉中的"我思"是自由的。自由仅仅是认知的条件。

第二批判从认识主体迈向了实践主体。道德人作为一个有道德的人，作为一个人，是自由的。但在第二批判中，人类的自由严格地限制在了道德人中，整个构想在调和自由的因果性（即作为因果链开端的自由的道德主体）与必然的因果性（即自然的因果性）的徒劳无益的尝试中最终失败了。归根结底，在第二批判中，感性的作用仍然是消极的——它是一种倾向，阻碍了纯粹的道德行为，需要压制。

[154]

在我看来，在三大批判中最重要的判断力批判那里，情况大不相同。我们未曾预料到康德会有这样的想法，即自由和必然、人与自然在审美维度上达成了和解。在第三批判中，康德发现或者说重新确立了这个理念，即自然就其本身而言，就无目的的目的性而言，是一个主体。自然的美表明自然也有"能力"根据化学定律以一种具有审美目的的方式自由地形成自身。再说一遍，自然的美表明自然也有能力以一种具有审美目的的方式自由地形成自身。我强调这个奇怪的句子，是因为它几乎一字不差地出现在了马克思的作品中，在那里，美的作用直接与自由社会的理念联系在了一起，在我们所发现的马克思关于自由社会的最迷人、最先进的理念中，有这样一个命题：在自由社会中，"人也按照美的规律来构造"对象世界——这句话来自《1844 年经济学哲学手稿》。我认为在哲学史和马克思主义理论中没有哪个命题能够以如此扼要的方式向你们展示出美学、美与自由社会的内在联系。

周四的时候我会进一步阐明这种联系。

在对自由做出这一奇怪的新的定义的同时，感性的概念和功能也发生了变化。在第三批判中，感性在人类各种能力的和谐的互动——感性、想象力、理性或知性在审美态度和审美对象中和谐相处——中活跃了起来，有了创造力。因此我们可以这样来总结第三个阶段对自由的重新定义：审美主体是自由的。

如果我们从康德转向黑格尔，就会发现一个与众不同的更激进的方法，那就是，在严格的思辨哲学领域内社会内容的发现和感性确定性的发现。在《精神现象学》一书的开始部分，感知作为个体直接经验的熟悉的结构被消解了，黑格尔对实际发生的事情的分析，正如他所说的那样，揭示了"我感知"中的"我们"，感知的"我"中的"我们"。它揭示了，一旦感觉经验的个体主体在事物的直接显象背后发现了另一个一般性的理性的对象世界存在时，它接着就会发现我们处在个体经验的幕后，这个"我

[155]

们"作为社会现实在主人和奴隶之间的斗争中展开，并由此进入了现象学的其他阶段。

我认为我们可以从黑格尔的分析——不同于康德的分析——中得出这样的结论，即我们或许可以说某种经验的和历史的物质是先天的东西，也就是说，对我们经验的最初的、主体间性的组织，不仅仅像康德所认为的那样，以纯粹的时间和空间的直观形式发生，而且以预先给定个体感知的非常具体的——物质的和历史的——形式发生。或者说，感知的资料是人类劳动形成的社会资料，其物质内容不可能独立于经验形式之外。

只有在从黑格尔到马克思的道路上，以及从马克思本人那里我们才能够得出这个观念的最终结论，感官才会被重新定义为实践性的，在改变世界的过程中发挥着重要作用。这个观念意味着什么呢？它打破了我们熟悉的看、听、感觉以及触摸事物和人的方式。我们的感官被购买和支配的世界——我们在其中直接经验我们的世界——所占据、扭曲。在感知中，事物对于我们而言已经表现为剥削、占有和购买的对象，自然本身则表现为所谓的无价值的东西，表现为受支配的物质。从一开始就伴随着工业社会发展的对大自然的破坏性的剥削转而强化了人对人的剥削，反之亦然。

感官是实践性的，所以我们看和感受事物的方式也是我们使用事物的方式。它也是我们设想事物和自然的可能性和潜能的方式，不仅是我们的心灵，甚至是我们的身体，都已成了绩效原则的工具，也因此被剥夺了自身解放的能力。人类本能的能动性因此遭到了破坏。生命本能，对生命的肯定被抑制了，越来越多地受到了破坏性本能的影响，而以这种方式，个体也就在他们各自的有机体中再生产了自己的奴役状态和挫败感。

因此，只有新感性能够打破这种方式——即使是我们最当下、最直接、最个人的经验也以这种方式受到我们所生活的世界的约束和塑造。或者说，激进的社会变革，对解放的迫切需要，必须植根于人的本能和审美性存在（sensuous being），这意味着建设一个真正自由的社会。（它）以一种新型的男人和女人——所谓新型的男人和女人，即他们彼此之间以及他们与对象世界之间有了质的不同关系，他们也有了质的不同的价值、抱负和优先顺序，他们以一种新的方式看、感觉和触摸事物，以一种新的方式体验自然，也就是说，把自然当成他们的生活环境，而不再仅仅是一个 [156] 受管控和受支配的东西，换言之，自然从工业化（压抑的工业化）的毁灭性的破坏中解放出来是人类解放的重要组成部分——的出现为先决条件。

我认为我们现在可以理解为什么你在马克思主义理论中会看到（这在其他地方根本看不到），他竟然令人感到怪异地强调感官的解放，人与自然之间完全不同的关系，是终结和打破支配的连续统一体——直到现在仍然是历史的特征——的先决条件了。通过这种新的关系，他的意思是终结把自然当成无价值之物的经验。（这里所提倡的）不是对自然进行非人的、破坏性的贪婪的占有，而是对自然的人性化的占有，而在这种占有中，人与自然达成了和解。

显然，现如今，社会变革的这些激进化和总体化的趋势正在工业国家进行，特别是在今天技术上先进的工业国家进行。它们并不仅仅在边缘进行，仅仅是一种表面的或意识形态的现象，因为它们本身反映了新的客观条件，反映了新的建立在技术进步的成就之上的人类自由的可能性。技术进步的成就使得过渡到一个新的本质上不同的生活方式成为可能，也就是说，异化劳动——即为了再生产社会所必需的劳动，但这种劳动没有、也不能满足人类个体能力的要求——的逐渐减少成为可能。换言之，通过自动化，所有的半机械化的日常工作和标准化的劳动都有可能逐步减少。

此外，（马克思的目的就是）废除或至少逐步减少异化劳动，消除世界范围内的贫困和不平等，废除受绩效原则支配的社会所强加的压抑性的道德。

现在，由于这些新的自由的可能性建立在技术进步本身的成就之上，感性的解放和自然的解放不太可能意味着那种回到前技术时代意义上的回归自然。相反，如果达不到允许异化劳动减少和劳动逐步机械化的技术进步的水平，自由社会和人道社会都是无法想象的。我们不能让技术社会倒退，而是正相反，要发展和提高科学技术，把科学技术从为破坏和压迫服务中解放出来。这里的关键不在于追求只能意味着私人和个人的解放的本能意义上的性释放，而在于本身与新的理性相适应的感性。换句话说，并不在于使感性在感性和理性之间关系的变化中独立于理性之外——这里的关键并不在于感性与理性之间的关系，而是感性与压抑性的、破坏性的理性之间的关系。而是将感性与新的理性协调起来，也就是大家一起努力去重建社会和自然，利用一切可用资源，以消除痛苦、不平等和压抑。

[157]

最后，我想谈一谈在这一点上经常提出的反对意见，即这都是一些乌托邦概念。人性无法改变——它或多或少总是现在的样子。现在，虽然政治激进派必须现实这一观点完全正确，但是，如果今天想通过把提供给他们的理念贬入乌托邦王国，从而废除这些理念，那将是打在历史脸上的一记耳光。今天，在我看来，乌托邦的正确含义只能是，根据最先进的科学概念，不可能成为现实的事物。我们可以说，废止衰老的事实，不是人们现在衰老的方式，而是普遍衰老的事实，这个想法是乌托邦式的。也许死亡的残酷事实，至少在今天看来，仍然被认为是必要的，而废止死亡则是一个乌托邦式的想法，但这样一个想法却不是乌托邦的，即在目前已取得的成就基础之上，我们可以创建这样一个社会，它并不比现有的社会更大更好，它也并非只是使其更加精简、更加合理的旧社会制度的全面重建，而是一个因为整个生活方式、整个价值体系、人们的愿望和需求都将不同而我们可以恰当地称之为有着质的不同的社会。周四我还会简单地谈到这一点。在这里，我要反对这种诽谤，即把历史的可能性说成是乌托邦的，我只想说：人性当然有许多不可改变的层次和维度，也就是说，在这些层次和维度中，人仍然是并仍将继续是一种动物。动物维度和动物本能之外的人性不仅在表面上，而且在本质上都是可以改变的。进一步讲，我们可以而且必须挑战这一诽谤，即把它说成是乌托邦概念——只有在我们认为现存社会本身是永恒的，只有我们把政治和社会条件变成了不变的形而上学条件，只有当我们忘记既定条件下的历史是由人类创造的，而被定义为人性的东西往往只是现存社会所造就的人，而不是人类不可改变的本性，我们才能接受乌托邦这个词。谢谢大家!

[158]　　　凡雷尔耶路撒冷基金会
　　　　　1971 年 12 月 23 日

　　主席：由于马尔库塞教授上次谈到了感性的重新发现，正如大家都知道的那样，在康德看来，时间是一种感性形式，所以允许我谈一些关于过去我自己与马尔库塞教授的关系。

　　在我刚开始进入哲学领域时，我偶然发现了他的一些发表在《社会》（*Gesellschaft*）杂志上和后来一些发表在《社会研究杂志》（*Zeitschrift für Sozialforschung*）上的作品，（还发现了）他那部重要的关于黑格尔的历史本体论的作品——所有人都在使用、研究这本书，并通过这本书的棱镜看到了这个伟大的哲学体系。

　　我认为今晚我有责任从严格的哲学的视角来重申这两三个突出的特

征：一个是马尔库塞对反理性主义的持续抵制，二是他对那些用直觉代替理性和批判态度的企图的批判。在 20 世纪 30 年代初形成的批判理论概念（也是他的思想中的一个连续的线索）下，我们现在已经与马尔库塞教授一起，在第一场演讲之后，参与到了他对批判理论的主旨的解释与延续中。

很荣幸能再次见到马尔库塞教授。

马尔库塞教授：今天我想再次从介绍开始，不过，我会使它尽可能简短。

今晚我想讨论的是西方所谓的文化革命的一个主要方面。现如今，这场文化革命是西方发达工业社会的特征，这个国家的社会看上去非常不同于我将主要讨论的美国社会。然而，对于为什么我不该担心在这里提出这些问题，主要有两方面的原因：首先，最发达的——技术上最发达的——国家向其他生活在不同环境中的更落后的国家提供发展模式是一种熟悉的历史趋势；其次，这个国家在经济上、文化上和政治上与美国有着密切的关系。

现在，如果我们牢记这两个事实，我们就不能对当今发达工业国家的这种决定性的趋势——它肯定还没有得到承认，也的确不明显，然而，它确实存在，并且在我看来，正变得越来越严重——视而不见。换句话说，我认为今天西方发达社会的发展——不，甚至是稳定——受到了挑战和威胁，并且是以一种新的方式受到了威胁。之所以是一种新的方式，是因为依照 1871 年和 1917 年以及后来的模式，它们没有受到无产阶级革命或类似革命的威胁——毋宁说，它们受到了内部逐步解体的威胁，这种解体本身是大量可用资源与其破坏性的、浪费性的使用之间明显对立的表现。换句话说，我们正面临着在富裕条件下的现存社会的解体——这似乎 [159]

真的是一种新的历史模式，不过，这个新是要打问号的，因为现在西方文明与罗马帝国之间的相似之处经常被拿来做比较。

现在，在这些新条件下，对抗现存社会的反对派的需求和目标也呈现出了一种新的形式，正如我上次演讲所指出的那样，它们现在涉及物质文化和精神文化，涉及政治的、道德的和心理的转变。

我想强调的是，正是现存秩序的内在动力现如今使得反对派的需求在政治上变得激进化了——激进化甚至到了这样的程度，即这些需求不仅限于经济和政治目标，而且还包括各种各样的文化目标。我们如何根据新模式来揭示这一解体的趋势，揭示采取新模式的反对派就来自现存社会的内部运作呢？

我想我已经至少在上次的讨论中指出了我可以在这里给出的证据。我想在这里简要地概括一下：我认为，对发达而且仅限于发达工业国家的大多数人口来说，现阶段，资本主义已经成功地满足了基本需要——即在已达到的文化水平上满足了生存需要。

现在，在这一成就的基础上，现存秩序却被迫去创造和刺激除那些在已达到的文化水平上的生存需要之外的需要。换句话说，越来越多的社会劳动被用在生产奢侈品上，被用在生产超过生存水平的商品和服务上。这一决定性的变化削弱了现存秩序的合理性，它似乎使全职异化劳动的持久必要性变得无效了，并且创造了我所说的超验的需要——也就是说，那种其满足意味着终止现存的生产方式的需要。在这一历史阶段，推动社会变革的动力可以说从物质匮乏转向了人类的困苦，从对更多和更大的商品的需求转向了完全废除商品形式和交换社会以及它的价值和优先顺序。

这种形势将创造和正在创造过渡到新的有着质的不同的社会的先决条件。鉴于这种可能性，所谓的超验的需要至少可以含糊地表示为：它们

就是需求，但又不仅仅是对世代之间和两性之间建立新的关系的需求，也
是对人与自然和人与物之间建立新的关系——一句话，一种新道德、新的
工作概念以及正如我们将看到的那样，一种新的审美——的需求，即迫切
需要。这个历史的转折点激活了人类自现代社会开始以来就严格受制于支
配的要求、受制于所谓的工具理性的要求的那些能力的根本潜能。为了更
有效地管控人和自然，它们必须服从支配的要求。我再说一遍，想象沦为
了幻想、小说和诗歌——感性沦为了所谓的人的第二性，除非它能够转化
为量化的理性的术语，否则它就会被认为只有主观有效性。

[160]

　　但现在，随着推动社会变革的动力向整个只有量的进步——同种事
物变得更大更好——的世界之外的转移，现在，这种对人类能力的压抑性
的重组正在被瓦解，被诽谤的第二性、感官和想象力都在争取它们自身的
权利。争取它们的权利，但不是（这就是我很感激我的同事在介绍时发表
的言论的原因）作为私人和个人解放，不是作为私人从政治和劳作中逃脱
出来，也不是作为我们所说的身体解脱，而是作为以社会全面重建和提升
新理性为旨归的运动的因素和目标。

　　现在，在这些运动中，主要是在年轻人中间，艺术作为一种注定形
成新意识、新感性和想象力的反抗力量得到了系统的使用和动员。今晚我
想讨论的是对艺术的这种动员，我将集中讨论艺术的直接政治化是否不仅
是矛盾的，而且还是弄巧成拙的。

　　说到这里，我想从一开始就强调——这将是我的解释的一个主要关
注点——艺术具有内在的、固有的社会和政治力量，因此仅仅将艺术政治
化是不必要的，也是有害的。艺术具有内在固有的政治潜能——首先，它
是对现有的人类生存条件的控诉，即对现有的生活方式的控诉；其次，它
也是自由的那些被压抑和犯禁忌的可能性的形象化。

现在，自由的这些被压抑和犯禁忌的可能性的传达最需要的就是我称之为未被整合的语言，即不负载和不受限于现有话语世界赋予文字的意义的语言：未被整合的语言和未被整合的感性、想象力对现存的社会世界提出了质疑。

现在，如果这是传达这个历史阶段的自由的新的可能性所必需的，我们必须记住，这样一种提出质疑的人类能力一直存在，并且恰恰存在于艺术之中。艺术说着不屈从于现有条件赋予文字的意义的那种未被整合的

[161] 语言。艺术甚至不说这种语言，艺术呈现了未被整合的形象；这些形象有方法地和系统地打破了现存的知觉世界——以这个世界所破坏和扭曲的事物的名义打破了这个知觉世界。

这种超越，这种质疑，这种表达自由和满足的不顺从的形象，这种对既定现实的否定，从一开始就存在于所有伟大的艺术之中。它是艺术固有的批判性，我们甚至现在也可以把它说成是艺术的政治性，它的颠覆性，而艺术的这种颠覆性在于艺术与异化社会相异化。

两种异化的模式：在今天的日常现实中实际上普遍存在于工作和休闲之中的异化；有方法地和系统地与这个异化社会相异化，即艺术的异化，它是创造性的异化，隶属于艺术的本质。你已经注意到了，我想在这里预言那种试图直接将艺术政治化的做法所带来的矛盾——如果艺术只有在其与现有社会相异化中才能真正传达它的矛盾的、批判的功能，那么这个功能的终止，也就是说，收回艺术的异化，就会破坏这种艺术的品质，而我希望你们也能注意到这一点。

从艺术传统本身来看，创造性的异化表现为所谓的审美形式——它是一种独立的、自我封闭的结构，其本身就是艺术品，它受和谐、秩序和美的法则的支配。

　　在今天我所描述的运动中，我们看到了对审美形式本身的反叛，比如，对那种将压抑性的、静态的、不真实的、虚幻的、虚构的秩序及和谐强加于其上，并以此方式压抑大众创造性的自发性，从而成为暴政的婢女的审美形式的反叛。我几乎是逐字逐句地解释了 20 世纪 30 年代英国艺术哲学家赫伯特·里德（Herbert Read）在伦敦的第一个超现实主义展览上所作的那个自此声名鹊起的声明，即我们必须完全拒绝审美形式本身，因为藉由我刚刚提到的这些虚幻的和静态的特质，审美形式与政治和社会压抑勾结在了一起，除此之外，它还压抑了人的生命本能，压抑了人的爱欲本能。

　　由于赫伯特·里德的批评指向所有形式的可被描述为虚幻的艺术的传统艺术，所以这个指控已经把整个"资产阶级文化"都涵括了进来。我把资产阶级文化放在引号中，你很快就会明白这是为什么。这并不是因为我害怕使用"资产阶级"这个词！

　　这个扩大化的批评现在攻击的是整个上世纪的文化传统。我在这里想问一下，这种对资产阶级文化的攻击有没有起到它想要解放文化的作用？它会不会放弃传统艺术中激进的进步和解放力量，代之以虚假的新艺术和文化？正如我们确实已经看到的那样，这些新艺术和文化很容易被现行秩序收买并成为它的一部分。 [162]

　　首先，什么是资产阶级艺术？什么是资产阶级文学？在这个简短的讨论中，我将重点讨论文学。如果我们不接受陈词滥调，而真正看一看事实，我想我们首先需要注意的是（这很可能使这个观点失效），自从资产阶级文学从反对封建和后封建贵族的斗争中产生，也就是说，大约从法国大革命时期开始出现，资产阶级文学表现出了强烈的反资产阶级立场。从一开始到最后，它都充满了对资产阶级物质主义和资产阶级拜金主义的抨击；它反对虚伪的资产阶级道德，反对剥削女性，等等。

所有这些在上世纪文学中比比皆是的品质似乎证明了文学在现代世界中是一种否定的而不是肯定的态度和功能。然而，对审美形式的攻击是有其合理性的。的确，审美形式包含着肯定的、保守的元素，而这使艺术作品本身，这种艺术，与悲惨的现实相容，甚至为这一现实开脱。为什么？因为这种艺术事实上建立了一个虚构的和谐的王国，用德语来讲就是"schein"（**假象**），这种艺术建立、奋争、宣扬的是人类内心的自由和满足，但对大多数人所处的痛苦的物质状况，即奴役的状况，它基本上漠不关心（即不起作用），这种艺术以牺牲身体为代价来颂扬灵魂。但我们在这里也可以讲一讲肯定的辩证法。我们可以这样说，即没有一件真正的艺术作品不表现出这种肯定性，也没有一件真正的艺术作品不打破这种肯定，不从物质的审美转化中重新接受这种肯定。正是诗人所讲述的故事的这种审美转化唤起了被既定现实所排斥但却仍然保留在记忆和期望之中，保留在男人和女人身上所发生的事情之中，在他们对这些事情的反抗之中，在他们对所谓的命运的反抗之中的另一种现实的意象、语言和音乐。

这是艺术内在固有的控诉，即对现有社会的控诉，而正是在这种艺术作品中，所有真正的艺术都致力于人类最高的目标，正如阿多诺所阐述的那样，无所恐惧的生活。

[163] 如果我们对艺术的这些内在固有的目标加以阐释，我们似乎可以这么说，即这些内在固有的目标同时也是从未实现的历史革命的目标，社会现实中的永恒的革命、社会现实中永恒的变革总是伴随着艺术发展过程中类似的永恒的革命与变革，比如，风格的革命和形式的演替，等等。但是——我认为这一点是决定性的——这两种革命和变革，即社会的和艺术的，从未在同一个实践世界中进行。艺术革命仍然是审美的变革（艺术永

远不可能成为革命实践本身），并且艺术也对革命实践的迫切性提出了质疑。今天，我们应该记住，让艺术为革命服务的最一致、最坚定的努力也许就是 20 世纪 30 年代发生在法国的超现实主义运动，这场运动的代言人是安德烈·布勒东，也正是他没过多久就宣布了艺术将永远不会屈服于革命的迫切性，艺术的目标将永远保留在一个不同的世界里。

艺术只能通过在它的张力中，在它与现实相异化中维持不断变化的审美形式来传达自身自由王国的形象。这种创造性的异化是资产阶级艺术的核心，并在资产阶级的历史成就——即对作为潜在的自由和满足的行动者的主体的发现——中得到了表现。

在压抑的社会里，正如我所提到的那样，这一客观维度在本质上是人的内在存在、其灵魂、其想象力、其激情的一个客观维度。这意味着，在外部世界里，顺从、调整、死亡或精神错乱是最终结果。

尽管（或者也许是"因为"）这种充满矛盾的自由仅仅是内在的自由，但这种艺术开启了既定现实之中并与之对立的另一个维度，另一个世界。这另一个维度，第二种现实，出现在了巴赫的作品中，主宰了古典的和浪漫的音乐、诗歌，决定了 19 世纪最伟大的小说，并在 20 世纪初的意识流文学那里暂时走向了终结。在弗朗茨·卡夫卡的作品中，这种创造性的异化完整地抓住了既定现实，并且在艺术的审美形式和内容上使这个现实显得非常恐怖。

这是艺术的一项独特的成就，也就是说，自由的形象出现（appear）在了本身不自由的王国。我们再次用到了"出现在了不自由的王国"——显象（appearance），**假象**，而不仅仅是幻觉，出现在了不自由的王国，也只能出现在不自由的王国，而这个显象是审美转化和风格的产物，同时也是艺术作品的潜在内容的产物。

只有这种审美转化才能带来并揭示艺术批判性的颠覆功能，才能使艺术所追求的自由那些犯禁忌的可能性显现出来——这种审美转化，其根本目的，是进行有方法的疏离，使日常语言、日常感知和思想非规范化。

[164]　换言之，它的目的是解放作为人类精神的认知能力的想象力。这种转化意味着对文字、颜色、形状和声音进行重新组合、重新发明和重新发现。重新发现每一件真正的艺术作品中作为它与既定现实断裂的标志和象征的沉默的力量。

这种转化终止于那自足的、审美性的（sensuous）、理性的总体，即作品本身，以及它自身的真理，它自身的幻象的真理，揭示了关于既定现实并超越于既定现实之上的真理，即存在于人类的欲望、激情、希望和承诺之中的真理，也就是说，存在于他那世俗的救赎之中的真理。这仍是虚构的，这仍是幻象。然而，因为这个王国必须存在，因为这个满足的王国仍然不真实，并且只有想象才能反映它的现实，所以这种艺术事实上是升华物，是的，但是人类的解放不仅仅是性欲的释放，而是性欲向爱欲——它本身就是一种升华物——的转变。

与审美形式这种固有的激进品质和功能相反，今天的反传统艺术和生活艺术屈服于我所说的——套用怀特海的说法——误置政治具体性的谬误。这种激进的批判的艺术品质，其否定的力量，恰恰在于艺术在审美形式上与既定现实相分离和相异化。

因此，综合地（系统地）取消这种分离意味着减少而不是增加艺术激进的潜能。换句话说，这是自我拆台。审美形式的毁灭，如果成功了，将意味着艺术本身的毁灭，所有真实的艺术赖以生存和运动的二维性减少到一维的表演，即广义上的表演，比如，剧院和音乐会中的表演。

缩小艺术和现实之间的差距，废除艺术的精英特征，这个目标只能在艺术永远不能直接干预的社会过程本身中不断接近。艺术在这个过程中所能做的就是加速意识和感性的变化。即使那样，也只有在这种变化的客观条件已经具备的情况下才可以。只有当艺术保留它自己的现实性，不是现存世界的一部分，甚至也不是与现存世界对立的一部分（否则的话，那相当于用宣传替换了艺术）的情况下，它才能发挥自身的批判功能。

　　生活艺术可以很好地消除以审美形式呈现和持有的艺术幻象，但这只有通过创造另一种幻象——即现实生活中自发的、直接的和具体的幻象——才能做到这一点。我称之为具体的幻象，因为即使是最疯狂的画作，或反传统的画作，也仍然是一幅画，一件潜在的博物馆作品，可以售卖。最自发和不和谐的音乐也仍然在被演奏。即使是最原始的街头戏剧也 [165] 需要一个组织核心、一个观众、若干演员，即使他们不是专业演员，等等。这些状况使这种类型的生活艺术沦为虚假艺术，违背了所有诚实的意愿，违背了所有仍然显而易见的抗议和反叛。生活艺术的世界仍然是幻象的世界，缺少艺术内在固有的超越的功能。

　　最后一个问题：我想简要地说一下现如今又被频繁提出的问题：我们能否设想艺术的终结？也就是说，艺术变成了现实生活的一种形式？艺术在某种程度上成了男人和女人的日常生活？如果像我所认为的那样，在社会变革的历史进程中，艺术和现实之间的差距可以缩小，这是否意味着艺术作为一种生活形式的实现？这是否意味着，或者说这是否有可能意味着这样一个社会的到来，在那里，艺术是个体的日常生活？艺术实际上就是现实的形式？

　　我会给出否定的回答。存在这样一种状态，在这种状态下，艺术的实现是可以想象的——正如一位青年作家所描述的那样，在这种状态下，名称和事物相符。所有的潜能都被现实吸收了，人们不再知道什么是自由了。而这将是一种完全野蛮的状态，一种与自由社会完全对立的状态。

不管我们喜欢与否，在一个自由的社会中，人们可能会继续谈及散文和表演散文。一个所有人都在谈论诗和写诗的社会将是一场噩梦！散文将继续存在，所以理性与想象之间质的差异将继续存在，目标与实现之间永恒的差异也将继续存在——与必然性的斗争将继续存在，恰恰是因为它将继续存在并且必须继续存在，艺术的梦想性（艺术激进功能的庇护所）也仍将是真正艺术的一个特征。

如果超现实主义者坚持梦想的真理价值，那么他们的意思是，超越所有弗洛伊德的解释，尚未实现的自由和满足的形象必须在与必然性的斗争中作为理性的范导理念，作为思想和实践的规范来呈现——必须从一开始就在社会重建中呈现出来。维持这个梦想，以反对没有梦想的社会，这仍然是伟大艺术的颠覆性功能，然而，保持梦想的同时，逐步实现梦想仍然是建立一个历史上第一次使所有男人和女人作为人来生活的更好的社会的奋斗任务。谢谢大家！

八
艺术与革命①

① 参 见 "Art and Revolution", *Partisan Review*,Vol.39, No.2 (New Brunswick: Spring 1972), pp.
174–187。该文对马尔库塞 20 世纪 70 年代早期关于艺术和革命的立场——他的余生将继续专
注于这些立场——进行了精彩的总结。它的有些段落后来重新出现在了《反革命和造反》中，
参见 *Counterrevolution and Revolt*, Boston: Beacon Press, 1972。——编者注

[166]　　正是在这个阶段，为维系和强化这种"否定性力量"（即艺术的颠覆性潜能）所做出的激进尝试，必定会维护和加强艺术的异化力量，即审美形式，而只有在这种形式下，艺术的激进力量才可以传达。

　　彼得·施奈德在《晚期资本主义的幻想和文化革命》这篇文章中把这种对审美超越的再现称为"艺术的宣传功能"。

> 　　宣传性的艺术将在人类有记录的梦想史中追寻乌托邦形象，将其从物质生活条件强加给它们的扭曲形态中解放出来，并为这些梦想指明现在终于成为可能的实现之路……这种艺术的审美应该成为实现梦想的策略。①

　　正因为这一实现的策略是实现梦想的策略，所以它绝不可能"完成"，也绝不可能转化成现实，而这将使艺术成为一个精神分析过程。实现更确切地说意味着找到了这样一种**审美**形式，而它能传达技术和自然环境进行解放性的改造的可能性。但在这里，艺术和实践仍然保持着距离，仍然保持分离。

[167]　　在两次世界大战之间的这段时间里，抗议似乎直接转化成了行动，并与行动结合在了一起，粉碎审美形式似乎是对付诸行动的革命力量的回应。阿尔托制定了废弃艺术的计划："终结杰作"（En finir avec les chefs-d'oeuvre）。艺术必须成为**大众**（la foule）关心的事，必须是大街上的事，最重要的是必须成为有机体、身体、自然的事。这样，它才会**感动人**，才

---

① *Kurbuch*, No.16, 1969, p. 31.

会**推动**事物发展，因为"有必要将一切事物分解，以便重新开始"。蛇随
着音乐的音调摆动，并不是因为音调的"精神内涵"，而是由于音调有节
律的振动本身经由大地传递给了蛇的整个身体。艺术却切断了这种传递，
并"剥夺了一种姿态（ungeste）对有机体的间接影响"。这种与自然的统
一必须得到恢复："在诗歌的文字之下，存在着没有形式和文字的诗歌**本
身**。"我们必须重新找回这种自然的诗歌，它仍然存在于人类永恒的神话
中（如索福克勒斯的《俄狄浦斯》中的"文字之下"），存在于原始人的魔
法中：对这种诗歌的重新发现是人类解放的先决条件。因为"我们还不自
由，天仍然有可能塌下来。而戏剧首先就是为了告诉我们这些东西"①。为
了达到这一目的，戏剧必须离开舞台，走上街头，面向大众。它必须**冲
击**，无情地冲击并**打破**自满的意识和潜意识。

　　……在戏剧中，暴力的物像粉碎并催眠了观众的情感，使其在
戏剧中就像是被一股旋风般的强大力量攫住了。

即使在阿尔托写这篇文章的时候，"强大的力量"也已经是一种全然
不同的东西了，它们俘获人，并不是为了去解放人，而是为了更有效地奴
役和毁灭人。今天，还有什么可能的语言，还有什么可能的形象，能够粉
碎和催眠那些平静地与种族灭绝、折磨和毒害共存（甚至从中获益）的心
灵和肉体呢？如果阿尔托想要一种"持续的声响：声音、噪声和哭喊声，
首先是因为它们振动的性质，再就是因为它们所代表的东西"，那么我们
不禁会问：听众，甚至是街上的"自然"听众，难道不是早就熟悉了大众

---

① Antonin Artaud, *Le Théâtre et son double*, Paris: Gallimard, 1964, pp. 113, 119, 121, 123, 124, 126.

媒体、高速公路、体育运动、娱乐场所的日常设施发出的巨大噪声和哭喊声吗？他们并没有打破对破坏的这种令人难以忍受的熟悉感，而是再生产了这种熟悉感。

[168] 德国作家彼得·汉德克猛烈抨击了"戏剧表演中令人生厌的虚假的严肃性"①。这一控诉并不是为了让政治远离戏院，而是为了表明它能找到其他表达形式。对希腊悲剧来说，对莎士比亚、拉辛、伊夫·克莱因、易卜生、布莱希特、贝克特来说，这种控诉不成立：在他们那里，"戏剧表演"凭借其美学形式创造了自身独有的"严肃性"的世界，它**不是**既定的现实世界，而是对它的否定。但对今天的游击式的流动戏剧来说，这种控诉是成立的：它是一个矛盾的说法；它完全不同于中国人（不管是在长征期间还是在长征之后）的游击式的流动戏剧，在那里，戏剧不仅仅是发生在"戏剧表演的世界"里，它也是革命实际进程的一部分，并作为一个插曲，建立了戏剧表演者和战士的同一性：戏剧表演的空间和革命的空间的统一。

生活剧场可以作为一个适得其反的例子。② 为了把戏剧与革命、戏剧表演与战争、身体解放和精神解放、个人内部变革与社会外部变革结合起来，它做了系统的尝试。但是，这种结合被神秘主义——"卡巴拉教、密宗、哈德教、《易经》以及其他来源"——遮蔽了。列宁和罗纳德·莱因所作的马克思主义和神秘主义的混合是行不通的，它损害了政治冲动。肉体的解放和性革命，变成了一种必须执行的仪式（"普遍的性交的仪式"），失去了它在政治革命中的地位：如果性爱是通往上帝的旅程，那么它的极

---

① 引自 Yark Karsunke, "Die Strasse und das Theater", in *Kursbuch,* No. 20, 1969, p. 67。

② 参见 Judith Melina and Julian Beck, *Paradise Now: Collective Creation of the Living Theatre*，Random House。

端形式甚至也是可以被容忍的。爱的革命，非暴力的革命，并不是什么严重的威胁；当权者总能够应付爱的力量。戏剧中所发生的激进的俗化，正如戏剧本身一样，是被组织起来的、被安排好的、被表演出来的俗化——它几乎变成了它的对立面。①

　　未升华的、直接的表现都注定是虚假的。在这里，艺术的"虚幻"特征并没有被消除，而是加倍了：演员只表演他们想展示的动作，而这种动作本身是虚假的，仅仅只是表演。

　　审美形式的内在革命和它的毁灭之间，真实的直接性和人为的直接性之间的区别（一种基于艺术和现实之间的张力的区别），也成了"生活音乐""自然音乐"的发展（和功能）的决定性因素。似乎文化革命已经满足了阿尔托的要求，即从字面的意义上，音乐可以让身体动起来，从而将自然带入反抗。生活音乐确实有一个真实的基础，即作为奴隶和贫民窟的呐喊和歌声的**黑人音乐**。② 在这种音乐中，黑人男女的生死得到了重　　[169]

---

① 　1971 年夏，那个一直在巴西为穷苦人演出的"生活剧团"遭到了法西斯主义政府的监禁。在那里，人民生活在恐怖之中，无法融入现存秩序，甚至神秘的解放剧似乎也对这一体制构成了威胁。我要对朱迪斯·玛丽娜（Judith Malina）、朱利安·贝克（Julian Beck）以及他们的剧团表示声援；我的批评是兄弟般的，因为我们同仇敌忾。

② 　皮埃尔·莱雷在他的文章（参见 Pierre Lere, *Free Jazz: Évolution ou Révolution*）中分析了这种黑人音乐的辩证法：

　　　……音乐形式的自由只是社会自由意志的审美转化。超越了主题性的音调框架之后，音乐家发现自己处在了一种自由的状态。这种对自由的追求转化成了无调的音乐性；它定义了一种黑人借以表达新秩序的调式的潮流。音乐旋律成为最初被拒绝的秩序和最终被期盼的秩序之间的沟通媒介。对一种秩序的令人沮丧的拥有和对另一种秩序的让人有解脱感的获得结合在了一起，这导致了和谐的破裂，为呐喊美学腾出了空间。这种作为"自由音乐"特有的共振（响亮）因素在愤怒的紧张气氛中诞生的呐喊宣告了与现存白人秩序的猛烈决裂，并转化成了新的黑人秩序的不断升级的暴力。

　　　　　　　　　　　　　　　　　　（*Revue d'Esthétique*, Vols. 3–4, 1970, pp. 320–321）

现：音乐就是身体；审美形式是痛苦、悲伤、控诉的"姿态"。随着白人接管了这种音乐，一个重大的变化发生了：白人的"摇滚"是黑人的摇滚范式**所否定的**，它只是**表演**。这就好像哭喊、欢跃和玩耍现在发生在一个人造的有组织的空间里；它们面对的是（富有同情心的）**观众**。曾经是生命永恒的一部分，现在却变成了一场音乐会、一个音乐节、一张正在制作的唱片。"这个团体"变成了同化个体的僵化的实体（verdinglicht）；它淹没了个体意识并把那种毫无社会基础的集体无意识动员了起来，在这个意义上，它成了"极权主义的"东西。

随着这种音乐失去了它的激进的影响，它走向了大众化：听众和观众中的合作者是一群涌向一场壮观的演出、一场表演的大众。

的确，在这样壮观的演出中，观众可以积极地参与：音乐使他们的身体**动了起来**，使他们变得"自然"了。但是，他们（字面意义上的）的兴奋经常呈现出歇斯底里的特征。不断重复的敲击节奏（其变化并没有打开音乐的另一个维度）、挤出的不和谐音、标准化的"僵化的"失真、总体的噪声水平所表现出来的攻击性力量——难道不是令人沮丧的力量吗？[①]同样的姿势，很少（如果有的话）真正触碰彼此的身体的扭动和摇晃——就好像原地踏步一样，它除了将你带入一群很快就要散开的人群之外，不会将你带到任何地方。从字面意义上讲，这种音乐是一种**模仿**，一种对有效的攻击行为的**模仿**：此外它还是另一种情感宣泄的方式：暂时消除压抑的群体治疗。解放仍然是私事。

---

① 《纽约时报》杂志（1970 年 10 月 18 日）报道称，"杰斐逊飞机"乐队的格瑞丝·斯莉克（Grace Slick）在一份声明中巧妙地揭示了隐藏在这种喧闹的攻击性行为背后的挫败感："格瑞丝毫无表情地说，我们生命的永恒目标是变得更大声。"

=====================

艺术与革命之间的张力似乎不能削减。在实践中，艺术本身并不能 [170]
变革现实，而且艺术如果不否定自身是不可能屈从于革命的实际要求的。
但艺术能够并且将会从当时盛行的革命运动中汲取灵感和形式，因为革命
是艺术的本质。艺术的历史本质在所有的异化模式中都有体现；它排除了
所有这样的观念，即今天重新找回审美形式可能意味着古典主义、浪漫主
义或任何其他传统形式的复兴。对社会现实的分析能否使我们知道哪种艺
术形式会对当代世界的革命潜能做出反应？

阿多诺认为，艺术以完全异化的方式回应了压抑和管理的总体特征。
约翰·凯奇、施托克豪森、皮埃尔·布列兹等人的这种高度理智的、建构
主义的以及同时又是自发的无形式的音乐可能是极端的例子。

然而，这种努力是否已到了无法回头的地步，也就是说，**艺术作品**
是否脱离了异化的维度，脱离了**形式**的否定和矛盾的维度，变成了一种既
无害也不做出任何承诺的声音游戏、语言游戏，变成了一种不再令人惊愕
的冲击，因此，它屈服了？

以无形式的半自发性和直接性言说的激进文学随着失去了审美形式，
也失去了政治内容，而这一内容则从金斯伯格和费林盖蒂最具形式的诗歌
中涌现了出来。最不妥协、最极端的控诉在一部正是因为其激进主义而排
斥政治领域的作品中得到了表达：在塞缪尔·贝克特的作品中，不存在任
何可以被转化为政治术语的希望，审美形式排除了所有的调和，从而让文
学成了文学。作为文学，这部作品只传达了一个讯息：终结事物的现状。
同样，革命存在于布莱希特最完美的抒情诗中，而不是他的政治戏剧中，
存在于阿尔班·贝尔格的《沃采克》（Alban Berg, *Wozzeck*）中，而不是今

天的反法西斯歌剧中。

这意味着反传统艺术的消逝，形式的再生。随之而来的是，我们发现了审美维度——尤其是作为自由观念的感性显现的美——内在颠覆性的新的表达。布莱希特将对美的喜悦之情和对政治的恐惧之感浓缩成了五行诗句：

> 对鲜花怒放的苹果树的喜悦之情
> 与对希特勒演讲的恐惧之感
> 于我的内心深处相冲突。
> 然而，只有后者
> 才促使我伏案奋笔疾书。

树的形象仍然存在于这首由希特勒的演讲"激起"的诗歌中。那标记着创作时刻的恐怖，就是这首赞颂鲜花怒放的苹果树之美的诗歌的起源。政治维度依然忠诚于另一个维度，即审美维度，而审美维度反过来又具有政治价值。这不仅发生在布莱希特的作品（他的作品早已被认为是"经典"）中，也发生在如今或以前的一些激进的抗议歌曲中，特别是在鲍勃·迪伦的歌词和音乐中。美回归了，"灵魂"回归了：不是食物中的灵魂，不是"冰上"的灵魂，而是古老的受压抑的灵魂，是"利德歌曲"（Lied）里，优美旋律中的灵魂，即如歌般的灵魂。它成了颠覆性内容的形式，但它不是人为的复兴，而是"被压抑者的回归"。音乐在自身发展过程中，将歌曲带入了反叛的境地，在那里，声音在语词和音调上打断了旋律，打断了歌声，变成了大声疾呼和呐喊。

[171]

艺术与革命在审美维度结合在了一起，① 在艺术本身那里结合在了一起。艺术即使是在（显然）完全没有任何政治内容而只是诗歌的情况下，也能够表现出政治性。这种艺术是关于什么的呢？布莱希特创造了一个奇迹，那便是他用最简单的日常语言表达了不可言说的东西：这首诗在稍纵即逝的瞬间唤起了解放了的世界、解放了的自然的形象：

> 恋人
> 看那些凌空翱翔的仙鹤！
> 看那飘浮在它们两旁
> 当它们从一种生活飞进另一种生活时
> 就已经陪伴在它们身边的白云。
> 同样的高度，同样的速度，
> 它们似乎生来就永远同行。
> 仙鹤与白云分享着
> 它们一掠而过的美丽天空。
> 它们不会在这里逗留太久，
> 它们只会看到彼此在风中摇摆的身影，
> 它们都觉得现在是

---

① 你只需读一些年轻的激进分子（或前激进分子）那些听上去正宗的诗篇，就可以看到诗歌，所剩的诗歌，在今天是如何具有政治性的。这些爱情诗作为爱情诗是政治性的，这并不体现在它们按照流行的标准被俗化了上，即口头上的性释放上，而正相反，这体现在爱欲能量找到了升华的和诗意的表达上——诗意的语言成了对这个社会中相爱的男人和女人的遭遇的强烈抗议。与此相反，当人们放弃了诗意的语言而代之以诗化（或伪诗化）的脏话时，爱情和颠覆的融合以及内在于爱欲之中的社会解放也就消失了。现如今出现了这样一种色情的东西，即性宣传，与露阴癖、可买卖的爱欲结合起来的宣传。如今，脏话和光鲜亮丽的色情摄影具有了交换价值——而浪漫的爱情诗则不然。

并肩飞翔。

假如它们不死亡、长相厮守

轻风或许会把它们吹入虚无

[172]　它们可被驱出

任何一个下雨和枪声响起的地方。

任何东西都碰不到它们。

它们就这样在太阳和月亮这两个缓慢变化着的球体下

并肩前行，消融于对方。

你们，到哪里去啊？乌有之乡。你们，要弃谁而去？所有人。

你若问它们在一起多久了？

很短。那么它们什么时候会分手呢？——很快。

恋人似乎就是这样从爱情中获得力量。[①]

　　自由的形象是与白云结伴在美丽的天空中飞翔的鹤：天空和白云属于它们——这里不存在任何的支配和控制。这样的形象体现出它们有能力摆脱胁迫它们的空间：雨和步枪的射击。只要它们总是保持自身，完全地相互依存，就是安全的。这种形象正在消失：风可能把它们送入虚无——它[173]　们仍然是安全的：它们从一种生活飞进了另一种生活。时间本身已经不再重要了：这两只鹤刚刚相遇不久，它们很快就会离开彼此。空间不再是一种限制：它们飞入了乌有之乡，它们从所有的人那里逃离了出来。结局是一种幻象：爱**似乎**赋予了一种用来征服时间和空间、逃避毁灭的绵延。但

---

①　参见 *Gedichte*, Vol. II, Frankfurt: Suhrkamp, 1960, p. 210。埃里希·卡勒尔（Erich Kahler）和阿多诺揭示了这首诗的意义，参见 Adorno, *Aesthetische Theorie*, Frankfurt/Main: Suhrkamp, 1970, p. 123。

幻象不能否定它所唤起的现实：两只仙鹤在它们的天空中与它们的云朵在一起。这种结局，也是对幻象的否定，对它的现实、它的现实化的坚持。这种坚持体现在诗歌的语言中，这种语言是散文式的，在残暴和腐败的马哈哥尼城，它在妓女和浪子的对话中变成了韵文和歌唱。这首诗里没有一个词不是散文式的。但是，这些词与句子或句子的一部分连在一起，而这些句子言说和展示了日常语言永远都不会言说和展示的东西。似乎是在直接感知中描述事物和运动的表面上的"基本的陈述句"，变成了超越所有直接感知的形象：飞进了自由王国，而这个王国同样也是美的王国。

这是一个奇特的现象：美作为一种特质，不仅存在于威尔第的歌剧中，而且也存在于鲍勃·迪伦的歌声中；不仅存在于安格尔的绘画中，而且也存在于毕加索的绘画中；不仅存在于福楼拜的措辞中，而且也存在于乔伊斯的措辞中；不仅存在于盖尔芒特公爵夫人的姿态中，而且存在于嬉皮女孩的姿态中！它们的共同之处在于它们都是美的表达，它们都反对不自然的去爱欲化，把美当成是对商品世界及其所需的表现、态度、表情和姿态的否定。

随着政治实践成功地（或失败地）建立了一个更好的社会，审美形式将继续发生变化。最理想的情况是，我们可以设想一个为艺术和现实所共有的世界，但在这个世界中，艺术仍将保留其超越性。人们很可能将不再谈论、写作或创作诗歌；不过，**"对世界的日常写实"**（La prose du monde）将继续存在。只有当人们不再能够分辨真与假、善与恶、美与陋、现在与未来时，"艺术的终结"才有可能实现。那将是文明鼎盛时期的完全野蛮的状态——这种状态确实有其历史可能性。

艺术无法阻止野蛮的出现——它不能靠其自身在社会中和反对社会中保持自身领域的开放。艺术自身的保存和发展有赖于为废除那种产生野蛮这一其自身的潜在阶段（其进步的潜在形式）的社会制度而进行的斗争。艺术的命运仍与革命的命运息息相关。从这个意义上说，真正驱使艺术家们走上街头——为公社而斗争，为布尔什维克革命而斗争，为 1918 年德国革命而斗争，为中国革命和古巴革命而斗争，为所有历史上能够带来解放的机会的革命而斗争——的是一种内在的迫切需要。但是，当艺术家这样做的时候，他也就离开了艺术的世界，进入了一个更广阔的世界，艺术仍是这个世界具有对抗性的部分，是激进实践的组成部分。

=====================

[174]   当今的文化革命把马克思主义的美学问题重新提上了议事日程。在前面的部分中，我只是试着就这一问题给出了一些尝试性的理解；要详细讨论这一问题需要写一本书。但是，在这种情况下，我们必须重新提一下这一具体问题，即"无产阶级文学"（或工人阶级文学）的意义和可能性的问题。在我看来，关于这一问题的讨论再也没有达到 20 世纪 20 年代和 30 年代初达到的理论水平，特别是达到当时以卢卡奇、约翰内斯·贝希尔（Johannes R. Becher）和安多尔·加伯（Andor Gabor）为一方与以布莱希特、本雅明、汉斯·艾斯勒（Hanns Eisler）和布洛赫为另一方之间的论战所达到的水平。赫尔加·加拉斯（Helga Gallas）的优秀著作《马克思主义文学理论》① 将这一时期的讨论记录了下来并对其做了反思。

    所有参加者当时都一致认为，艺术（讨论实际上仅限于文学）就其"真实内容"和形式而言由作者的阶级状况所决定（当然，这不仅仅是指

---

①   Helga Gallas, *Marxistische Literaturtheorie*, Neuwied: Luchterhand, 1971.

他的作品与他的个人立场和意识客观上一致，而是指他的作品与阶级的物质和意识形态立场客观上一致）。从这一讨论中得出的结论是，在只有无产阶级的立场才能使人洞察到社会进程的总体和激进变革的必然性和方向（即洞察到"真理"）的历史阶段，只有无产阶级文学才能发挥艺术的进步功能，才能培养革命意识：这是阶级斗争不可或缺的武器。

这样的文学会以传统的艺术形式出现，还是会发展出新的形式和技巧？当时出现了这样的争论：卢卡奇（以及当时"官方的"共产主义路线）始终坚持（修订后的）传统（特别是 19 世纪伟大的现实主义小说）的有效性，而布莱希特则要求完全不同的形式（例如，"史诗戏剧"），本雅明则呼吁从艺术形式本身过渡到电影这样的新的技术表现手法，这是"大的封闭形式和小的开放形式的对立"。

从某种意义上说，封闭形式与开放形式的对立似乎已不再是对问题的恰当的表述：与今天的反传统艺术相比，布莱希特的开放形式似乎是"传统"文学。确切地说，问题是**无产阶级世界观**这一基本概念，无产阶级世界观由于其（特殊的）阶级性，代表着艺术要成为真正的艺术所必须传达的真理。

> ［这种理论］预设了无产阶级世界观的存在，但正是这一预设甚至经不起大致的推敲。①

这是一个事实性的陈述——也是一种理论见解。如果"无产阶级世界观"这一术语指的是工人阶级中普遍存在的世界观，那么在发达资本主 ［175］

---

① Helga Gallas, *Marxistische Literaturtheorie*, Neuwied: Luchterhand, p. 73.

义国家，它就是其他阶级，特别是中产阶级中很大一部分人所共有的世界观。（用程式化的马克思主义语言来说，它被称为小资产阶级的改良主义意识。）如果这一术语指的是（潜在的或实际的）**革命**意识，那么今天它肯定不是专门指，甚至也不是主要指"无产阶级的"革命意识——这不仅是因为反对全球垄断资本主义的革命远不只是一场无产阶级革命，而且还因为我们无法通过无产阶级革命来充分阐述它的条件、前景和目标。如果我们想以任一方式把这一革命作为目标在文学中呈现出来，那么这种文学就不可能是典型的无产阶级文学。

这至少是马克思主义理论所给出的结论。我再次回想起无产阶级概念中的普遍和特殊的辩证法：作为资本主义社会中的一个阶级，而不是资本主义社会的阶级，它的特殊利益（它自己的解放）同时也是一般利益：它不能消灭作为阶级的它自身，不能消灭所有阶级，它就不可能解放自身。这不是一个"理想"，而是社会主义革命的真正动力所在。由此可见，作为**革命阶级**的无产阶级的目标是自我超越性的：他们在保留了历史的具体目标的同时，也在其阶级内容上超越了特定的阶级内容。如果这种超越性是所有艺术的本质，而托洛茨基和列宁对资产阶级的艺术概念以及所有形式的艺术持批判态度，那么在我看来，当马克思对艺术持一种保守的赞赏态度，托洛茨基和列宁对"无产阶级文化"的概念持批评态度时，这似乎就不仅仅是个人偏好的问题了。①

因此，即使是特定的无产阶级内容在"资产阶级文学"中找到了它们的归宿，这也算不上什么矛盾，也算不上什么异常。与它们相伴的往往是一种语言革命，这种语言革命用无产阶级的语言取代了统治阶级的语

---

① Helga Gallas, *Marxistische Literaturtheorie*, Neuwied: Luchterhand, pp. 210ff.

言，但没有打破（小说、戏剧的）传统形式。相反，正如我们在布莱希特的《三分钱歌剧》《马哈哥尼城的兴衰》中，以及在他的《伽利略》的"艺术性的"散文中所看到那样，无产阶级的革命内容是以（传统）诗歌的"高雅的"、风格化的语言形成的。

特定的无产阶级文学的代言人试图通过建立这样一个笼统的标准来挽救这一概念，该标准将允许他们拒绝"改良主义"资产阶级的激进派，即拒绝艺术作品中那些支配资本主义社会的基本规律的显象。卢卡奇自己将其当成了鉴别真正革命文学的准则。但这一要求恰恰违背了艺术的本质。社会的基本结构和动力永远找不到感性的、审美的表现形式：根据马克思主义理论，它们是显象背后的本质，只有通过科学的分析才能得到，只能用这样的分析来表述。"开放形式"并不能弥合科学真理与其审美显象之间的鸿沟。引入戏剧和小说的蒙太奇手法、纪实和报告文学很可能成为审美形式的重要组成部分，但它们只能作为一个从属部分。 [176]

艺术确实可以通过促进主流意识的变革而成为阶级斗争的武器。然而，相应的**阶级**意识和艺术作品之间存在明显关联的情况极为罕见（莫里哀、博马舍、笛福）。艺术由于其自身的颠覆性与革命意识联系在一起，但是一个**阶级的**主流意识一旦成了肯定性的，被整合了，变僵化了，革命性的艺术就会与之对立。如果无产阶级是非革命的，革命文学就不能是无产阶级文学。它也不能被"锚定"在主流的（"非革命的"）意识中：只有**决裂**、**飞跃**才能阻止社会主义社会中"虚假"意识的复活。

在今天的文化革命中，围绕着革命文学概念而产生的谬论让人变得越来越难以忍受。新左派中甚嚣尘上的反智主义拥护这种表达工人的实际利益和"情感"的工人阶级文学。例如：

"左派的知识权威"因为他们的"革命美学"受到了指责，而"某个犹太法典编著者小圈子"则因为"在考虑斟酌的每个词的所有细节而不是参与革命过程上更加专业"①受到了严厉的批评。陈腐的反智主义痛恨这样的理念，即前者是后者必不可少的一部分，是把世界翻译成一种新的可以传达全新的解放诉求的语言这一工作必不可少的一部分。

那些无产阶级意识形态的代言人批评文化革命是"中产阶级的一次令人激动的经历"。他们市侩的头脑表现最好的时候，也就是他们宣称这场革命只有"当它开始去理解文化真正的意义，比如，洗衣机对一个有穿尿布的小孩的工人阶级家庭的意义"才会"变得有意义"的时候。这个市侩的头脑要求"那些革命的艺术家……调整那个经过数月的辩论和计划的家庭在洗衣机交付使用那天的情绪……"②。

这种要求不仅在艺术上是反动的，而且在政治上也是反动的。退化 [177] 的不是工人阶级家庭的情绪，而是想把它们变成真正激进的社会主义文学的标准的想法：所谓的革命性新文化的焦点实际上就是调整现存的文化。

无疑，文化革命必须承认并颠覆工人阶级家庭的这种氛围，但这不能通过"调整"洗衣机交付使用那天的情绪来实现。相反，这种同情会使这种盛行的"气氛"长久持续下去。

即使无产阶级文学摆脱了对**普遍存在的**情绪的"调整"，而是与**最先进的**工人阶级意识联系在了一起，"无产阶级文学＝革命文学"这种观念也仍是有问题的。这将成为一种只在少数工人阶级中流行政治意识。艺术和文学要想反映这种先进的意识，它们必须表现阶级斗争的实际情况和推翻资本主义制度的实际前景。但恰恰是这种残酷的政治内容阻碍了它们的审美变形——因此反对"纯艺术"就是非常合理的。继而，这些内容也妨

---

① Irvin Silber, in *Guardian*, December 13, 1969.

② Irvin Silver, in *Guardian*, December 6, 1969, p. 17.

碍了向艺术的不那么纯粹的转化，即向具体的日常生活和实践的转化。基于这些理由，卢卡奇批评了当时的一部有代表性的工人小说：小说中的人物在家里的饭桌上说的语言与代表们在党的会议上说的语言一模一样。[①]

革命文学——其中，工人阶级是主客体——不仅是"资产阶级"文学的历史继承者，也是对"资产阶级"文学的绝对否定，但它仍然是一种尚未到来的东西。

但是，适用于发达资本主义国家工人阶级的革命艺术概念，并不适用于这些国家的少数种族和第三世界的多数人的情况。我前面已经提到了黑人音乐；此外，还有黑人文学，特别是诗歌，它们完全可以称得上是革命性的：它表达的是一种以美学形式表现出来的彻底的反叛。它不是一种"阶级"文学，但它的特定内容同时也是普遍的：受压迫的少数种族的特殊情况与所有需要的最普遍的情况息息相关，也就是说，与个人以及作为人类的群体的存在本身息息相关。最极端的政治内容并不排斥传统的形式。

---

① 参见 Gallas, op. cit., p. 121。参加讨论的共产党员正确地指出，在这样一种情况下，人们应该用事物自身的名称来称呼事物，不应该谈论艺术或文学，而应该谈论宣传。

九
致芝加哥超现实主义者①

---

① 《致芝加哥超现实主义者》写于 1972—1973 年，以法文限量地发表了出来，参见 *Bulletin de liaison surréaliste*, 6 (April 1973), pp. 20–29；道格拉斯·凯尔纳将其译成了德文并附上了介绍发表了出来，参见 *Weg und Ziel*, 2 (May 1997), pp. 38–41, 而关于附有富兰克林·罗斯蒙特冗长而又有趣的介绍的最早的英文版本，参见 *Arsenal: Surrealist Subversion*, 4 (1989), pp. 31–47。这里发表的马尔库塞关于先锋派运动的最广泛的反思包括两篇以"书信"形式写给芝加哥超现实主义者的文本，其原件可以在马尔库塞档案中找到。1971 年 10 月 12 日，马尔库塞给芝加哥超现实主义者的代表罗斯蒙特写了一封友好的信，感谢他寄来了芝加哥团体的材料，并指出："不知为何，看到我们的思想交汇在了一起，我很欣慰。"
1971 年 11 月，马尔库塞在纽约州水牛城举办的第二届国际"终极目的"会议上会见了一些芝加哥超现实主义者，并同意就这一问题交换意见，即"你对目前和未来超现实主义的可行性作何判断？"此处发表的这份日期标注为"1972 年 10 月"的马尔库塞就此所作的最早的实质性的回复包含了 19 页的经过大量编辑的笔记，它们是以写给芝加哥超现实主义者的书信的形式完成的。另一篇未注明日期的题为《第二封信》的文本主要针对的是超现实主义团体对马尔库塞的作品的批评，它于 1973 年 10 月 12 日随信寄给了罗斯蒙特。罗斯蒙特总结了他与马尔库塞的交流，并在《马尔库塞和超现实主义革命》（载于 *Surrealist Subversion*）一文中指出了他们的相似之处和不同之处，我们可以在网上找到这篇文章，见 http://www.marcuse.org/herbert/pubs/70spubs/73s--urreal/arsenalindex.htm。马尔库塞关于超现实主义的信件很重要，因为它们包含了对其新美学思想的详细描述，以及他与超现实主义这一强烈影响到他的美学理论的运动的最严肃的接触。
附在马尔库塞致超现实主义的书信中的有些注释出自富兰克林·罗斯蒙特之手，我们将用（富兰克林·罗斯蒙特注）来对此进行标记，以区别于马尔库塞添加到自己书信中的注释。——编者注

1971 年 10 月 12 日

[178] 亲爱的罗斯蒙特同志：

我很高兴收到你的信封和内容。我把信封贴在了书房的墙上①；内容我也已经读过了。祝贺芝加哥传单②：这是一个关于疯狂的幽默如何转变为激进的政治真理的罕见的例子（正是出于这一原因，这一真理永远不会实现）。

[179] 不知为何，看到我们的思想交汇在了一起，我很欣慰。我希望你能在我的新书中认出你的动物传单③；我正在努力完成它，并在春季出版。

但是我没有收到你装着《武库》（*Arsenal*）第 1 期的包裹。肯定有人喜欢它！

致以最好的祝福。

（但这不是祝愿 "人人作诗"）

加州拉荷亚，92037

克里夫里奇大街 8831 号

赫伯特·马尔库塞

---

① 我们几个超现实主义团体成员用图画和拼贴画美化了我们的信封。——富兰克林·罗斯蒙特注

② 《芝加哥传单》，即《芝加哥的第二场大火：超现实主义与住房问题》（*Toward the Second Chicago Fire: Surrealism and the Housing Question*），是芝加哥超现实主义团体在芝加哥火灾 100 周年活动上（1971 年 9 月）发行的宣传册。——富兰克林·罗斯蒙特注

③ 《动物传单》，即《食蚁兽的保护伞：对动物园意识形态的批判》（*The Anteater's Umbrella: A Contribution to the Critique of the Ideology of Zoos*），是芝加哥超现实主义团体于 1971 年 8 月发行的宣传册。马尔库塞的 "新书" 指的是《反革命和造反》。——富兰克林·罗斯蒙特注

我喜欢你的超现实主义的地址：北拉辛大街。

1972 年 11 月 4 日

亲爱的罗斯蒙特同志：

非常感谢，我已经收到了你的包裹，我原本想给你写些评论——但我无能为力。我还在忙着完成我的书①。我希望能在几周内完成。

我会去水牛城参加"终极目的"大会②，至少要在那里待上一两天，我能在那里见到你吗？

致以最好的祝福。

赫伯特·马尔库塞

1972 年 7 月 12 日

亲爱的罗斯蒙特同志：

[180]

这封信只是让你知道你的信已经转给了正在法国的我。我很高兴收到你的来信。我正在努力做出回答。但我还不知道要花多长时间，也不知

----

① 《反革命和造反》。——富兰克林·罗斯蒙特注
② 1971 年 11 月，哲学期刊《终极目的》(Telos) 主办的第二届国际"终极目的"会议于纽约州立大学水牛城校区举行。芝加哥超现实主义团体的四名成员参加了会议，当时住在加拿大的法国超现实主义同志盖伊·杜克纳特 (Guy Ducornet) 也出席了此次会议。——富兰克林·罗斯蒙特注

道结果会怎样！

　　谢谢，并致以最好的祝福。

法国，卡布里 06 号

邮局待领处

赫伯特·马尔库塞

—————————

1972 年 8 月 13 日

亲爱的罗斯蒙特同志：

　　不，我没有放弃，我已经写了 10 多页。但是，由于受到了严重的干扰，所以我在收尾的时候进展非常缓慢。作为我的新作的第三章的补充，我从指导文学和一般意义上的艺术的角度讨论了超现实主义。我认为我们必须这样来讨论超现实主义。我写的这些东西还需要修订和重新输入，不过，这些工作要等到九月份我回到加利福尼亚之后才能进行了。

　　我也希望听一听你对我这一章的真实的批判①；真实的 = 不使用无产阶级世界观（它并不存在）的陈词滥调，不把艺术当成服务于这个世界观的工具。

　　致以最好的祝福。

赫伯特·马尔库塞

————————————

① 《反革命和造反》中的《艺术与革命》一章。——富兰克林·罗斯蒙特注

_____

1972 年 10 月 12 日

亲爱的富兰克林：

我不想再耽搁了。这是我目前完成的工作。当然这只是一个草稿，我会继续完善它。你可以看到，我不得不在一个相当一般的基础上处理这个问题，我认为没有其他的处理方法。

您忠诚的赫伯特·马尔库塞

赫伯特·马尔库塞，第一封书信，1972 年 10 月　　　　　　　　[181]

论点：艺术和政治之间不可调和的矛盾归因于艺术的超越性超出了所有的政治目标（包括那些革命目标！）。

抽象地讲：潜在和现实之间的矛盾；具体地讲：就艺术而言，感性和常识，想象和理性，诗歌和散文之间的矛盾——在这个矛盾中，两个相互矛盾的部分都真实存在：虚构作品（诗歌、音乐等）的现实和真理与既定的生存世界的现实和真理相对立。

艺术是出现在既定的生存世界中的潜在的东西的形象化。

这都是历史性的说法：在不同的社会和不同的发展阶段，这种矛盾以不同程度、不同方式、不同形式（"风格"）普遍存在。

这种矛盾的解决将意味着艺术的终结（尽管绝不意味着自由王国的必然出现）。我将以超现实主义而不是"生活剧场"或"人民艺术"的情况为例来讨论这个论点。因为"生活艺术"等同于对艺术的清算（抽象的否定），与这种不可能的现实主义相反，超现实主义试图维持并夺回艺术的超越性和超现实性，试图维持并夺回艺术的**异化**力量，它是政治斗争**中的**力量，也是**支持政治斗争**的力量。

超现实主义的努力：在我们的世界中，各种力量在起作用，而我们却拒绝去掌控它们。我们不仅受制于自然科学和常识所揭示的理性因果关系，也受制于"非理性的"、超现实的或次真实的（就公认的理性而言）力量。

这不仅仅是我们的感知、想象和理性的扩展。心智能力的重构和重新定向本身并不是目的，消除现存社会及其需求对我们的能力的损毁才是目的。

超现实主义因此唤起了一个无限丰富、密度更大的世界，于此，人、事物以及自然被剥除了它们虚假的熟悉的外观。这是一个神秘的世界，因为没有什么比发现我们生活在另一种不熟悉的、遭到压抑的因果性法则——它是形而上的，精神性的法则，但完全是这个社会的法则，而不是某个天堂或地狱的法则，它是一种不同的秩序，它干扰着现存秩序但却不去废除它——下更令人不安的了。

这种因果性是自由的因果性？还是欲望的因果性？它是否意味着对我们通常看不到和感觉不到的自然力量的承认？

不管怎样，通常的反应和行动被"悬置了"，被打断了；人、物和自然在这一不存在交易、功能和性能，也不存在交换价值的新的寂静的世界里遭遇到了彼此。

[182]　　现如今，超现实主义与其他艺术风格和活动分享了这些品质。具体就是（或更确切地讲，曾经就是）它所表达的政治意图——以一种系统性的疏远的、反美学的形式（超现实主义的散文、诗歌和绘画等）进行传达。

以这种形式，超现实主义开始"为革命服务"。

本着这种政治意图，超现实主义失败了——它很快就遭遇到了艺术与人民以及艺术与革命之间难以调和的矛盾。

我将试着从当代的形势来明确地阐释这一矛盾：避免精英主义、势利主义、象牙塔等肤浅的陈词滥调；重点放在那些可以减少（而不是消除）这一矛盾（假设性的）的条件上。

很明显，只有在社会基础上、在激进的社会变革过程中才能减少这种矛盾。

让艺术为革命服务（不舍弃艺术本身）的先决条件是艺术的超越性（作为目标）——为人与人之间非剥削性的关系、自由的道德与感性以及人与自然的和解而斗争——在其实践中被保存了下来的革命阶级的存在。

这些曾被认为是社会主义社会可能取得的成就，工人阶级曾被认为是为这样一场革命而斗争，在这场革命中，（社会主义的）新的经济和政治制度将为人类和自然存在的质变提供基础。因此，艺术的政治化以工人阶级为中心，即以"大众"为中心。

现如今，众所周知的是，发达工业国家的工人阶级不是革命阶级。同样众所周知的是，工人阶级并非无论何时、无论何地都是革命阶级。问题是，从**潜在的**革命阶级（自在的阶级）发展成**真正的**革命阶级（自为的阶级）的条件是否具备了呢？

这种过渡不仅涉及生产过程（数字的和机器的力量，工厂的组织水平）中工人阶级的地位，也涉及：（1）政治觉悟程度：在很大程度上决定工人阶级实践的阶级愿望和价值；（2）他们的生活标准：他们的（物质的和文化的）**消费**水平。

实际上，消费领域是社会**基础**的一部分，是物质基础的一部分。将其归结为"表面"现象与辩证**唯物主义**完全不符。将人的"社会存在"分裂为两个组成部分（生产和消费）是完全非马克思主义的（马克思自己把生产过程划分成了生产和消费两部分，但这种划分仍然保持在作为总体的生产过程的统一之中）。

当然，生产引起消费，但是后者又反作用于前者，以及工人阶级的意识。这种相互关系是如今资本主义和共产主义内在动力的一部分：现存[183]生产体系的生产力越高，工人阶级的革命性就越弱。（结果，共产党成了"秩序党"。）现如今，剥削得到了过去所没有的补偿：如果工人都能有一个相对人性的居所，充足的食物、衣服、少量的假期和电视等，那么补偿便不是"意识形态"或"虚假的利益"。

此外，最重要的是，生产过程的技术化特征越来越明显，白领雇员在物质生产过程中所占的比例越来越大，都倾向于削减雇员和工人之间的差异，使工人阶级成为**制度内在固有的**小资产阶级。

随着这一发展的推进（与第三世界截然不同），艺术的政治化失去了它的社会基础。艺术要么以"大众"为取向，以一种不存在的无产阶级**世界观**为取向，走进了社会真空，即以虚无为取向（马克思："工人阶级要么是革命性的，要么什么都不是"）；要么以现实的小资产阶级**世界观**为取向（这是超现实主义一致拒绝的背叛）。

在这种情况下，艺术的直接政治化，即它的无产阶级化或大众化，只能靠牺牲艺术激进的、不顺从的品质和牺牲对内在的、自主的（不过也是历史的）艺术真理的承诺来获得。艺术真理需要它自身自主的表现和传达形式。

超现实主义选择了这个承诺。因此，超现实主义的散文和诗歌与超现实主义的政治观点和行为形成了对立。布勒东的《娜嘉》（*Nadja*）、《疯狂的爱情》（*L'Amour fou*）、《秘术 17》（*Arcane 17*），与他的本意相反，都成了文学杰作。以审美形式表达的超现实主义的冲动与革命实践相冲突。（朱利安·格拉克伟大的、真正的超现实主义作品同样也是如此。）超现实主义都在称颂艺术本质上的疏离。

1968 年的社会运动无可辩驳，"一切权力归于想象力"是暴动中的真正的超现实主义的呼声：艺术领域的直接政治化。但是，这一呼声在与政治现实——劳工运动组织、政府武装力量——的对抗中被压制了。

在这场对抗中，超现实主义诉诸于自发性、无意识和疯狂，同样也失败了。这违背了艺术的内在**理性**，根据这一理性，艺术仅能在**转化**和**升华**这两个过程中传达它的激进内容：（1）将既定的、普遍存在的现实转化为一个审美世界，于此，这种现实被剥夺了它对具有约束力的规范和价值的垄断。"其他"的现实，即解放的现实出现了；（2）将直接的、个人的、特殊的经验升华为特殊**中**的普遍的经过中介的经验。

只有凭借这种升华，艺术作品才能成为创造作品的个体艺术家之外的主体的（感知的、想象的、理解的）对象，成为**社会的**（而非私人的）主体与客体。

[184]

这两个过程构成了艺术理性，而后者与支配现存社会的理性之间既内在地联系在一起，又内在地相互对立。诚然，艺术**打破**了现有社会的理性，而只有当它能说自己的语言，呈现自己的形象时，它才能做到这一点。但这另一种语言就**包含**在普通的话语和普通的感知之中。艺术家揭示了它们完全不顺从的、批判的可能性：它们唤起了解放的必要性。解放的终极目标（虽然存在于历史革命中，但却从来都没有实现）在艺术中仍然保留了下来，即在不属于这个世界（这个世界＝既定的现实）的文字、形象和音调中仍然保留了下来，并且也只有在这种他者中，艺术才能传达这样的目标。然而（这是艺术独有的辩证法），它只能通过并"利用"**现有的**文字、形象和音调构成的世界来创造它自身的世界。这不仅意味着艺术对传统（语言、感性和理智"材料"）有着明显的依赖。这也是艺术的**历史性的**一个本质的方面。

　　审美理性有两个方面：（1）它建立和保存了既定的世界与艺术作品的世界之间的内在联系；（2）它从既定的现实的角度考虑，把解放的形象当成了可能的现实的形象。艺术通过使无意识、疯狂和自发性这些"基本的"力量服从于一种不再神秘的、去神秘化的意识和感性，赋予了它们"更高的真理"。因此，希腊悲剧是城邦的神话故事**及**其去神秘化；因此巴尔扎克的伟大小说呈现了资产阶级社会的冒险精神、资本主义的神话**及**其去神秘化。兰波的诗歌本身就是神话，但在他的生命中却并不神秘；洛特雷阿蒙的《马尔多罗之歌》或许就是他的诗歌中不再神秘的神话。艺术自始至终揭示了这一双重承诺，即对既定现实的承诺和对它的否定的承诺——而既定现实与它的否定是同一世界的两个部分。

　　理性化是艺术的一个本质的方面：使被抑制、隐藏和扭曲的东西呈现出来（再现）——这本身并不是目的，而是创造审美的世界（即**形式的世界**）①的过程中的元素。因为这一点仍然是正确的，即形式战胜了破坏性的混乱和秩序，消除了恐怖。

　　让无意识服从于一种新理性，即一种自由的理性：这也是弗洛伊德学说的根本内容（很容易就会转化成顺从主义的疗法）！哪里有**本我**，哪里就有**自我**！本我本身不是解放的发动机。即使在它反抗压抑的过程中，它

———————————

① 尼采："只有当一个人把一切非艺术家看作'形式'的东西感受为内容、为'事物本身'的时候，才是艺术家。如此，他当然就属于一个颠倒的世界，因为从今以后内容被看成了纯粹形式的东西，我们的生命也算在内。"——马尔库塞注

也带有压抑的痕迹。宣告欲望是终极实在（正如伪激进心理学所作的那　[185]
样），这是故弄玄虚，是糟糕的形而上学，是自然主义，不是辩证唯物主
义。欲望总是特定的个体在特定的生存环境下由这些条件塑造而成的欲
望。由此可见，即使是最基本的欲望也可能是退步的、奴役人的，所以在
争取自主性的斗争中必须对其进行压制。同样，疯狂、自发性也是如此。
（曼森家族的疯狂自始至终表现出来的都是美国社会的破坏性，而不是对
它的抗议。）对自发性的崇拜在历史上长期以来为反动政治服务。

　　将整个"次现实的"、次理性的维度"转化成"既定的生存世界与可
能的生存世界之间的冲突的条件的创造力是表达艺术的政治潜能的前提。
这种转化没有破坏审美形式，相反，它就**是**审美形式：感性、想象力、理
性的和谐。只有以这样的形式，作为**作品**，艺术才能加入永恒的革命，表
达永恒的解放需要。但它也表达了解放的**限度**。

　　艺术的永恒性表明了解放的限度。艺术本质上是悲剧性的。并非一
切都是阶级社会、剥削或交换经济的错；无产阶级并不是救世主。解放的
限度和欲望的限度存在于普遍与特殊、主体与客体的二元对立之中。"每
个人的自由发展是一切人的自由发展的条件"的说法并不否认这种对立：
它只是设想了它的非破坏性的表现。普遍（社会、群体）本质上不同于特
殊（个体），即使它不是叠加在后者之上的保持着不溶于人的主体性的客
观性的独立的力量、物质和自然。

　　普遍存在于物质文化和精神文化的基本制度中，存在于劳动和休闲
的社会分工中，存在于自然环境中。阶级的消灭并不会消灭这一现实，因
为阶级的消灭不同于个体的消灭。由此看来，即使是完备的社会主义也需
要欲望的合理化，也就是说，它在普遍的需要系统中得到满足。压抑？是
的。但（从最好的情况来讲）只是联合起来的个体为了他们真正的利益而

进行的压抑。我们还远未达到这种状态。那些在艺术品中找到真实表达的自我往往是转化和升华之后的自我；只有这样，它才能表达普遍的内容和关切，而不仅仅是所有个体的、私人的解放和必要性。正是这种内在的动力把艺术与改造世界的斗争连接在了一起。

超现实主义对自动主义和无意识的创造力的强调是错误的。无意识很可能既是种系发生的（phylogenetic），也是个体发生的（ontogenetic），既与物种的发展有关，也与个体的发展有关，但是本我的超个体的一般内容只有通过概念思维（在艺术中，通过感性的理性，即审美形式）的努力才能获得。如果 X 开始自动地、自发地写下"降临到他身上"的东

[186]

西，那么这就是一件私人的事情，是私人的痛苦或快乐的释放，是不能宣称任何"更高的真理"的欲望的释放。就像存在着只有私人相关性的自我满足一样，也存在着本我的满足：自恋式的满足。（此外，我不认为有自动的写作或绘画这样的东西。当写作或绘画开始的时候，意识就会自发地干扰——虽然有可能是以一种迂回的无意识的方式）最前卫的艺术家仍然受制于他对那些作为传达手段的文字、图片和音调的承诺。这种承诺严格限制了他的"自发性"，严格限制了他可以随意摆弄形象、打破句子结构、创造自己的语言的自由（因为他自己的自由发展目前还不是一切人的自由发展的条件）。

艺术出现在了经验媒介中，**同时颠覆了**这种媒介的熟悉性：由内而外的疏离。这种可能的颠覆模式受到了（艺术和社会发展中）特定的历史情境的限制。本雅明仍然相信，"资产阶级艺术"中的"寄生虫般的"精英主义特征和它的欣赏性可能会被"震撼"所颠覆——法西斯主义已经驱散了这种幻觉，一个容易接受种族灭绝和地球毁灭的社会似乎对艺术中的震撼免疫。

在《反革命和造反》的第三章，对艺术（诗歌）在奥斯维辛和越南之后是否还有可能这个问题，我给出了肯定性的回答。解放性的理念和形象在艺术中仍有其归宿，它们作为疏离的形式仍然类似于审美形式。这在今天可能意味着退步、防御性撤退和回归——这也许是当前历史形势下的一个必要的发展阶段，在这种历史形势下，对审美形式的破坏简直太类似于作为现存社会特征的暴力和破坏了。

当然，没有哪一部**杰作**能让大众"走上街头"——它也永远不会这样做。问题不是如何把艺术带给人民或是把人民带给艺术。艺术所包含的激进潜能只要与社会强加到人民身上或融入他们身体当中的压抑的攻击性的需要相抵触，它就不可能受到欢迎。在阶级社会，人民的需要和艺术的审美特质有着明显的（无法用艺术来解决的）冲突：只要人民被迫为他们的日常生活而斗争，为反对非人化而斗争，为反对他们自身的暴行和他们的主人的暴行而斗争，那么保护艺术形式，保护艺术本身，就会是一场**反**民粹主义的运动。

只有当人民不再是"人民"（= 被统治者），而是成为自由地联合起来的个体时，艺术与人民之间的鸿沟才有可能缩小。20 世纪和 21 世纪真正的社会主义革命将是毁灭性的变革，它不仅对物质和文化制度来说是毁灭性的变革，对那些参与这场变革的男男女女的感性、想象力和理性来说也是毁灭性的变革。在这一变革中，审美特质将发挥决定性的作用——不是作为装饰、仪式以及外观，而是作为个体的迫切需要的表达，将发挥决定性的作用。（但愿这不是意味着"人人作诗"——这个概念与辩证唯物主义不符。诗歌和"对世界的日常写实"之间的区别不可逾越，必然王国将继续妨碍艺术的这样一种一般化。）　　　　　　　　　　　　[187]

心智能力（接受能力和创造能力）的变革只有在资本主义和共产主

义特定的发展阶段——即现存的社会组织和劳动分工，以及作为全职工作执行者的男女的存在，显然已经**没有必要了**——才有可能成为激进**社会**变革的一种推动力。在这个阶段，具体的替代方案将出现在日常工作过程中，即体力和脑力劳动的生产过程中。我认为，现如今，我们可以在对技术上最先进的资本主义产业的工作进行重组的斗争中看到，这个阶段已经到来了。这种（缓慢的，但绝不是不可逆转的）趋势使组装线逐渐出现了解体，使个体和相关工人在更大的工作部门确立起了自我责任。[①] 如果这些目标将成为工人阶级有组织的实践的要求，那么它的实践将最终废除生产中浪费的、不人道的特征和废除那种将这些特征强加于生产之上的等级制度。

艺术作品的生产也是作为艺术作品（潜在）"消费者"的主体的生产（Marx, *Grundrisse...*，第 14 页），即其感性、想象力和理性易受艺术的真理——即审美真理和现实——影响的男人和女人的生产。在阶级社会，艺术的主体只能是个体，而不是"人民"。相比之下，摇滚音乐节、街头剧场等的（社会）主体是人民。然而，这种直接的大众化（并不对应于那种会使"人民"成为其存在的主体的社会结构的变革）放弃了审美转化和升华，即艺术本质意义上的疏离。因此，被吸收是这些作品所固有的，这在某种程度上与传统艺术的肯定性质有很大差异。当一部"经典"成为现存文化的一部分时，它便失去了批判性的疏离和游离的性质，但在接受它的过程中，仍然有一些东西会妨碍自发的认同和亲切感，也就是说，仍然有一些"外来的"、空虚的东西。

---

① 在世界的另一端，这种趋势在中国公社分散的、高度自治的工业化中找到了它的对应物。"自下而上"（但在总体计划内）的生产方面的技术和行政重组发展了生产者和消费者的自主能力和需求。——马尔库塞注

　　人民只有成为真正的**社会**主体，也就是说，只有当异化劳动逐渐让　　[188]
位于社会再生产中的创造性工作时，才可以成为艺术的主体。这将是从量
的生产向质的生产的转变：真正的社会主义革命的标志。质的生产不仅意
味着要提高商品和服务的量，而且要通过不同的人以不同的方式为不同的
人生产不同的东西。只有在这个过程中，社会基础、生产方式才能向审美
维度开放并显示其与艺术的亲密关系。只有在这一过程中，审美需求才能
扎根于社会基础本身。创造性的工作是生产——既包括必需品的生产，也
包括"奢侈品"的生产——的基本过程。创造性的工作不仅仅是业余爱好，
不仅仅是从异化劳动中解脱的放松，而是在整个社会重建和再生产中释放
出来的能力的发展。那时，工匠劳动不会取代技术和自动化生产；相反，
工匠劳动将以技术和自动化生产的成就为前提并保留这种成就，工匠劳动
将出现在技术和科学的基础上。这就是马克思曾经指出的"也按照美的规
律"来充满审美情趣地构造事物：创造一个能够使自由的个体得以发展，
能够使他们的欲望、想象力、智力得以发展，能够使他们得到和平，使他
们战胜暴力和恐惧的环境。

赫伯特·马尔库塞

————————

1973 年 3 月 6 日

亲爱的朋友们：

　　以下是我对你们的批评性评论的回应，非常简略，也没有条理，而
我也确实没有时间做得更好。

罗斯蒙特和西蒙斯①的评论需要详细的口头讨论。我希望春末能到芝加哥，如果你们能够安排一场会议，我将非常高兴。

致以最好的祝愿。

您真挚的朋友赫伯特·马尔库塞

[189]　　　　赫伯特·马尔库塞，第二封信

你们真的没有注意到我关于艺术和革命有着不可调和的矛盾的论点只是以最不妥协的形式就超现实主义的中心论点所作的解释吗？

你们难道忘了呼吁"艺术革命"的《宣言》（1938年）宣告了"艺术的独立"吗？②这份《宣言》有这样一句关键的话，即真正的艺术"不能不是革命的"。换句话说，真正的艺术在本质上是革命的，也正因为如此，它不接受任何特定的革命实践的要求。从这个意义上讲，艺术是自主的，而《宣言》同样还呼吁"所有的艺术都是特许的"。难道还有比革命实践的纪律更矛盾的东西吗？早在墨西哥的《宣言》之前，1926年的《正当防卫》（Légitime Défense）就已经说到了这一点："……我们认为，内在生活经验还是有必要延续下去的，当然，它的前提是没有外在的控制，**甚至是马克思主义的控制**。"（黑体为我所加）③皮埃尔·纳维尔（Pierre Naville, 1927）

---

① 20世纪70年代，约翰·西蒙斯和大卫·沙诺斯（参见本卷原文第190页提到）短暂地参与了超现实主义活动。——富兰克林·罗斯蒙特注

② 马尔库塞这里指的是安德烈·布勒东和列夫·托洛茨基撰写的《独立革命艺术的宣言》（*Manifesto for an Independent Revolutionary Art*, 1938），但它的署名却是布勒东和迭戈·里维拉。关于英译本，参见 *What is Surrealism? Selected Writings of André Breton*, New York: Monad, 1978, pp. 183–187。——富兰克林·罗斯蒙特注

③ 《正当防卫》（Légitime Défense）出自安德烈·布勒东之手，关于英译本，参见 *What is Surrealism?*, pp. 31–42。——富兰克林·罗斯蒙特注

写道："超现实主义将自身引向了这一使它一而再，再而三地**与无产阶级革命最基本的需要相矛盾**的方向。"①（黑体为我所加）

可以肯定的是，我在引用权威，引用神圣的经典——我这么做是因为我相信这些话包含了超现实主义的革命性的内核，包含了它对既定的现实原则的激进超越。将这些论点解释为仅仅是指共产党的实践并不准确。实际上，它们指的是艺术和一切革命实践之间的关系。因此，超现实主义在维持艺术的内在需要和要求（它的自主性）的同时也意识到了革命实践的需要和要求以及它的目标。超现实主义在为自身独立自主的革命——艺术革命——而战的同时也为这些目标而战。

我谈到了不可调和的"矛盾"——假设你熟悉辩证思想。超现实主义和革命实践＝对立的统一。这可以概括我想说的话。

反对超现实主义向非辩证的唯物主义的屈服，坚持精神完全自由，坚持想象的认知能力，纠正了社会存在与意识（意识形态）之间关系的庸俗的图式化。

因此，超现实主义避免了马克思主义美学的一个陷阱：把艺术的方向叠加在（并不存在的）无产阶级**世界观**上，叠加在大众的需要上。　[190]

"社会存在决定社会意识。"大众的社会存在是一种终身的奴役状态，这种奴役状态产生了一种不自由的、僵化的意识，这种意识反过来又规定了（并扭曲了）大众的需要和渴望。大众越能有效地融入资本主义社会，这种（否定性的）规定就会越强大：它将由大众自身加以再生产，直到在大众的需要和渴望中生根。

在这种情况下，革命意识怎么可能"从内部"发展起来呢？如果有"精

---

①　参见 Pierre Naville, *La Révolution et les intellectuels*, Paris: Gallimard, 1926。——富兰克林·罗斯蒙特注

英主义"理论的话，为什么我们不最终承认列宁的先锋队理论（它从这种情况出发得出了正确的结论）就是"精英主义"理论呢？因为同样的论点，**只要细节上做出必要的修改**，也适用于**艺术**与大众之间的关系：任何可能有助于革命意识发展的艺术，都将来自主流意识和大众存在的**"外部"**。

但是，另一种激进的革命意识同样将取决于社会存在，即不受全职异化劳动束缚的社会存在，凭借其享受的特有的教育，自由地追求那些超越或反对现存的需要和愿望的需要和渴望——自由地追求理论、想象和有着质的不同的需要及其满足的世界的可能性——的社会存在。这种自由成了整个革命意识的发展的先决条件。这是"精神绝对自主"（autonomie absolue de l'esprit）的政治功能，是阿拉贡所称颂的超越的自由**理念**（当时，他还是一个超现实主义者）的政治功能。

如果没有这种唯心主义的元素，不承认想象力的自主性和维持革命目标的内在经验，超现实主义在政治上就是无关紧要的。

我不想与大卫·沙诺斯争论，因为他没有提出任何论点。相反，他只是在重复着我们熟悉的小资产阶级的陈词滥调。例如：谴责"德国人的头脑"，谴责日耳曼风格；憎恨抽象思想（他读过《资本论》第一章吗?），怀疑唯物主义中的唯心主义成分（他认为黑格尔与马克思和列宁无关?）。他严重破坏了事实：他在爵士乐已经安全地融入现存体制的时代仍然认为爵士乐是对资本主义的诗意的否定。他认为阿多诺关于爵士乐的文章"比本雅明的《艺术作品》晚了近 30 年……"——事实上，它们是同一年发表的。（顺便说一句，你可以对阿多诺有各种各样的谩骂，但指责他"愚蠢透顶"就太愚蠢了。）

他文章的剩余部分完全就是浪漫的怀旧。他的意思就好像 20 世纪后半叶的工人阶级仍然是 19 世纪中期的工人阶级，就好像我们仍然生活在

20 世纪二三十年代，就好像俄国革命仍然是布尔什维克革命，等等。他把马克思 1843 年的说法当成了 1865 年的说法的"必然结论"——这是完全漠视辩证唯物主义内在历史实质的明证。

你对我的评论的回应缺乏幽默感，这让我觉得有些遗憾。例如，你在对待自动写作观念上的"严肃的精神"。除了实验过程中提供的样本外，没有任何真正的超现实主义的作品是自动产生的，而且样本本身对超现实主义作品也没有任何贡献。另外一个例子，布勒东关于绘画是一种"可悲的权宜之计"的说法。再看一看《超现实主义与绘画》（*Le Surréalisme et la Peinture*）和马克斯·恩斯特。超现实主义中有一种奇妙的反讽和自我修正，可惜的是，你的回应缺少这种东西。博物馆中的马塞尔·杜尚的便池不能永远被误解为激进艺术革命的开端。

艺术的本质并不取决于不断变化的品位、模式等。特定的风格和形式不可能"过时"。艺术基本的历史性不仅仅是潮流和时尚的突变；毋宁说，它是一种变革，在这种变革中，艺术的实质在于不断地改变表达方式。例如，第一次世界大战之前的**"青年风格"**（Jugendstil）已经不再是一种适切的审美形式，但是，其中的艺术（甚至是革命性的艺术）在经历了一段时期的轻视和遗忘之后，对后来的风格产生了影响：事物和人有了一种不那么复杂、不那么批判、不那么升华的愉悦感官的特质。另外一个例子是，壮丽恢宏的贝多芬交响乐听起来有些空洞，因为使它们充满活力的人文主义已经不再适合这种表达形式了。它遭到了 20 世纪非人的暴行的驳斥。然而，作为**作品**的赋形原则，人文主义的理念仍然有效。

我曾经说过，艺术在它整个历史变革过程中保持不变的一个基本品质是艺术与现实之间存在着差异。我们需要进一步澄清这个表述。很明显，一座雕像、一幅画、一本书、一部乐曲的乐谱都是现实世界中的真实对象（**广延实体**，物），但它们无法像构成实践世界的其他对象那样被经验到。它们并不是对象（一块大理石、一张纸、一张带颜色的画布等），而是用现实世界的材料（语言的、视觉的、声音的和历史的材料）构建的想象世界的客观化。这个观念世界有**其自身的**客观性：作品绝不仅仅是艺术家个人想象力（以及感性、理性）的产物；他自身的心智能力反映出一种意识和感性，而它们仍然有可能成为**所有人**的意识和感性。

只有发生了变革的现实才是艺术的现实，只有这种变革（它改变了每一个对象和对象的每一个方面）才有可能在审美接受中产生对世界的新的感知、经验和理解；打破既定经验和既定现实本身的垄断才有可能产生新的主体。

[192]

主客观两方面的变革改变了对象和主体的结构与功能。仅仅对对象进行地理位置上的转移永远都不可能实现这种断裂：它仍然作为现存秩序的一部分，作为其意识形态和物质装备的一部分，存在于现存秩序内。杜尚的便池即使放在博物馆或艺术馆中仍旧是一个便池；它的功能没变——它只是一个悬置其"真正的"功能的尿壶。反之，塞尚的画即使放在厕所里也仍旧是塞尚的画。

对真实对象进行这种地理位置上的转移的所谓的新激进主义既不意味着艺术和资产阶级艺术的终结，也不意味着新艺术的兴起；相反，这证明了致力于控诉现存秩序并从中解放出来的批判性的想象力——创造性的想象力——的弃权和缺乏。面对这些改变位置的对象，我们处在我们以前所处在和未来将处在的位置上：展览中展示的金宝汤罐让人想起了超市里的汤罐（因此可能有助于销售）。尚未被小集团接纳的接受者的反应不是震惊，而是难堪；这是他们应该严肃对待或带着黑色幽默对待的东西——但他们觉得那东西是假的。

"让艺术走下它的神坛。"我们要认真地对待这个战斗口号——它听起来怎样？它有什么意味？盛极必衰，物极必反。小资产阶级愤恨的意味很强烈；艺术不能"凌驾于肮脏的世界之上……"凌驾于？有过吗？即使是最纯粹的艺术也一直都**在**这个"肮脏"的世界**里**；艺术家们从中收获颇丰，他们的作品也证明了这一点。艺术和现实之间的冲突是**内在于**同一个世界的冲突……神坛上的形象和"走下神坛"的形象不仅是虚假的，它还暴露了自身明确的社会地位。如果与既定的现实相异化和创造一种"想象中的"反现实构成了作为激进的**批判**力量的艺术，这种观点是正确的（正如我设想的那样），那么这些品质的减少和消减将使艺术融入这个压抑的社会：它将成为现存秩序的乐趣，现存秩序的不满，现存秩序的事务。艺术的这种转变破坏了作为艺术生命元素的"享有特权的传达"维度：享有特权的意义在于，它是表达那些除了以审美形式之外无法以任何别的形式进行传达的真理的唯一媒介。

在西方文明的发展中，这种特权实际上早已成为一种社会特权。在某种程度上，它以不从事全职劳动、不需要谋生为前提，工人阶级几乎都被排除在了这种特权之外（出于同样的原因，女性也被排除在了这种特权之外）。显然，艺术与社会特权之间的历史联系不能通过操控艺术、它的对象以及接受者来打破，而是只能通过废除现存的社会劳动分工来打破。这一目标的实现也不会消除艺术的"特权"，但它将使人们的才能、天赋和创造力在更大范围内得到发展成为可能。[193]

赫伯特·马尔库塞

十

短　论

评卢卡奇的《歌德的一生和他的时代》①

[194] 这本书②的文章涉及歌德的《少年维特之烦恼》《威廉·迈斯特的求学年代》和《浮士德》，涉及了席勒的现代文学理论，以及荷尔德林的《亥伯龙神》。这些写于1934—1940年间的文章从"德国资产阶级民主革命的思想准备"的角度解读了德国古典文学。根据这一解读，这一时期的文学著作反映了资产阶级革命的基本矛盾：自由和解放的意识形态与资本主义社会的"痛苦现实"之间的矛盾。这个在资产阶级世界内部难以解决的矛盾决定了古典人文理想（Humanitätsideal）的内部局限性和各种文学形式。在阐发这一观念时，卢卡奇把德国古典文学的典范作品放在了当时德国普遍存在的特定历史条件框架内。他用到了"发展迟缓的资产阶级民主革命"

---

① 《短论》一上来是马尔库塞对卢卡奇的《歌德的一生和他的时代》的评论，参见 *Philosophy and Phenomenological Research*,Vol.11, No.1（September 1950），pp. 142–144。该评论表明马尔库塞对德国文学仍然很感兴趣，但他对卢卡奇的态度却变得更加复杂了，卢卡奇发展出了一种教条主义的还原论的马克思主义美学，而马尔库塞对这种美学的批判将变得越来越强烈。尽管他对卢卡奇的马克思主义的文学方法持强烈的保留态度，但他在对卢卡奇及其作品的评论中也表现出了同情。——编者注

② Georg Lukács, *Goethe und seine Zeit*, Bern: A. Francke Verlag, 1947, p. 207.

这样一个众所周知的概念。不同于更加发达的西欧国家，德国没有那种能够战胜陈腐的封建专制政权及其制度的强大而又激进的中产阶级；最重要的是没有"雅各宾派"的力量，没有那种能够在政治上把资产阶级革命的进步要求表现出来的激进小资产阶级和半无产阶级。实现这些要求的实际斗争的缺乏带来了双重影响：一方面，由于远离政治实践及其后果，德国诗人和哲学家显然为资产阶级世界的理论的发展提供了无限的空间，"从莱辛到海涅这段时期，德国人都在自觉地阐释矛盾发展规律和辩证法，歌德和黑格尔在资产阶级的思想范围内把这种方法提升到了最高的水平，这绝非偶然"。然而，另一方面，政治方案的缺乏迫使资本主义思想的最先进代表或是陷入了浪漫主义者的蒙昧主义，或是陷入了英雄主义的乌托邦式的绝望（荷尔德林），或是陷入了现实主义的和解和顺从（歌德和黑格尔）。但是，即使是德国古典文学中的资产阶级革命要求的最细微的变形，也保留着它们的社会根源和内容——尽管是以扭曲的形而上学的形式。

[195]

　　卢卡奇著作最伟大的成就之一是，他成功地战胜了对德国古典文学的非理性主义的一形而上学的解读（尤其是狄尔泰和贡多尔夫的解读）。通过与他们斗争，卢卡奇揭示了荷尔德林"对自然的崇拜"和对希腊城邦的崇拜在多大程度上仍然忠于罗伯斯庇尔和雅各宾派。他强调了歌德和启蒙运动的关系，并把对《浮士德》的解读集中在了它的唯物主义成分上，他甚至追溯了最后一幕的天主教的超验主义背后的唯物主义成分。然而，他的方法的失败之处在于，它将文学作品或多或少外在地与社会现实联系在了一起，而没有从这些作品的风格和内容本身来追溯社会迹象。例如，卢卡奇说梅菲斯特"把资本主义恶魔般的愤世嫉俗元素带到了前台"，这个角色可以说是"资本主义的基础"。或者说，"如果没有梅菲斯特，那么'浮士德'结束和完成他**在思想上**对理论与实践的统一、对人类实践进步的**渴望**在客观上就是不可能的，也就是说，资产阶级社会的生产力发展只有在资本主义条件下才有可能实现"。这些说法听起来有点好笑；无论它们多么真实，它们似乎对理解悲剧的贡献甚微。可以说，它们无法直抵悲剧发生的维度，因为它们本质上是非辩证的。用卢卡奇的话说，充分解读不能仅满足于展示文学作品如何"反映"社会现实，仅满足于把《浮士德》的某些方面或段落与资本主义生产方式的某些方面，或劳动分工，或资本主义社会的一般矛盾联系起来。这是一种从个体到普遍的飞跃，它跳过了社会迹象赖以在艺术作品中构成自身的特定中介。在忽略这些中介的

[196] 过程中，卢卡奇恰恰也忽略了赋予社会内容以特定的艺术表现的维度。这个维度被定义成了作品的"风格"或是内在形式，这种内在形式表现在诗歌或散文中，表现在各种不同的"背景"中，表现在人物的超现实但却仍然真实的外表中，表现在他们悲剧性的相互关系中。面对这样的维度，卢卡奇退回到了最标准化的解释中，比如，"掌握自己的激情，使其升华并朝着人类真正伟大的目标前进，这是歌德的伦理观"，或者，"歌德（在《浮士德》中）对这种爱情悲剧的塑造的深远影响，表现在它直接或间接地揭示了道德生活的所有问题"。这些说法的小资产阶级内容与小资产阶级风格不谋而合。它们并非偶然，而是揭示了卢卡奇方法中的限制其解释的真实性的机械的—抽象的成分。然而，鉴于匈牙利方面① 对卢卡奇的愚蠢攻击，我们必须强调的是，他阐明了古典文学中的一个被传统解释几乎一致忽视或歪曲的整体维度。

赫伯特·马尔库塞

---

① 参见 Martin Horvath, "Sur l'autocritique de Lukács", *La Nouvelle Critique*, 2.année, No. 13 (Paris, February, 1950)。

英格之死①

为什么我们在死亡到来之时

才开始为自己写诗?

(有些人从一开始就写诗。)

因为我们已不再遵从日常的法则

而是处在了一种更高的法则之下

它已不再是日常语言,

不再是散文,

虽然用词一样。

---

① 我们在马尔库塞的档案中发现了他的这个文本,它反映了为什么一个人会用诗歌来表达极端的情感,比如,爱人去世。这段文字以诗歌的形式手写而成,彼得–欧文·詹森在一些包含他第一任妻子苏菲的文件中发现了它。然而,马尔库塞一家看过这段文字后指出,文中提到的花、动物和其他物品表明它写于 1972 年马尔库塞的第二任妻子英格去世时。这段文字由彼得·马尔库塞和查尔斯·赖茨译成了英文,在这里首次发表了出来。我们选择了《英格之死》来作为这段文字的标题。我们可以拿它与马尔库塞在他第一任妻子苏菲于 1951 年去世之后创作的《爱欲与文明》(1955) 中对死亡的反思相对照。——编者注

[197] 　　　　当我们说爱时

　　　　　我们知道

　　　　　死亡比爱更强大

　　　　　爱是悲伤的

　　　　　死一般的悲伤

　　　　　不会是什么别的东西。

　　　　　因为所有的爱都想要永恒①

　　　　　而这又怎么可能。

　　　　　爱和死亡一样强大

　　　　　这种无稽之谈

　　　　　我从不相信。

　　　　　回忆帮不了什么忙：

　　　　　它是死一般的悲伤。

　　　　　你为我准备的

　　　　　那些花儿

　　　　　你的花儿，我们的花儿

　　　　　也不帮不了什么忙。

　　　　　因为它们只是你的画像

　　　　　而你已经不在了。

---

① 这里引用了尼采反复使用的叠句："因为所有的快乐都想要永恒"（参见《查拉图斯特拉如是说》第三卷的一首重要诗篇《另一首舞之歌》以及第四卷的《醉者之歌》），尼采这样写道："Doch alle lust will Ewigkeit"，马尔库塞改写成了："Denn Alle Lut will Ewigkeit"。在德语中，"lust"一词主要指快乐和爱。它也可以指肉体欲望，而英语同根词"lust"生动地传达了这一层意思。——译者注

你已经不在了
这无法想象
而唯一能想象的是
我也不在了。

你还在
（不只是在记忆里，
那只是一张画像），
而是在你喜欢的
……
在你的房间里
在你的小奶牛那里
在你的珠宝和衣服那里
在小雕像那里，
花园的长椅……
一切都将一如往日
我不会改变丝毫
悲伤一如往日。
带着爱

直到我也不在了。

快了①。

① 《反革命和造反》（1972）中有一首由英格翻译的布莱希特的诗。它清晰地提到了两个相爱之人的分离。"他们什么时候离开彼此？"（p. 120）这个问题后面紧接着就是一行一个词的诗句"快了"。马尔库塞在这首诗中用到了"快了"——也是一行一个词的诗句——似乎与英格的翻译密切相关。布莱希特的这句话，和马尔库塞的那句话一样，也隐含着迫近的必然性，毫无疑问它引自歌德的经典诗歌《漫游者的夜歌》最后那一著名的诗句，即"你也快要 / 去休息"，马尔库塞在《审美之维》中也引用了这句话（参见 The Aesthetic Dimension, 1978, pp. 61, 78）。——译者注

《超臂》杂志访马尔库塞^①

问：在你看来，在过去的十年里，最能够代表完全解放的愿望的社会事件和现象是什么？

马尔库塞：对帝国主义内部机器的有效的游击抵抗；"青年无政府主义者"；美国青年知识分子组成的政治反对派。

问：另一方面，最近哪些事件成了进一步加强——或更准确地说，"完善"——压迫性制度的最重要的标志？

马尔库塞：将受剥削者和白领知识分子等"下层阶级"纳入了"富裕社会"的体系。

---

① 本文是一篇载于法国杂志《超臂》（参见 *L'Archibras*, October 1967, p. 63）的访谈稿，后来由盖伊·达克纳特（Guy Ducornet）译成英文，发表在了《文化通讯》上（参见 *Cultural Correspondence*, Summer 1981, pp. 12–14）。它表明马尔库塞在 20 世纪 60 年代对美学的关注开始与他的理论与政治兴趣融合在了一起。——编者注

问：如果我们把《爱欲与文明》中提出的论点置于反对马克思主义和无政府主义传统的辩论之中，来讨论所有形式的国家权力机关的合法性（即使后者被认为包含了确保走向社会主义的所有先决条件，也就是说它本身的消失），那么这个论点会给这场辩论带来什么新的理论之光呢？

马尔库塞：无政府主义的论点与发生了演变的工业社会的基本状况——即压抑性的社会力量形成、满足并控制了一切需要——相冲突。这种本能的整合，即初级的整合，压抑了——大多数人——所有革命的自发性，以及对否定、对完全解放的需要。因此，"完全解放"比以往任何时候都更依赖于强有力的权威，更依赖于那些能够解放和发展对抗性的需要和自由主义的攻击行为的力量，即物质和精神力量。总之，更依赖于反情报活动战胜情报活动，反宣传否定宣传，反形象取代大众传播的形象，反语言摆脱语言。

[199]

问：在你看来，历史未必会朝着更自由的方向发展，这个观点是否值得研究，为什么呢？

马尔库塞：我认为，那种认为历史或多或少朝着更自由的方向发展的观点是非常危险的，因为它可能是错的。我认为，这种观点甚至侵入了马克思主义辩证法，尽管它仍然强调工人阶级的意识和自觉行动。法西斯主义、纳粹主义和新帝国主义的事实驳斥了这一进步概念。

问：继丹尼斯·戴·鲁日蒙（Denis de Rougemont）之后，许多人都认为，浪漫的爱情源于对爱欲的限制，你是怎么看待这个观点的？一个非

压抑性的社会喜欢浪漫的爱情或其他形式的爱欲关系吗？喜欢哪种形式的爱欲关系呢？

马尔库塞：对爱欲的限制有非常不同的价值和作用：有些会压抑和减少力比多，另一些则会加强和强化力比多，比如，准备阶段的情色，能够带来刺激的障碍，后面的精心安排等。不过，积极的限制必须由恋人们自己设定或至少被他们接受并转化为欲望的中介。以此，我们可以检验这一命题的真理性，即中介构成了存在的密度。

问：你对诗歌有什么期待？

马尔库塞：我希望它继续谴责带着资产阶级压迫和剥削的散文和"诗歌"；继续说些充满想象的反语言，这是当今唯一的人类语言和真正的政治语言。

问：在某种特定情况下，邪恶的想法是否会强烈吸引你？如果是，那么是哪些？

马尔库塞：我必须承认，在某种特定情况下，邪恶的想法对我很有吸引力：尤其是，在打击邪恶的创造者——比如，帝国主义政治的缔造者和他们的拥趸——的情况下。在这种情况下，我甚至做过施虐的梦，但它们也只是梦罢了。

（1966 年 12 月 15 日）

塞缪尔·贝克特献给马尔库塞的诗及往复书信

塞缪尔·贝克特：献给马尔库塞 80 岁寿辰的诗①

一步一步
无处可去
没有一人
知晓前路
小小脚步
无处可去
但却顽固

---

① 塞缪尔·贝克特在马尔库塞 80 岁生日那天为他写了一首诗，这让马尔库塞感到惊喜。我们
在此把这首诗以及伊迪丝·傅立叶（Edith Fourier）的英文译本发表了出来；这首诗最初载于
Akzente, Vol. 3, June 1978，而这是为庆祝马尔库塞 80 岁寿辰而发行的一期特刊。——编者注

马尔库塞与贝克特的往复书信①

1978 年 12 月 13 日

亲爱的塞缪尔·贝克特：

我犹豫了很久，最终还是决定必须给你写信。我担心我的信会成为另一封狂热仰慕者的来信，但我忍不住还是要给你写信。你在《强音》（*Akzente*）杂志上为我 80 岁寿辰发表的诗对我来说意义重大，难以言表。我觉得你应该在某种程度上感受到了我对你的工作的钦佩之情。我一直以来都觉得，从你们这些没有希望的痛苦的男男女女来看，现在已经毫无退路了。你们已经认识到了世界的本来面目，也已经用它的真名来称谓它。我们已无力表达希望。但只有在"希望的原则"（Prinzip Hoffnung）下，人类才能够写出你所写的东西。

---

① 我们在这里把 1978—1979 年马尔库塞和贝克特之间的往复书信也收录了进来。马尔库塞认为贝克特是一位重要的作家，他指出："塞缪尔·贝克特的小说展现了我们这个时代的真实面貌"（*One-Dimensional Man*, Boston: Beacon Press, 1964, p. 247），不仅如此，他在后来的作品中不断提到贝克特对世界的毫不妥协的激进批判。（参见本卷原文 pp. 211, 224, 230）马尔库塞显然很乐意看到贝克特为他作诗。彼得－欧文·詹森在马尔库塞的档案中发现了马尔库塞与贝克特的书信，我们在这里首次将它发表了出来。——编者注

非常感谢。

[202]

巴黎

1979 年 3 月 3 日

亲爱的赫伯特·马尔库塞

非常感谢你那感人的来信。对我来说，以我的绵薄之力向你致敬是我的荣幸。

祝福你，亲爱的赫伯特·马尔库塞。

忠诚的塞缪尔·贝克特

SAMUEL BECKETT

Paris
2.1.79

Dear Herbert Marcuse
Many thanks for your
moving letter.
All the honour & pleasure
were for me, to be associated
in my small way in that
hommage paid to you.
With every good wish, dear
Herbert Marcuse,
Herzlichst,
Sam. Beckett

mr Herbert Marcuse
8831 Cliffridge Avenue
La Jolla
California 92037
U.S.A.

PAR AVION
VIA AIR MAIL

关于吕西安·戈德曼的一般性的评论[①]

对我来说，吕西安·戈德曼仍是那么亲切，好像还活着——我不能对他的工作做任何"评价"，而只能做一些一般性的评论。

对我来说，吕西安·戈德曼的工作中令我印象最深刻的是其学术与生活的统一。对他来说，哲学和政治激进主义是一回事，马克思主义理论就在于事实本身；哲学和文学文献本身就包含着它们向社会现实的转化。"社会学"不只是除其他解释之外的一种解释，而是所有恰当的解释的结合。社会学存在于哲学、神学、文学作品本身的内容和形式之中。《隐蔽的上帝》（*Le Dieu caché*）是这一结合的最好例证。这本书一直以来饱受批评，理由是它表现出了过多的社会学想象力，戈德曼的建构太过随意

---

① 马尔库塞的简短反思，即《关于吕西安·戈德曼的一般性评论》，刊载于 *Lucien Goldmann et la sociologie de la littérature*，Brussels 1973–1974, pp. 51–52。戈德曼是法国文学批评家和理论家，马尔库塞多年的好友。戈德曼早些时候发表了一篇关于马尔库塞作品的态度温和的批判性分析，参见 "Understanding Marcuse"，*Partisan Review*,Vol.XXXVIII, No.3 (1971), pp. 247–262，对此，马尔库塞做了回应，参见 "A Reply to Lucien Goldmann", *Partisan Review*, Vol. XXXVIII, No.4 (1971/1972), pp. 397–400。有趣的是，马尔库塞的批判集中在了戈德曼对艺术作品和文本的过度解读上，这反映了与戈德曼在研究艺术上更重视解释学的哲学方法相比，马尔库塞更重视形式主义的哲学方法。——编者注

了，等等。我会通过转述阿多诺关于精神分析的评论来回答这个问题：只有它的夸张是真实的。因为夸张最能揭示作品中隐藏的冲动和维度。

同样，在戈德曼对当代文学的分析中，尤其是对马尔罗（Malraux）、热内（Genet）、罗伯–格里耶（Robbe-Grillet）的分析中，也有类似的发现。他的解读太过了？我认为，文学内容和审美形式有时确实消失在了他的社会学阐释的背后。我经常为此感到恼怒；我用到了一个大家熟悉的论点，即如果作者的本意是这样，他就会这样说。那么到底是审美形式及其迫切需要中的哪一点使他没有说出来呢？我们从未解决这个问题：经过漫长的讨论，我觉得戈德曼已经表明了他的观点——我也是对的。

美学是马克思主义理论中最薄弱的领域。戈德曼对新小说（*Nouveau Roman*）、戏剧和电影的分析属于最前沿的贡献。他仍然没有摆脱卢卡奇的影响，但在这里，戈德曼也走出了自己的道路。从《心灵与形式》（*Die Seele und die Formen*）和《小说理论》（*Theorie des Romans*）的作者即前马克思主义者卢卡奇那里，戈德曼发现了一些基本的哲学美学概念——正如引导他走上了马克思主义道路的是康德而不是黑格尔。

但是，相对于所有的文学和哲学来说，戈德曼的马克思主义对他来说更加不可或缺。他是一位杰出的政治人物，他所有的思想都要求改变世界。对他来说，这个要求非常具体，他必须具体地审查实现这一要求的社会可能性。他注意到工人控制是激进变革最有希望的手段，他便花了大量的时间去研究南斯拉夫的实践。 [204]

我想补充几点个人的评论。

戈德曼是一位激进的知识分子，他为自己是一名知识分子而自豪——没有丝毫的新左派中普遍存在的自卑感，因为他是革命者，不是工人。在他看来，知识分子从本质上讲是革命者。然而，他不使用暴力（我从来没听到他大喊大叫），也没有恶意。讨论、对话是他的重要组成部分。我们曾经开玩笑说：如果没有戈德曼，不可能召开任何他那个研究领域（他的研究领域太大了！）的会议：没有他，科尔丘拉（Korcula）、瑟里西（Cérisy）、布鲁塞尔（Brussels）、罗奥蒙特（Royaumont）以及其他许多地方的会议都是不可想象的。他不得不在那里，他不得不去讲话：不是出于虚荣，不是因为他以自我为中心，而是因为讨论与对话是他与其他人相处的方式——共同找到能够改变事物的方式。这很奇怪——但吕西安从未表现出任何痛苦的迹象，然而我觉得他确实很痛苦，但他仍然微笑着，温暖而又坦率地微笑着。我永远不会忘记发生在科尔丘拉的一段小插曲（完全没有恶意）。我们都在海里游泳，吕西安不会游泳，他躺在了橡胶垫上，在海滩附近漂浮。突然，我们中的一些人把他从垫子上拉了下来，他掉进了水里（水不是很深）。他迅速地从水里窜了起来——和所有人一起开怀大笑，没有丝毫怨意……戈德曼的最后那卷由媒介丛书（*Bibliothèque Médiations*）出版的论文集的封面上的照片正是我清楚记得的他的样子：他那宽阔的脸庞、他那眼睛和他那笑容。这本书证实了戈德曼的深切忧虑，他担心西方社会将摧毁他和我们所珍爱的一切，担心文学和艺术在未来很长一段时间要屈服于野蛮主义和新法西斯主义势力。读了这些文章，我们知道戈德曼是痛苦的，但他没有失去他那充满智慧和希望的笑容，也没有失去他对解放的信仰。

加利福尼亚　拉荷亚

1971 年 10 月

普鲁斯特①

由于爱情与世界的关系暧昧不清，时间是唯一能够影响它的内在的 [205]
危险。时间可以治愈疾病，就像它可以使人生病一样，但治愈的结果却令
人恐惧。尽管一切突破都脱离常态，但爱情只属于**似水流年**。它屈从于针
对这个世界的该死的判断。然而，"失去的天堂"是唯一真正的天堂，这

---

① 我们在马尔库塞的档案中发现了这篇长达八页的讨论普鲁斯特的文本，它没有标题，是手
  写的，没有经过他通常的修改和编辑，紧随其后的是一份长达两页的对普鲁斯特多卷本小说
  《追忆似水流年》（*À la recherche du temps perdu*）的一个不具名的法语版本中引用的段落的列
  表和两页来自小说的摘录。拉塞尔·伯曼（Russell Berman）将其译成了英文，我们在这里首
  次把它发表了出来。
  彼得-欧文·詹森从他的德语版本推测这个文本完成于 20 世纪 70 年代末，即他创作《审美
  之维》（*Kunst und Befreiung*, 2000, pp. 151–152）前后。埃琳娜·特巴诺（Elena Tebano）认为
  它应该完成于 20 世纪 50 年代，当时马尔库塞刚刚经历了妻子的离世，正在创作《爱欲与文
  明》；参见 "Proust Notizen: Carte d'archivio," *Belfagor*, Anno LVII, 342 (30 November, 2002),
  pp. 693–701。卡茨认为它完成于 20 世纪 40 年代，在研究阿拉贡之前，但没有提供证据。
  (Katz, 1982: 125) 然而，它的主题与他对阿拉贡和法国抵抗运动作家的研究相符，因为它赋
  予了艺术与爱很高的价值；彼得·马尔库塞也记得他的父亲在 40 年代曾经读过普鲁斯特的作
  品。尽管如此，我们还是不清楚这个文本创作的时间、地点和原因。它被收藏于马尔库塞档
  案馆，编号是 560.000。由于这个文本没有标题，我们也不清楚马尔库塞创作的目的，所以我
  们在这里只能暂借用《普鲁斯特》这个标题了。——编者注

句可怕的话既替它自己报了仇，也替失去的时间报了仇。失去的天堂不是真正的天堂，因为过去的**欲望**（lust）在记忆中似乎比在现实中更强烈、更清晰①。但是记忆减轻了人们对结束的恐惧，给了它一段不可能的持续时间。时间对已经失去的东西不再有力量，记忆本身把它从非存在提升到了存在。以这种方式，**似水流年**就与**追忆似水流年**联系在了一起。时间以其真实的形态重新出现，从一切常态中解放了出来。重新找到时间的艺术同样以爱情为内容。它只有在失去的时间中才能茁壮成长。

爱情和时间的关系是决定性的。因为渴望持久，爱情一开始就与时间作斗争：与短暂作斗争，与每天的常态作斗争。它想要一连串不间断的瞬间。然而，爱情只能在时间中得到满足。这不仅仅是因为爱情像所有其他事件一样只发生在时间的延伸中。从严格意义上讲，时间是爱情的组成部分，因为时间的威胁，对失去、结束和停滞的恐惧成了不断滋养和驱动 [206] 爱的欲望的源泉。在这里，财产有保障也会让爱情死去。因为在阶级社会中，它的绝对性反对常态化的体系及其一切支持和稳定的机构。对时间的恐惧是它真实存在的一个标志，因为时间对存在的东西有用。爱情只能在这种存在之外保持它的绝对性，而这种外在性也只能是暂时的。时间如此强烈地被欲望所标记，以至于爱人以伟大的"时间女神"（déesse du temps）的形象出现了，在她的形象中，爱情与时间趋于同一。

似水流年在双重意义上失去：它作为过去失去，它作为挥霍的时间失去。过去，它只会因为它所包含的幸福而失去，而这也使得它的恢复是可取的。幸福只发生在一瞬间；的确，当它在欲望产生并立即消失的瞬间爆发时，它最强烈。不幸总是占据主导地位——但是《追忆似水流年》的一

---

① 德语单词"lust"可以被译成欲望，也可以被译成快乐。——译者注

个观点是：只有不幸才使得幸福成为可能。这并不是说只有不幸的人才能够得到幸福。幸福本身就是消极的：它本质上就是对痛苦的抚慰、舒缓和镇定。因此幸福不只是没有痛苦和欲望，不过，这两者都是幸福的基础。

使爱情本质上不道德的是它想继续快乐。正因为如此，它转而反对起了只承认断断续续和有规律的快乐、但不把快乐当成人类关系的基础的决定性的社会禁忌。在爱情中，快乐的维度无疑是肉欲，即阶级社会中欲望仅存的来源。但是，欲望从肉欲扩展到了人的存在的其他维度，这使它对常态产生了敌意。肉欲和知性、身体和灵魂、自然和精神的分离被扬弃了。爱人的知性、灵魂与精神也成了快乐的来源。当快乐占据知性时，它就转变成了对常态的全面批判：这种批判的主张和合法性完全来源于快乐，而非来自真正的理论或历史实践。就像对爱情中那种分离的废弃是直接的一样，批判及其所达到的真理也是直接的。爱情期待着它自身，期待着两个相爱的人，期待着对每个人来说都能实现的事情。而这种期待和直接性是它目前唯一可以存在的形式。

对两个人而言：爱情的排他性和忠贞性也是直接的。它们建立在与每一份快乐相关的欲望的丧失之上。

如果爱情在任何情况下都是一种"错误的情感"，那么错误并不在于恋人，也不在于爱情本身。毋宁说，这是文化本身的错误，它把爱与快乐（性欲）紧密地联系在了一起。普鲁斯特的全部作品——除了这个决定性的整体领域之外——都处在这种联系的魔力之下。性欲变成了爱情：它不仅控制了有渴望之人的身体，也控制了他的全部本质；它不仅想要快乐，而且想要连续不断的快乐和全身心的投入。它在性欲的媒介中追求那些只能在精神的媒介中发生的东西，甚至有可能也不在那里发生的东西。

对爱情的真实反应：从爱情中解放出来的快乐在普鲁斯特的作品中只　[207]

存在于所多玛城和蛾摩拉城，存在于同性恋中。自然之物以非自然之物的
外观表现了出来。

两个人的绝对归属打破了常态的法则。另一个人也必然属于他人：朋
友、关系、工作和社交。所有这些关系都是危险的来源：在每一个关系
中，他都可能失去爱情。有可能提供保护的忠诚以劳动分工和合同为前
提。但是，它只保护婚姻，不保护爱情。因为爱情从一开始就与婚姻不相
容。毕竟，它基于这样一个条件，即一个人永远无法完全拥有另一个总是
受到威胁并且可能会失去的人。通过正常的合同获得并因此得到普遍承认
的财产使爱人成了权利和义务的主体。它使本质上不正常的东西变得正常
化，但也使本质上不道德的东西道德化了。爱必须是不道德的，因为道德
统治着爱情所强烈反对的一切社会存在。它寻求的不是一个有用的和快乐
的社会成员，即一个部分属于某种职业，部分属于其他职责，部分属于爱
人——爱在本质上需要对方，这超出了常态——的社会成员。快乐不符合
任何日程安排，并且与所有日常职责相冲突。

任何依赖于它的知识和一切行为也是如此。爱情只知道自身的真理，
不关心其他真理。它期待自身的幸福，但这种幸福只能是普遍的幸福，因
此，它不可能幸福。正是它使自身不幸福的，如同正是它使自身犯错一
样。事实证明，"常态"是对的，与"爱情"相反，因为"常态"保护普
遍的诉求（die Anspruche der Allgemeinheit）和对更加美好的未来的诉求。

爱带着这种虚假和这种错误的记号。但正如爱有罪的地方也是它无
罪的地方一样，爱既包含着消极的一面，同时也包含着积极的一面，比
如，它抗议坏的常态并希望人类拥有最美好的可能性，因此这个记号也是
真理与幸福的记号。它以渴望的形式出现，在这种渴望中，被排除在爱之
外、为爱而牺牲的内容和知识依然存在，并且不断地坚持它们的存在。自

然、人性、艺术、距离和自由涌入了爱并打破了它在爱人那里的隔绝状态。在大海的广阔和光辉、日落和黎明、维恩特伊尔的奏鸣曲和七重奏、埃尔斯蒂尔的绘画和威尼斯、未完成的职责和快乐的映衬下，阿尔贝蒂娜和她的朋友们并非随心所欲：它们和阿尔贝蒂娜的身体一样都是爱的内容。事实上，身体往往只是脚手架和记忆：它的所有毛孔都保留着海洋的味道和阳光的颜色。那些更重大的内容使它有可能很快被淡忘。然而，它却被保留了下来：如果没有它，追忆似水流年将毫无意义。最终，爱的隔绝状态，与爱人的结合，只是一种解脱，即从对普遍幸福的难以忍受的渴望中解脱出来。

普鲁斯特笔下的"无能于爱"是"英雄"对真理的执着追求。他对知识持开放态度。他不想为爱做出最终的牺牲，**牺牲理智**。然而，他也因此**得罪**了爱，如果没有这种牺牲，爱就不会在虚假的非理性的秩序下发生。伟大的文学爱好者是不聪明的；他们甚至有些愚蠢。只要知识可以继续下去，人就会去追求爱之外的其他职责。爱就会变得重要。渴望在当下而不是某个有待构建的未来实现的爱的范畴不是理性的范畴，而是非理性的范畴。 [208]

爱不是知识共同体，也不是任何其他类型的"精神"共同体。这种观点依赖于对精神的一种和谐的、墨守成规的理解。在一个非精神的常态的语境下，精神本质上是破坏性的，因为它所关注的真理并不存在于给定的事物之中，而只能通过对给定事物的破坏来实现。然而，在所有反对常态的斗争中，只要爱追求当下的幸福，它就仍然依赖于常态。

致克里斯蒂安·恩岑斯伯格①

1978 年 12 月 20 日

加利福尼亚州，拉荷亚市，邮编 92037

西里弗力吉大街 8831 号

亲爱的克里斯蒂安·恩岑斯伯格：

如果我真的要对你的书②做一个批判性的评论，我需要重申和进一步阐发我在《审美之维》里的很多观点。但今天我只想谈几个特别重要的问题，并期待与你能够进行一次私人交谈！

尽管你做了很多说明和更正，但你还是坚持艺术的"补偿理论"。我

---

① 我们在马尔库塞的私人收藏和档案中找到了这封写给克里斯蒂安·恩岑斯伯格的书信，查尔斯·赖茨将其译成了英文。马尔库塞批判了恩岑斯伯格的艺术补偿理论，指责他贬低了艺术，即认为它只具有意识形态旨趣和保守的社会功能。但马尔库塞对这本关于美术的著作的后半部分很满意，在那里，"艺术的解放兴趣获得了话语权——就好像艺术想要对这本书的第一部分复仇一样！"这封信表明马尔库塞是一位强劲有力而又不失友善的美学辩论家。——编者注

② 很明显，这里指的是 *Literatur und Interesse: Eine politische Ästhetik mit zwei Beispielen aus der englischen Literatur*, Frankfurt a. M.: Suhrkamp Taschenbuch Wissenschaft, 1977。——译者注

一直不理解这一点。艺术或许可以"补偿"真实存在的需要，但顶多就是起到两杯苏格兰威士忌酒的作用：它们有助于克服轻微的颓丧！但我认为艺术所起的作用完全不同，甚至是相反；它使我们意识到了真实存在的需要，并确实使它们变得更加尖锐了。艺术必然带来享受和满足，但这与艺术的意识形态功能无关：宣泄是审美形式的一种特质，是艺术自主性的一个方面，它在所有社会条件下都是存在的。

[209]

在艺术与文学中，内在不变的相互联系将补偿兴趣和解放兴趣（借用巴罗的术语）① 结合在了一起。由于你漠视后者，所以你认为文学和统治之间的关系不可调和（非辩证的！）。艺术既不能稳定统治，也不能引起统治的震荡（它怎么可能做到！），但它在整个深层的维度上揭示了统治。因此艺术为受害者和被征服者发声，反对社会现状对人们的所作所为（以及一直以来对人们的所作所为）。艺术也不代表统治者的利益——除非人们认为阅读小说和诗歌会脱离实践、破坏革命！小说《亲和力》（*Wahlverwandschaften*）② 中体面的婚姻状态令人反感的坍塌是否符合统治者的利益呢？巴尔扎克笔下的场景源自金融资本吗？托尔斯泰是在神化"人民"吗？

你写道，文学把阶级对立变成了一般的人类需要——这是文学的转移注意力和补偿倾向的一个方面。但正是在这里，在需要的"一般化"中，艺术道出了它的真理。因为存在着并非"虚假的"普遍的人性（马克思的

---

① Rudolf Bahro, *Die Alternative: Zur Kritik des real existierenden Sozialismus*, Frankfurt a. M.: Europäische Verlagsanstalt, 1977. 马尔库塞讨论的是巴罗在《初期社会主义与晚期资本主义》中的政治学和美学，参见 "Protosocialism and Late Capitalism: Toward a Theoretical Synthesis Based on Bahro's Analysis", *International Journal of Politics*, Vol.10, No.2–3 (1978)。——译者注

② 这是一部歌德发表于 1809 年的讨论"有选择的亲和性"、性吸引力、婚外恋与和解等问题的小说。——译者注

人的概念把这个普遍人性提升到了类存在的层面）。在所有的阶级矛盾和阶级斗争"之下"，人类和自然确实有一个完整的维度来保护自身。我将其（简短而又粗略地）描述为爱欲和死欲的维度。这是艺术的发源地。

你说艺术没有呈现经验现实的真理。但这恰恰就是它所作的——虽然是以一种不同于理论的媒介。之所以这么说，是因为它（除了别的之外）"用理论"——用具体的理论，即现实的可能性、必然性——"重写了"现状。因为艺术不是实践并且不可能是实践，所以它只能作为意识形态来揭示经验现实。你说，艺术的出现是因为我们不需要乌托邦——是因为兴趣。是的，但我想说的是，艺术的出现是因为我们对一个不是乌托邦的乌托邦不感兴趣。

[210] 　再就是，在你的书的最后一部分，你的美术理论，出现了一种完全不同的氛围。艺术的解放兴趣获得了话语权——就好像艺术想要对这本书的第一部分复仇一样！在这里，我强烈赞同你的观点！当然这些评论不能代替讨论，如果我们能在不久的将来进行一场讨论，那该多好啊！你不应该放弃你来加利福尼亚的计划。我们有可能夏天去联邦共和国旅游，但无论如何你都应该有来这里访问的计划。

十一
奥斯维辛之后的抒情诗①

① 我们在马尔库塞档案中找到了这份没有标题的文本，我们给它加了这个标题，即《奥斯维辛之后的抒情诗》。它包括 4 页英文，随后是 11 页德文（其中有几页残缺不全），以及 2 页英文（极其残缺不全）。我们还不清楚这篇文章的起因，马尔库塞写这篇文章的意图以及他为什么会先用英文写作，然后又用德文写作，最后几页又回到英文写作。我们在马尔库塞档案中找到了它，它的编号是 560.000，上面附有"拉荷亚手稿，1978"这样的字样。它的德文版本以《奥斯维辛之后的抒情诗》为题发表在了彼得 – 欧文·詹森编的《艺术与解放》上，参见 *Kunst und Befreiung*, Lüneburg: zu Klampen, 2000, pp. 157–166。我们借用了詹森拟定的标题，并把它译成了英文，拉塞尔·伯曼将德文部分译成了英文。——编者注

对于奥斯维辛之后诗歌是否还有可能的问题，我们或许可以这样回答：有可能，但前提是它能够以不妥协的疏离的方式再现曾经和现在的恐怖。对于散文，我们可以这样说吗？散文比诗歌更贴近现实，因此，对散文来说疏离更难实现——虽然疏离，但它却仍然可以传达，仍然"有意义"。它已经被这些作家实现了：卡夫卡、贝克特、彼得·韦斯（参见 *Aesthetik des Widerstands*）。①

[212]

它所涉及的不仅仅是充满死亡和毁灭、凶残和不公的世界的"悲剧性经历"。痛苦的悲剧性经历同样也预示着它的缓和：命运或诸神，或理性仍有可能占上风（即使希腊悲剧在随后的萨羊人剧中也被否定了）。但奥斯维辛是终极性的，它是对命运、诸神和理性的驳斥，是人类完全自由的体现：下达命令去组织、实施屠杀的自由。人类自由可以同样有效地用于防止屠杀，但历史仍有待去证明这一点。

如果不减轻恐怖，这个终极事物则不能被再现，也不能成为"文学"。这是作为艺术本质的审美形式——升华——的罪责。而反形式，对形式的否定，仍然是文学，而屠杀仍在继续。

在不背离文学的前提下，如何达到那种消解或悬置升华的直接性呢？因为在这里必须抓住直接性——它是所有中介的起点（或许，它是终极的现实，它蔑视所有的中介）。这种直接性体现在受害者的哭泣、失望和反抗中。它只在记忆中被保存了下来。保存和揭开那些没有机会的人（以及

---

① Peter Weiss, *Aesthetik des Widerstands*，曾以德语三卷本的形式先后于 1975 年、1978 年和 1981 年出版；附有詹明信引言的由约阿希姆·诺格罗舍尔翻译的英译本也已经出版，参见 *The Aesthetic of Resistance*, Vol. 1, Durham, N.C. and London: Duke University Press, 2005。——编者注

数百万没有机会的人）的**记忆**是奥斯维辛之后文学存在的理由。

记忆是（人类）**主体性**的一种潜能。转向主体性发生在特定的历史和政治背景下，即那些为奥斯维辛负责或共同负责的人仍旧拥有权力而左翼显然仍旧无能的背景下。对主体和主观责任的重新发现至少否定了那种退化的历史唯物主义——它通过规定资本、劳动力、阶级和生产过程等（人类主体消失在了这些物化为在他们自身力量下运行的似物的实体的关系的背后）的客观责任而回避了主观责任的问题。但是，如果"条件"有责任，那么创造和忍受这些条件的人类主体呢？他们是改变这些条件的人：文学在成为改变制度和经济政治条件的客观活动之前是人类主体的解放活动。这个活动涉及整个精神结构：意识和无意识、理智与情感、努力客观化的冲动。

我们都要对奥斯维辛负责这种说法是无稽之谈，但是我们有责任保存这些记忆。我们？即那些知道发生了什么，知道它在地球上很多地方仍在发生，并且知道没有哪个历史法则可以使这个终极事物永存的人。我们为什么要拒绝生活在恐惧中？因为，不只是存在着这样的男人和女人，他们是他们阶级的一员，存在于阶级关系之中，受生产方式的塑造，还存在着这样的男人和女人，他们都是一些处在这种条件下并反对这种条件的**人**，尽管马克思主义正统派的圣哲们并不这样认为。他们应该得到解放，为他们的解放而战，而不是为一个阶级而战，为一个官僚机构而战。他们就是那些应该把自己组织起来的人。

从既定的生活条件——在阶级社会中，它必然是压抑性的——中解放出来，超越它们并走向更加自由、快乐和平静是主体性的内在动力。这意味着主体性**"本身"**就是"政治性的"。至少从亚里士多德把人定义为**理性的动物**开始，西方传统已经把主体性限制在了它的理性特征上，而笛

[213]

卡尔将它集中在了自我上。然而最终，一个在物的世界中很难和其他自我融合的孤独的自我使得主体间性①难以理解。黑格尔结合这一观念把主体理解成了在自然和社会中对象化自身的精神。现象学在自我的超越中把主体的本质视为意识，即封闭在思想领域内的意识。②但是，"纯"意识的超越，只是个体**中**的**政治**进程——在这一政治进程中，个体融入了他和她的社会，并与之形成了对抗——的抽象的、净化的形式。

转向摆脱束缚的主体性从来都不是转向作为私人领域的中心或作为"独一无二的东西"的自我。确切地说，自我往往只是那种不仅构成它的外在、也构成它的内在的一般的特殊表现。这种一般（自我的"环境"，与自我密不可分）就是社会，而社会又植根于生物学。它就是弗洛伊德的自我、超我和本我——这三者共同构成个体——的统一。超我和自我的一"部分"代表社会条件和制度。一般从心灵的两极渗入自我：（1）从作为社会的超我渗入自我；（2）从作为原始本能的各种体现的本我渗入自我：爱欲与死欲（生命本能与死亡本能）。因此主体性是一般性，而求助于私人领域所得到的充其量是一种抽象的东西。这种抽象的东西不仅与思想有关，也与行为有关。它具有社会功能。在资本主义社会中，它往往是矛盾的：它是防止日常关系中生活的非人化和去个性化的必要的领域，但它又无能为力，无法阻止交换关系入侵私人领域。

如今，在私人领域，交换关系的力量正在逐渐加强：个体认同了他在社会中必须扮演的角色。例如，性道德的自由化。这使得私人领域受制于

---

① 马尔库塞这里的观点似乎是，孤立自我的模型使得主体间性变得难以理解了。马尔库塞认为，黑格尔克服了现代哲学的这一缺陷。——编者注

② 马尔库塞这里指的是胡塞尔的现象学，也可能指的是萨特的早期作品《自我的超越性》（参见 *The Transcendence of the Ego*, New York: Hill and Wang, 1991），萨特的这部作品对胡塞尔做了解读和批判。——编者注

交换关系。这种交换关系倾向于把另一个人变成一个可交换的客体——压抑的俗化趋势。性领域的真正的解放与压抑社会不相容。相反，它需要把性关系升华为爱欲，并需要其在一个自治即团结、共同体即命运的共同的生活世界"推广"。一旦伟大的文学把性欲提升到了爱欲的高度，这种转变就不仅仅是所有艺术的升华特征了，也是对社会中生命本能受到的限制的反叛。 [214]

如今，制度上的顺从主义、压抑的俗化趋势正朝着极权主义的方向发展。它以多种形式产生了一批**受制而走不开的观众**，他们注定去看、去听和去感受直接性的表现。在文学作品中，俗化表现在对形式的抛弃上。审美形式要求在特殊的作品中保留一般，作为真理的有约束力的证明。审美的这一基本品质绝不仅仅是某个特定的历史风格的必然要求，而是艺术的超历史的力量，它揭示了人和自然的那些被埋葬和废止的维度。当审美维度不存在的时候，写作仅仅是一件私人的事情，其出版的唯一理由也就是私人治疗了。

它似乎提供了逃离社会中个体的恐惧与无能的途径。然而，逃入直接性，遭遇自我，还是会遭遇那同一个使它成为自我的社会。社会间接地出现在了作品中，也就是说，不是如其所是地出现在了作品中，而是作为作品的**语境**出现在了作品中。在倒退到直接自我的过程中，这种语境无论在量上还是在质上都被局限在了自我经验的范围内。外在以内在为中心：形式不取决于发生了什么，而是取决于自我如何经历事件。这在古典书信体小说中仍然是可能的（《少年维特之烦恼》！）；但是，作为审美形式的基础，主体性现如今已经开始受到质疑。在极端情况下，诗歌与现实使这一发展清晰地呈现了出来：维特的自杀仍然是对社会的挑战，而让·埃默里的自杀则是一种绝望，因为没有明天了。

如果文学仍然要保持它特有的真理维度，表现主流意识和无意识之间的断裂，那么它的主体只能以现存社会的**受害者**的身份出现，只能是一种体现着反抗与希望的存在。作者记录发生在主体身上的事情。这种工作与私人自我及其直接经验无关，与向一般和社会"敞开自身"的自我有关。而现实，以极端的标准来衡量，就是作为现实与可能的奥斯维辛。但是，它又是不可表征的——无论是在现实主义中还是在形式主义中，它都不可表征。因为形象和世界先行唤起了不可言说和不可想象的东西。

这种意识激发了先锋派反对形式和"作品"的斗争。但非作品的产生却摒弃了形式固有的内容和真理。因此，这样的非作品往往具有一种戏谑的、不负义务的和人造的品格（不同于阿多诺的看法！）：它们正是它们想要反对的样子，即抽象。它们缺少实质：使它们成为文学作品的是文字及其排序，换言之，是它们同样不想成为的风格（类似的：分析哲学）。

[215]　　或许，可能存在的奥斯维辛在文学作品中只能被消极地呈现出来：作者必须禁止自己描写或描述平庸琐事，比如，那些他有可能想但不一定做的事情。他不能在奥斯维辛对身体做了种种事情之后再去赞美他身体的各个部分及其活动。他不能描述自己的或他人的爱情生活，否则会招致人们对这种爱情如何还可能存在的质疑，引发所有那些怀疑这种爱情的人的仇恨。他也不能在叙事中把贫穷和劳动冲突当成用于点缀的"插曲"。考虑到它们所带来的绝望，任何这样的处理都是不真实的。

然而任何尊重这些禁忌的文学作品将不会没有希望。那些挣扎者的绝望在作者通过对恐惧的描写来传达某些对当今现实的反抗的能力中反映了出来。但审美形式却拒绝直接表现反抗以及总是存在于其中并且能够经受住所有失败的各种力量：生存意志和消灭任何压制这种意志的东西的需要。

　　刚才提到的禁忌并非外在于文学。它们就源自文学的**模仿**功能：以保存希望的否定性来再现现实。奥斯维辛不能被排除在这种思考之外。它的再现也离不开通过形式化的构建来升华那些不可升华的东西。它只能出现在人类若没有角色便无法彼此交谈的那种无能之中，只能出现在若没有焦虑和对幸福的恐惧便无法爱和恨的那种无能之中。这种无能必须表现为特殊中的一般，即现实的命运，而不是个人的厄运、不幸、无能或是心理缺陷。

　　只有升华个人的经验，才能将它插入现实于此表现为特殊中的一般的维度。直接的东西不能脱离特殊的个体；其他一切都是外在的。恐怖，作为一种个人化的东西，变成了一种私人事件，但由于这种私人事件是文学，它需要出版。事实上，它之所以被出版和销售，是因为只有这样一种远离真正的一般性、远离外在的现实的眼光，才能够对现存条件有一种良好的认识。阅读他们的床笫之事仍然提供了未遭破坏的快乐。

　　奥斯维辛之后的文学似乎仍是可能的，甚至是必要的，但它再也不能提供快乐了，至少没了审美享受（不过，肯定还有色情享受）。这并不意味着［所有——罗素·伯曼］不提供享受的文学因此就是真实的。达达主义和超现实主义的可怜的追随者没有提供也不愿意提供任何审美享受，而他们也没有唤起对现实的恐惧。对形式的破坏和对（"有机的"）作品的拒绝只是一种非常有限的方式——以一种糟糕的抽象的方式，看不到任何希望——反映了世界上正在发生的真正的破坏。

　　俗化的文学仍然是文学，也就是说，它带来了审美形式内在固有的享受。古典的（有机的）形式（"作品"）要求对象、内容的转化。在俗化的文学中，内容不再被形式转化，也不再被形式内化。形式变得独立并简化为**风格**。从日常用语、方言、官方德语到最高级别的高级语言，风格可 [216]

以被各个层次的语言极好的完成和掌握。风格"美化了"对性行为以及谋杀的描写，不仅美化了列宁的形象，也美化了希特勒的形象……

风格的力量表明了内容的贫乏，甚至是内容的无关紧要。它不是由风格形成的，毋宁说，它仍停留于它的直接性，仍停留于整体的片段，那是一些极其细微的东西。或者说，那只是英雄的个人背景，没有超越，没有构成一般的真正的升华。当超出私人背景的现实构成作品时〔例如，我们在《生产中的故事》（"Stories from Production"）中看到的早期的苏维埃国家〕，现实便放弃了风格的美。人们用完美的诗歌说话，但是，他们把凝结成意识形态和可怕现实的教义也写成了诗歌，使诗歌失去了严肃性。比如，诗歌变成了歌颂那种需要人类牺牲的机器的赞美诗。这是对共产主义的物化。

很明显，有一种现实，它拒绝赋形，因此，如果不加以篡改和简化，它就不可能成为文学的对象——而这恰恰是文学应该记住的现实。这意味着文学有内在的边界，也就是说，不是每一种材料都适用于文学或形式。这一律令的合法性何在？

正如文学有其内在真理一样，它也有其内在的道德。这种对文学来说至关重要的批判的超越性把文学和压迫给人类带来的伤害、对过去的记忆以及可以挽回什么联系在了一起。但是奥斯维辛的现实是无法超越的，它已经到了无法挽回的地步。文学只能通过断裂和逃避——通过再现那些导致奥斯维辛集中营的人和条件以及与其所作的绝望的斗争——来提醒我们。再现仍然受制于转化模仿：残酷的事实屈从于赋形；报告文学和纪实文学通过创造性的爱（希望原则）和创造性的恨（反抗原则）成了形式的原材料。形式的这两种原则构成了一个（对抗性的）统一体，这就是艺术的政治潜能。

这一原则禁止文学琐碎化和私人化。它不允许把饮食或性当成作品的中心……正是艺术的政治潜能要求在特殊中形成超越"自然王国"① 的**一般**。

但艺术不仅在极端的恐怖面前退让，同样在极端的情况面前也退让。[217] 一个明显的例子就是，艺术与对身体的极端表现（例如，性交、自慰、呕吐、排便，等等）的描述是不相容的。这个禁忌并不是根据或多或少的清教徒式的和小资产阶级式的道德观来断言的，而是根据审美形式的性质，即它本质上的美来断言的。先锋派拒绝用它的自由来侵犯和冲击小资产阶级的偏见和压抑——那种描述也只是在色情方面有吸引力。令人恶心的、变态的或丑陋的并不是这些极端的情况（可能正好相反），而是它们变成了它们原本不是的东西，即"文学"，作者扮演了偷窥者的角色。

根据莱辛的说法，极端恐怖不属于视觉艺术的范畴，因为它的再现违背了艺术所遵循的美的法则。这个法则对文学也有约束力，但在那里，极端恐怖**以一种中介的形式**存在于作品的力量之内，也就是说，如果它只是在作品的语境中短暂地出现，只是"故事中"的一个瞬间，那么它就在整体中**被扬弃了**。只有通过它的短暂性，对极端恐怖的再现才能让人享受到作品的乐趣，以及在接受作品时有愉悦感。

就奥斯维辛而言，任何这样的审美升华似乎都是不可想象的。这一使奥斯维辛显得很短暂的整体本身就是一种恐怖，而且越来越有效的科学技术杀戮的出现表明，这种情况有可能重演，而不是一去不复返。

如果幸存者的历史使命是，艺术必须保存对奥斯维辛的记忆，并且

---

① 马尔库塞在此处页边空白处写下了"理性？"的字样，而文本自此到最后都是用英文完成的，但这部分有些残缺不全，并且在得出结论之前就中断了。我们不清楚马尔库塞在构建这篇文章时为什么会先用英文，后用德文，又用英文。——编者注

艺术必须存在于美的法则之下，那么我们必须承认这样一种艺术理念，即它不能也不应该被"享受"，但却能唤起接受者无意识的意识。释放"愧疚意识"？了解那些在科学的和日常的思维与言语中都没有揭示出来和那些尚未……的事物的冲动……

[手稿在这里中断了。——编者注]

十二
论《审美之维》

——马尔库塞与拉里·哈特威克的一场对话①

---

① 《论〈审美之维〉》是 1978 年的一份长达 12 页的访谈稿，参见 *Contemporary Literature, Vol. 22, No. 4*（Autumn 1981），pp. 416–424。这份访谈稿有助于阐明马尔库塞关于艺术与政治的观点，以及他对审美维度的反思与经典马克思主义和他自己的理论立场的关系。——编者注

[218]   **哈特威克**：我想以一句针对《审美之维》的批判性评论开始，那便是，马尔库塞终于证明自己不是马克思主义者了。

马尔库塞：当然，这个评论我之前就听说过。写这本书的目的就是要以一种引起讨论的方式对这种指责做出回应。首先，我不介意贴在我身上的是一个什么样的标签；我最不在乎的就是这个东西了。其次，我想引用一下马克思老人家的话，"Moi je ne suis pas Marxiste"，即"我自己不是马克思主义者"。所以，如果你看看现如今很多自称是马克思主义者的人，如果我和他们不同属一个阵营或者不贴同样的标签，我不会感到介意。

还是稍微严肃一些吧，我确实宣称自己是马克思主义者。我相信马克思关于资本主义社会及其仍在运行的基本制度的分析比以往任何时候都更有效。你可能也知道，马克思没有提出过社会主义理论；他只是说了几句。他从未详尽地阐释它们，因为他从不称自己是一个预言家，并且为尚未存在的自由社会中人们的行为开处方是毫无意义的。这本身就是矛盾的。

[219]   我并没有在我的小册子中宣称艺术不受社会决定因素的影响，但我确实不认为社会决定因素影响作品的本质。我们可这样说，社会决定因素与作品风格有关，与作品的本质或性质无关。我们可以举例说明一下，比如，《哈姆雷特》，或者，就这个问题来说，莎士比亚的任何一部戏剧。你能从这些戏剧中了解多少有关莎翁生活时代的真正的社会运作形式呢？我敢说几乎是一无所获。我们无法通过指出社会决定因素来充分理解《哈姆雷特》。"生存还是毁灭"，这句话超越了一切社会决定因素。它将以不同的形式被证明，它适用于任何类型的社会。

在《审美之维》的开头，我概述了我认为确实普遍存在的艺术的社会决定因素：从本质上说，它是作家、艺术家在其中进行创作的材料、传统和历史视野。他不能忽视它。即使他打破了传统，他仍然生活在一个传统的连续体之中。这一社会决定因素影响到了所有的艺术作品。但我认为，它不构成其实质。

哈特威克：关于《审美之维》的更加具体的批评是，你把审美变成了一个超验的范畴。

马尔库塞：不是这样的。因为我认为我只是超历史地用到了这个术语。超历史意味着超越历史过程中的每一个和任何一个特定的阶段，而不是超越整个历史过程。这一点很明显，因为我们根本想不出天底下有哪一个事物可以超越整个历史过程。一切都在历史之中，甚至自然也包括在内。

哈特威克：从历史上讲，你是否认为，审美以一个维度出现是启蒙运动的结果或后果，或者，对黑格尔来说，自我意识的出现的标志是什么？其次，你是否认为，随着资本主义不再是历史进步的力量了，审美维度也变得越来越难以理解了，因为晚期资本主义无法容忍它的批判的潜力……

马尔库塞：请允许我打断一下：它不能"容忍"？我想我们今天已经看到资本主义社会几乎没有不能容忍的东西。它吸收并接受了最激进的先锋艺术和文学形式。你甚至可以在杂货店买到它们。但我认为这并不影响或贬低这些"被接受的"艺术作品的品质和真理。我们以视觉艺术为例，比如，巴拉赫的雕塑或罗丁的雕塑的艺术价值和真理。即使就像经常发生的一样，你把它放置在了银行的大堂或是某个大公司办公楼的大厅里，它也绝不会减少丝毫，也绝不会被篡改。改变的是消费者的接受能力，而不是艺术品本身。詹姆斯·乔伊斯仍然是詹姆斯·乔伊斯；你是否能在杂货店买到他的书根本不重要。即使贝多芬四重奏是在你洗碗的时候收音机里播出的，它仍然是贝多芬四重奏。

[220] **哈特威克**：最后一个例子不是更能说明现存艺术在历史上具有肯定性质，而不是否定性质吗？它不是更能说明这个社会仍然能够欣赏某种没有被这个社会再生产的劳动吗？

马尔库塞：你说这个社会，你是说整个社会吗？还是说只是某些群体？大多数人一直以来都因为知识和物质生产的分工而被排除在了与艺术的关联之外，而艺术必然服从这个分工。如果你说这是艺术的肯定功能的特征，那么我觉得这种说法是正确的，但是艺术本身在任何情况下都不能改变社会条件。这就是艺术必然的和本质的无能，它不能对变革的实践产生直接有效的影响。我不知道你在哪种情况下可以说艺术变革了现存社会。艺术可以为这样的变革做准备。不过，艺术只有通过若干否定和中介——其中最重要的是意识的变革，尤其是感知的变革——才能为这样的变革做准备。我认为我们可以这么说，即在印象派之后，特别是在塞尚之后，我们看到的已和以往不同。你可以这么说，但你也只能到此为止了。

哈特威克：你谈到了精神和物质劳动的分离并暗示艺术能够在它的自主性中、在它与物质生产的分离中保留某种解放的承诺。由于"剩余压抑"在发达资本主义社会的存在，就我们在艺术中看到的劳动，如果不是完全异化的话，像物质生产中的"他者"一样是独立的、特殊的而言，艺术的自主性有没有可能实际上为发达资本主义社会服务呢？回到《政治经济学批判大纲》，马克思为劳动的本体论维度提出了一个强有力的论据，即劳动不应简单地被视为一种牺牲，它本身是人类生活的统一原则。

马尔库塞：什么样的劳动呢？生产线上的劳动吗？马克思肯定不是这个意思。他指的是社会主义社会的劳动，而不是资本主义社会的劳动。他看到了在资本主义中已经存在减少异化劳动的可能性，即技术进步——或者，正如我们今天所说的那样，与日俱增的自动化、机械化和计算机化，或者无论你怎么称呼它——的结果。然而，那只是人类从全职的异化劳动中解放出来的征兆或最初的迹象——我之所以说**全职的**异化，是因为这样的异化劳动本身永远不能被废除。总需要有人调试机器，读计量器或做些其他的事情。因此，马克思指出，异化劳动永远不能被彻底废除。但是，它可以从量和质上减少，这样它就不再是个体在整个的个人和社会生活中必须从事的全职工作了。

哈特威克：难道不是只有在艺术王国，在它的审美维度中，我们被赋予了这样一个承诺，即劳动不只是去适应一个计量器或一台机器吗？

马尔库塞：是的，这就是艺术和批判理论或革命理论之间的联系和关系之一。

哈特威克：那么艺术就只能起到中介的作用吗？ [221]

马尔库塞：是的。它就是一种中介，但又不止于此，因为艺术由于其根植于社会领域之上和之外而可以表现人类的处境，而这也是我将艺术与爱欲联系起来的主要原因；艺术表现了阶级斗争无法解决的冲突、希望和痛苦。我们可以再次从超历史的意义上说，在人类的境况下、在人与人的关系中、在人与自然的关系中存在着永久的和永恒的冲突，它们超越了整个的阶级斗争的范围。爱欲冲突和原始攻击性在社会主义社会有可能改变其羞辱性的、破坏性的形式，但它们仍将继续存在。

哈特威克：你所写的《审美之维》是否意味着哲学家具有艺术家可能有也可能没有的重要的批判功能？

马尔库塞：是的。我再举一个例子。马克思主义理论能够揭示和描述资本主义社会的内部机制和动力，特别是经济领域的内部机制和动力。艺术做不到这一点。例如，布莱希特提出的艺术应该表现既定社会中的生产关系的总体性，在我看来，这与艺术的潜能是完全矛盾的。它不能做到这一点，也无法表现当今现实中极端的恐怖。我们有一个很好的例子，那便是大屠杀。

　　哈特威克：既然我们谈到了大屠杀，在你的书中，当你顺带谈到莱妮·里芬斯塔尔，说她拍摄了一场法西斯宴会的盛况时，你好像在回避这个问题——我觉得这差不多就是一种否定。有可能找到法西斯主义形式的艺术吗？

　　马尔库塞：有可能，比如，流亡的艺术和隐蔽的艺术，此外无他。我自己也多次以这种形式问过这个问题：有法西斯主义的艺术这样的东西吗？我想我要否认这一点，但我必须承认，我们可能需要重新表述一下这个问题，因为你不能否认有些文学就是由具有强烈的早期法西斯主义特征或至少是绝对反动特征的作家创作的，例如，陀思妥耶夫斯基和叶芝。还有很多，但是每当我想到他们，我都会尽量不去说出他们的名字……因此，不平凡的反动分子和专制的威权主义者有可能写出真正的文学作品。但问题是：在什么样的历史条件下？

　　哈特威克：但是在纳粹德国，对美的概念确实存在着特定的操纵，它可能只是对它所传递的审美价值的贬低，对它之前的艺术传统的贬低。但是它确实试图采用一种美学形式，并将其称为艺术，并在这个过程中否定作为你的美学概念的基础的爱欲原则。

　　马尔库塞：它是一种掩盖现实真相的现实主义。这当然违背了艺术的本质。艺术应该揭示而非掩盖。

　　哈特威克：你是否可以谈谈成功的艺术，能够恰当呈现问题的艺术呢？例如从叶芝那里，我从来都不觉得他正确地呈现了问题，因为在他的诗歌中，他总是援引一种陈旧的阶级结构，而这种结构在某种程度上否定

[222]

了他所处时代的现实。

马尔库塞：他否认现实，但我要说的是，尽管如此，他也保留了一个非常不同的现实的形象。我不是研究叶芝的专家。这是我这个门外汉读他的诗的感受。

哈特威克：那么，从另一个极端来说，你会在多大程度上否定我们社会中的激进形式的艺术呢？

马尔库塞：激进形式的艺术——可以以现在的先锋派为例：我得承认它是艺术。但问题是，审美标准在多大程度上可以应用在一些先锋派艺术的表现形式上。两三年前我曾经和视觉艺术系就这个问题进行了长时间的讨论。他们办了一个展览，但仅仅是再现了旧货出售。那是不行的，因为这根本不是艺术；这只是既定现实的重复，没有超越和分离，而这在我看来都是艺术至关重要的因素。

哈特威克：总的来说，这和卢卡奇的观点很相似。他赞同巴尔扎克的美学观点，但在某种程度上却不同意福楼拜和左拉的观点，原因和你的并无不二致。

马尔库塞：我想说的是，《人间喜剧》（*Comédie Humaine*）和《卢贡–马卡尔家族》（*Rougon-Macquart*）确实有着明显的区别。福楼拜的作品中的美学观点并不明显。

哈特威克：根据卢卡奇的观点，1848 年标志着资本主义的逝去，此后艺术陷入了颓废的主客体分裂，而这种分裂已变得越来越不可调和，正如我们在福楼拜和左拉的作品中明显看到的那样。我的问题是，我们是否可以认为，今天的先锋派艺术在某些情况下最终以它的激进形式采取了一种更具战术性的立场，并且最终认识到了，因为杜尚的作品可以被博物馆回收并被赋予货币价值，激进艺术的作用就是完全否定晚期资本主义的美学呢?

马尔库塞：艺术在晚期资本主义仍在继续。它可能被压制了，但我要再一次强调，这与艺术的接受者有关，而与艺术作品本身无关。艺术作品本身没有变化。顺便说一下，"颓废"这个词是法西斯和纳粹最喜欢的口号，我们在使用时要非常非常小心。兰波颓废吗？当然颓废，但他同时又是一个伟大的诗人，波德莱尔也是如此。在这方面，卢卡奇显然不是一个很好的引导者。

哈特威克：我现在想问的问题与主客体分裂、恋母情结和父亲在社会中职能的弱化有关。如果我理解正确的话，这些都会导致个人发展的失衡和自我的削弱，因为父亲的职能已经被国家取代了……

马尔库塞：是的，被国家、媒体、同龄人、学校等其他别的东西取代了。

哈特威克：这种取代是否意味着，今天的艺术家更难以唤起审美，因为压抑已变得越来越严重？

马尔库塞：你的意思是对个体及其意识与无意识的管理和操纵表现出了越来越多的总体特征。对艺术来说，其后果就是它的疏离因素将变得比以往任何时候都更加强大。艺术中的现实矛盾也一定会比过去更加尖锐——因为需要对抗和超越的事物变多了。如果并且当所有人类存在的维度实际上都由社会来管理，那么很明显，艺术为了能够传达其正确的真理，它必须能够打破意识和感知中的这种总体化，并且加强这种疏离。困难是：你可能也知道，阿多诺认为公司资本主义越压抑，越异化，艺术势必和将会变得更加疏离。但如果这种疏离走得太远了，以至于艺术作品无法传达了，那么它与现实的所有联系就在对现实的否定中消失了；它也就变成了抽象的否定。

[223]

哈特威克：但在某种程度上，这种极端的艺术形式难道不能被视为没有内容的"大拒绝"吗？

马尔库塞：可以，但大拒绝必须以这种或那种方式进行传达，让人理解。如果你切断了最后的交流，你也就完全把艺术放在了真空中。

哈特威克：我不想说所有的艺术都趋向于阿多诺所描绘的极端形式。我要问的是，是不是恰恰因为它缺少内容，它是抽象的否定，所以今天的形式才成了一个否定的焦点呢？

马尔库塞：不知道。如果看一些超前的先锋派作品，你会失去拒绝的能力；它只是一个智力游戏，一种智力的自慰，而不是别的。我或许错了。我或许就是不太喜欢这类艺术，但这是我的体验。我从毕加索晚期的作品就开始有这样的体验了；至少对我而言，很难不把它们看成是智力或技术游戏。

哈特威克：你是否可以将这说成是艺术仅仅通过自身而不是它在既定现实中的处境来界定自身吗？

马尔库塞：可以，但我要说的是通过并仅仅通过艺术来界定自身，艺术也表达了它与现实的内在的基本联系。艺术只有以这种形式——通过艺术来定义自身——才能承载控诉与否定。

哈特威克：我觉得有必要把受众的观念带入审美维度。我看到你对罗丹的雕塑或莎士比亚的戏剧的评论一直都没有变化；它仍然是那件作品，但在我看来，我们与艺术的关系确实发生了变化。我们对莎士比亚的解读不同于他最初的受众的解读，因为我们的语言现实和社会现实都有了变化。我们所创造的审美不是他最初的受众的审美，也不是他的创造过程的审美。

马尔库塞：我想我非常了解莎士比亚的受众。据我所知，大多数受众

最感兴趣的是谋杀和战争之类的东西，根本不在乎其背后的哲学，但"精
英"阶层却并非如此。毫无疑问，我们对莎士比亚的解读不同于他的普通
受众，但他的作品中仍然存在着同一性，仍然存在着根植于他作品中的超
历史实体的亲和力。

[224]

哈特威克：我们回过头来谈一下当代艺术。你谈到了既定现实中的感
知的总体化，这可能涉及"大众"概念，也就是说，我们不再真正谈论个
人了，我们谈论的是大众，是消费者社会，在这个社会，身份与单一的功
能合二为一了。因此你认为审美形式和作为审美范畴的受众概念之间存在
着某种关系吗？

马尔库塞：我认为，没有受众就没有艺术的说法已是老生常谈。但问
题是，你是否可以给受众下一个定义。从理论上讲，受众是匿名的。艺术
是为特定的、确定的受众而写的吗？以莫扎特为他那个时代的贵族所谱的
曲子为例。这是针对非常确定的受众的创作。但不止于此；它也是对这种
关系的否定。莫扎特的音乐中有一个跟特定的受众没有任何关系的维度；
这是他音乐中最深层的维度，它超越了特定的社会决定因素：普遍性出现
在了特殊性之中！

哈特威克：但你怎么看待类似贝克特创作的艺术，它似乎无法对未来
形成一种积极的看法？

马尔库塞：我认为，正是由于完全没有任何虚假的希望，才带来了深
层次的必要的变化。我们已经说过现实只有在最极端的形式中才能得到充
分的再现。在它的正常形式中，它并没有揭示它实际上是什么。如果你想
真正评价一个压抑的社会，就去精神病院和监狱，以及其他任何极端的表
现。我们是不是也可以这么来谈论艺术呢？

十三
艺术哲学与政治学

——理查德·卡尼与马尔库塞的一次对话①

---

① 关于卡尼对马尔库塞所作的这一题为《艺术哲学与政治学》的采访，参见 Richard Kearney, *Dialogues with Contemporary Continental Thinkers*: *The Phenomenological Heritage*, Manchester: Manchester University Press, 1984, pp. 73–87。卡尼的探究性的问题有助于澄清马尔库塞在美学上的基本立场，也有助于揭示他最后关于艺术和政治的观点的长处与局限。——编者注

[225] 　　**卡尼**：作为一位国际知名的马克思主义思想家和 20 世纪 60 年代美国和欧洲学生革命的鼓舞人心的精神导师，您在近期的作品中转向了审美问题，这令很多人感到困惑。您该如何解释或辩解这种转变呢？

　　马尔库塞：很明显，先进工业国家早已达到了马克思为建设一个社会主义社会所设想的财富和生产力的发展阶段。因此，现在看来，仅仅是物质生产力的量的增加本身是不够了，整个社会的质变是必要的。当然，这样一种质变以新的非异化的劳动、分配以及生活条件为前提，但仅靠这些还是不够的。建立一个真正的目前我们还没看到的社会主义社会所需要的质变取决于其他价值——在性质上与其说是经济的（量的）价值，还不如说是审美的（质的）价值。这种变化反过来不仅需要满足需求，还需要这

[226] 些需求自身本质的变化。这就是我们这个时代的马克思主义革命如果想要成功也必须依靠艺术的原因。

　　卡尼：那么如果艺术在技术变革中发挥如此重要的作用，马克思当时为什么没有说？

　　马尔库塞：马克思之所以没有说，是因为他生活在 100 多年以前，所以他没办法在一个如我所讲的物质文化问题可以通过建立真正的社会主义制度和关系来解决的时代进行写作。因此，他并没有完全意识到纯粹的经济对于解决问题远远不够，因此也缺少这样的洞察力，即 20 世纪革命需要一种不同类型的人，这样一场革命的目标，如果成功了，将是实施一套全新的人际关系和性关系，一种新道德，一种新感性和对环境的彻底重建。在很大程度上，这些都是审美价值（我们需要从我在《爱欲与文明》中遵照康德和席勒的观点所概述的具有更大意义的感官的、富于想象力的文化去理解审美），这就是我认为能够认识到斗争的可能性和时代变化的

那些人会意识到艺术必须发挥决定性的作用的原因。

卡尼：在我看来，您在那里很危险地提到了"实施"那些将成为这个全新的社会的特征的新的人际关系等的可能的必要性。艺术或文化如何能够在实施过程中发挥作用而又避免成为某些独裁精英（他们认为自己扮演决定应该"实施"什么的角色）的工具呢？

马尔库塞：艺术永远不能也绝不应该直接成为政治实践的一个因素。它只能通过其对人类的意识和无意识的影响发挥间接的作用。

卡尼：您是在说，艺术必须始终批判地、否定地超然于日常政治实践之外吗？

马尔库塞：是的，我认为所有的真正的艺术都是否定性的，从这个意义上讲，艺术拒绝服从既定现实，拒绝服从它的语言、秩序、惯例以及形象。正因为如此，艺术有可能在两个方面表现出否定性：要么是就其为被诽谤的人性提供了庇护并因此以另一种形式保留了不同于现有社会的"肯定性的"现实的另一种选择而言；要么是就其通过谴责这个"肯定性"的现实和最初肯定它的人性的诽谤者来否定这一现实而言。

卡尼：然而，在您的许多作品中，我认为特别是在《论解放》和《爱欲与文明》中，您认为，艺术通过指明通往社会主义乌托邦的道路，可以发挥更为直接的政治作用，甚至是更为积极的作用。难道这不是事实吗？

马尔库塞：艺术可以描绘出更加自由的社会和更加人性的关系的"形象"，除此之外，它就无能为力了。在这个意义上，审美和政治理论之间的鸿沟无法逾越：艺术只能以感性为媒介从个人在与社会斗争中表现出来的完整的形式化的命运的角度来表达它想表达的东西；它的形象是感觉和想象层面的东西，不是理智上构想或提出的，而政治理论则必然是概念性的。 [227]

卡尼：那么您会如何看待理性在艺术中的作用——我不是指"知性"概念（即强调严格逻辑上的、数学上的和以经验为根据的度量上的计算的狭义的启蒙意义上的理性），而是更为宽泛的康德和黑格尔的"理性"概念（广义上的理性，指人的批判和调节能力），它主要涉及人类的知觉、直觉、评价和伦理思考等对任何文化审美都非常重要的领域？

马尔库塞：我认为如果没有相应地解放人的理性能力，很难解放人的感受性和感性。因此任何由艺术产生的解放都意味着，不论是感官还是理性都从目前的奴役状态中解放了出来。

卡尼：那么您会反对很多当代流行文化——例如，摇滚乐——那种情绪愉悦的、酒神般的特征吗？

马尔库塞：我对所有自由随意的情感主义表达都非常谨慎，正如我在《反革命和造反》中所解释的那样，"生活"剧场运动（把剧场搬到大街上，通过把它"变成"工人阶级的语言和情感来使它变得"直接"）和"摇滚乐"的信徒都容易犯这样的错误。前者，虽然是高贵的抗争，但终究是弄巧成拙。它试图把剧场和革命结合起来，但最终却把一种做作的直接性与一种高明的神秘的人本主义混合在了一起。后者，即"摇滚乐队"的信徒，似乎对商业极权主义的形式带来的危险毫无防范，这种形式把个体吸收到了一个不受约束的群体中，在那里，集体无意识被动员了起来，而且没有留下任何激进或批判的意识。有时，它可能被证明是非理性主义的危险的爆发。

卡尼：那么假如我们接受这样一个事实，即感官的革命性解放也需要理性的解放，那么还有一个问题就是谁来决定什么是理性的，反过来，什么标准将被用来做出这样的决定，因此，谁来认可和执行这一理性的解放呢？换句话说，如何排除仁慈的和"理性的"独裁者或精英将自己的标准强加于被操纵的和"非理性的"大众身上这种令人厌恶的可能性呢？

马尔库塞：理性和感性能力（目前受到了压抑）的审美解放将必须从个人或者小团体开始，在没有异化的生活中进行这样的实验。它如何能够在整个社会逐渐变得更加有效，并在总体上形成一种不同的社会关系结构，这一点还不清楚。这种不成熟的规划只能带来意识形态暴政的另一个例证。

卡尼：您以前的同事，瓦尔特·本雅明强烈敦促流行文化，尤其是电 [228]
影（他认为电影能够使大众的批判和接受的态度保持一致），以一种政治承诺的方式来帮助和支持社会主义的革命。您不会同意他的观点吧？

马尔库塞：是的，我不同意他的观点。任何用艺术来引起"大众"的感性和意识的转变的尝试都是对其自身真实功能的滥用。

卡尼：它真实的功能是？

马尔库塞：它真实的功能是：（1）否定我们当今的社会；（2）预测未来社会的趋势；（3）批判破坏性的或异化的趋势；（4）展示创造性和非异化的趋势的"形象"。

卡尼：否定、预测、批判和展示这四重功能想必把目标瞄准的是个人或小团体吧？

马尔库塞：是的，是这样。

卡尼：您想收回您对法兰克福学派的马克思主义美学的效忠吗？比如它下面的表述："我们把艺术解释为一种社会内部正在发生的过程的代码语言，这种语言必须通过批判分析才可以解码。"

马尔库塞：是的，这对我来说太具还原性了。艺术不只是依据次级的审美结构来"反映"世界的代码或谜语。艺术不仅仅是一面镜子，也从来都不仅仅是模仿现实。这一点摄影会做得更好。艺术必须改造现实，让它出现在：（1）它对人类所做的事情中，以及（2）它可以为人类提供的那些自由和幸福的可能形象中。这些是摄影无法做到的。因此艺术并不只是现实的一面镜子，它还对超越现实起着引领作用。它保留了并因此也允许我们记住在我们的世界上已经消失的价值；它指向另一个可能实现这些价值的社会。艺术只有在充当对社会的间接批判的时候才可以被理解为密码。但它也不能成为一种对社会的直接的控诉——那是理论和政治的工作。

卡尼：您不是说过奥威尔、狄更斯或法国超现实主义者的作品是对他们自身社会的直接控诉吗？

马尔库塞：在我看来，超现实主义者从来都不直接参与政治；奥威尔不是一个伟大的作家；像所有伟大作家一样，狄更斯绝不仅仅是政治理论家；读他的作品给人一种积极的快乐，因而确保了他的作品一开始就不会缺少读者。这是被设想为革命推动者的艺术所遇到的主要困境之一。即使是最激进的艺术在它痛斥社会的罪恶时也不能摒弃娱乐的元素。因此，布莱希特总是坚持认为即使是最残忍地描述世界的作品也必须具有娱乐性。

[229]　这里，还需要记住的一点是，即使当某些艺术作品从内容上看具有直接的社会性和政治性，例如奥威尔和狄更斯的作品，另外还有左拉、易卜生、布希纳、德拉克洛瓦和毕加索的作品，但它们在形式上绝对没有，因为作品总是忠于艺术结构，忠于小说、戏剧、诗歌和绘画等的形式，因此也证明了它们与现实的距离。

卡尼：那么您怎么看待"无产阶级"艺术这个概念？

马尔库塞：我认为这是错误的，主要有几个原因。无产阶级艺术试图超越古典和浪漫主义艺术的疏远形式，并通过将"生活艺术"提供给根植于被压迫者的行为、俚语和自发的感受的"反传统艺术"来把艺术与现实结合起来，但在我看来这种尝试正如我在《反革命和造反》中所证明的那样注定要失败。虽然我在早期的作品中强调了在黑人民俗音乐、舞蹈中，特别是在其语言（我把猥亵的言语解读成了对痛苦和压抑的文化传统的合理抗议）中显示出的语言的反叛的政治潜力，但现在我认为这种潜力最终是无效的，因为它已经被标准化了，不再被认为是沮丧的激进分子的表达，而经常被认为是对攻击行为的无效满足，而这种攻击又很容易变得与性敌对。（例如，"激进"言论中关于生殖方面的"习惯性的"言语对当权派造成的政治威胁还不如对性的贬低那么大。比如在一些激进的"干尼克松"的呼喊中，他在把这个能给他带来最大满足的词与压迫他们的当权派的最高成员联系在了一起！）

卡尼：您如何看待经常与西方被压迫阶级，尤其是与黑人文化联系在一起的"鲜活的"或"自然的"音乐？

马尔库塞：我认为这里的情况也一样。最初被压迫的黑人群体的真正的呼声和歌曲已经被改造和商业化了，变成了"白人的"摇滚乐，并通过精心设计的"演出"，变成了消除观众的沮丧和压抑的纵情欢愉的群体治疗，但这种消除只是暂时的，没有任何社会政治基础。

卡尼：那么我是否可以这样理解，您不支持大众的艺术，即致力于工人阶级斗争的艺术这样的观点？

马尔库塞：是的，艺术不是无产阶级或工人阶级斗争的特殊的代码，相反，艺术可以超越任何特定阶级利益而不消除这个利益。它总是关注历史，但这个历史是所有阶级的历史。这个一般性解释了艺术的普遍有效性和客观性，马克思称之为"史前"的性质，黑格尔称之为艺术自始至终的"实体的连续性"——这个真理把现代小说和中世纪的史诗、人类存在的事实和可能性、人与人以及人与自然之间的冲突与和解结合在了一起。艺 [230]

术作品显然会包含阶级内容（就它反映了封建阶级、资产阶级或无产阶级世界观的价值、处境与情感而言），但是，作为人类普遍梦想的条件，它是透明的。真正的艺术从来都不**仅仅**是一个阶级的镜子或沮丧和欲望的"自动的"、自发的爆发口。根据某种本身就能不只是赋予作品纯粹的私人意义的普遍原则，艺术所表达的"审美性直接性"（sensuous immediacy），不管如何隐秘（大多数大众文化已经忘了这一点），都以对经验进行复杂的、有约束力的和形式上的综合为前提。正是因为艺术的这种"普遍"维度，一些最伟大的政治激进分子在艺术上表现出了最不关心政治的姿态和品味（例如 1871 年巴黎公社的支持者甚或马克思本人）。许多表面上**没有形式**的现代艺术作品（凯奇、施托克豪森、贝克特或金斯伯格）事实上都是高度知性、建构主义和**形式化**的。我认为，这个事实暗示了反传统艺术的逝去和形式的回归。正是由于作为形式的艺术的普遍意义，我们会发现在布莱希特极其完美的抒情诗中表达的革命意义要比他清晰明确的政治论战中所表达的还要好；同样，在鲍勃·迪伦极其"深情"、极其个人的歌曲中表达的革命意义要远胜于他在宣传宣言中所表达的。布莱希特和迪伦传递了一个讯息：结束现状。即使在完全没有政治内容时，他们的作品也可以在行将消逝的瞬间唤起一个被解放的世界的形象和一个被异化的世界的痛苦。因此，审美维度承担着政治和革命价值，但又没有成为任何特定阶级利益的喉舌。

卡尼：所以，一定程度上脱离政治现实似乎就成了真正的革命性的艺术的先决条件，是这样吗？

马尔库塞：是的。艺术必须在某种程度上保持疏离，这就排除了将艺术等同于革命实践的可能性。如我在《反革命和造反》中所说，艺术不能代表革命，它只能以另一种媒介形式、一种审美结构唤起它，在这种结构中，政治内容成了受艺术形式上的必然性的支配的**元**政治的东西。因此，所有革命的目标——安宁与自由的世界——可以根据美与和谐的审美法则出现在完全非政治化的媒介之中。

卡尼：因此，我们是否可以得出这样的结论：你反对列宁、卢卡奇和其他马克思主义辩证法家提出的有可能把**进步艺术**变成阶级斗争武器的各种尝试？

马尔库塞：那些认为在我们的时代只有"无产阶级"文学能够实现艺术的进步功能和形成革命意识的观点在我看来都是错误的。如今，工人阶级的世界观和其他阶级的大部分人，特别是中产阶级的世界观是一样的。 [231]因此，反对全球垄断资本主义的革命条件和目标很难通过无产阶级革命被充分表达出来；如果这场革命要以某种方式作为艺术的目标而出现，那么这样一种艺术就不能是典型的无产阶级艺术。事实上，我认为，列宁和托洛茨基对"无产阶级文化"这个概念的批判不只是出于个人的喜好。但即使你可以为"无产阶级文化"辩护，你仍然会被问到我们的时代是否真的有无产阶级（就像马克思所描述的那样）。例如，在美国，你会发现工人阶级对社会主义经常表现得很冷漠，如果不是完全敌视的话，而在马克思主义传统的劳工大本营，即意大利和法国，工人们似乎被苏联操控的共产党和贸易工会主义所统治，致力于采取妥协或容忍这种最低限度的战略。在这两种情况下，即在美国和欧洲，很大一部分工人阶级已经成为资产阶级社会的一个阶级，而他们的"无产阶级的"社会主义，如果还存在的话，也已经不再表现为对资本主义的有规定的否定。因此，把工人阶级的情绪转化为真正的激进的和社会主义的艺术标准，这种尝试是一种退步，只能导致对现存秩序的肤浅的调整和普遍的压迫和异化"气氛"的延续。例如，真正的"黑人文学"具有革命性，但它本身不是"阶级"文学，它**特定的**

内容同时也是普遍的内容。在被异化的激进少数群体的特定情况中，人们发现最"普遍"的需求是个体和群体作为人而存在的需求。

卡尼：我们似乎又回到了"审美"革命在倡导和试验非异化生活时以个体和小群体为中心的观点上。您是在暗示某些个体和小群体或许有可能以一种非异化的方式生活在这个异化的世界里吗？（这里我特别想到了某些持不同意见的艺术家、知识分子、生态学家、反核的和平主义者或者主张其他合作或社会存在模式的倡导者。）

马尔库塞：不是的，人们是不能以非异化的方式**生活**在这个异化的世界里的。你可以拿它来**试验**，你可以**记住**它；你可以在你的小圈子里尽最大努力去发展它，但是，也只能到此为止，不能做得更多。

卡尼：您是否同意，正是通过审美想象，人们可以超越他的异化世界，来"试验"或"记住"您暗示的其他生活形式？

[232] **马尔库塞**：是的，同意。运用想象的记忆尤为重要，因为只有通过记住那些多年以来在政治腐败的世界里已经无法表达的价值和欲望，求助于艺术来保存它们，我们才能够找到引导我们走出目前异化的方向。

卡尼：作为暗示新方向的这一艺术概念在我看来似乎是一个积极的概念；但是您是否在很多场合，甚至在访谈中已经认同了布莱希特、贝克特和卡夫卡等人的观点，即艺术如果想保持真实性则必须是**否定的**（"疏离的"）和"疏远的"？

马尔库塞：是的，的确如此。我过去和现在都支持这个观点。艺术永远不能失去它的否定的和疏远的力量，因为那才是它最激进的潜能所在。实际上，失去了"否定的"力量也就消除了艺术与现实之间的矛盾，也因此消除了主体与客体、数量与质量、自由与奴役、美与丑、正与邪、未来与现在、正义与非正义等等之间的真正的区别。这样一个主张，即现在就对这些历史上的对立面做出最终的综合，是绝对唯心主义的唯物主义版本。它标志着我们在文明的鼎盛时期处在完全野蛮的状态。换言之，排除了价值和事实的区别就是否认当今现实，就是阻止我们去寻找另一种更加人性的现实。事实上，普遍存在于威尔第和鲍勃·迪伦的音乐、福楼拜和乔伊斯的作品或者安格尔和毕加索的油画中的否定力量正是那种拒绝商品世界及其所要求的种种表现、态度、样貌和声音的美的暗示。

卡尼：所以您会说艺术想象从"积极的"意义上讲绝不是革命性的？

马尔库塞：如我们所知，艺术不能改变现实，因此也不能服从于革命的实际要求而又不否定自身。只有作为否定的和疏远的力量，它才可以从事实上辩证地否定政治现实的异化。这样，用黑格尔的术语，作为否定之否定，它才真的是革命性的。这就是我在《反革命和造反》以及其他地方把艺术和政治的关系描述成了一种对立统一，即必须始终保持对立的对立的统一。

卡尼：在《论解放》中，您提到革命者使用技术就如同画家使用他的画布和画笔一样。这个类比是否暗示着艺术同社会政治现实有着直接的积极的关系？

马尔库塞：在某种有限的意义上，我想是的。的确，我认为，在理想状态下，技术应该被创造性地和充满想象力地用来重建自然和环境。

卡尼：但根据什么标准呢？

马尔库塞：根据美的标准。

卡尼：但谁来决定这个标准呢？对所有人都普遍适用吗？如果这样，作为"审美"标准，它与神学或本体意义上的价值体系有何区别呢？

马尔库塞：我认为对美的追求只是人类情感的一个必要的组成部分。　[233]

卡尼：但可以肯定的是，如果我们的世界要以美的名义或为了美的缘故而经历一次革命性的重建，那么我们必须提前就要非常确定这个"美"是什么——它事实上是全人类普遍和绝对的目标，还是仅仅只是某个革命领袖（艺术家）或革命领袖（艺术家）中的某个精英的主观的特定的目标？如果是后者，那么我们怎么才能否认极权主义的强迫接受、操纵和暴政的指控呢？

马尔库塞：不能为了美的缘故而进行革命。美只是一个在革命元素中起着主要作用的标准，即在修复和重构环境中起着主要作用的标准。它被用于"重构"人的时候会有极权主义的风险，正如你的这个不无正确的推断一样。绝对不能假定它会走那么远。

卡尼：然而，在《爱欲与文明》中，似乎您在暗示"美"恰恰就是所有人类斗争的最终目标或目的；而且这个目的论的斗争本身就等同于弗洛伊德对"爱欲"的"元心理"解读或者康德的这个观点，即"所有的审美努力都以追求美为最终目标"。

马尔库塞：不是的。美只是众多目标中的一个。

卡尼：您不希望从任何意义上让美具有绝对性吗？

马尔库塞：不，美永远不会是绝对的。不过，我认为可以建立与之相关的某种评价标准。

卡尼：您如何回应马丁·杰伊在他那部关于法兰克福学派的著作《辩证的想象》（*The Dialectical Imagination*）中的断言，即您不断地试图描述人类追求理想的乌托邦的欲望，而这种尝试根植于法兰克福学派潜在的犹太教弥赛亚式的乐观主义。法兰克福学派几乎全部由德国犹太知识分子组成，如阿多诺、弗洛姆、霍克海默、本雅明，当然还有希望把另外两位犹太人即马克思和弗洛伊德的直觉结合起来的您。

马尔库塞：我不记得在什么场合描述过甚至试图描述过乌托邦之类的

东西。我所指出的对质变来说必不可少的关系当然是"美学的"，但它们不是"乌托邦的"。

卡尼：那么您会否认您对新社会表现出来的政治乐观主义和犹太教弥赛亚式的乐观主义之间的任何联系喽？

马尔库塞：完全否认。

卡尼：目前另一种对于您在最近关于审美革命的作品中不断地追求普遍和客观的价值标准的解读是，您事实上正在回到——虽然是偷偷地——您最初的导师马丁·海德格尔的"基础本体论"，即寻找一种新的"人诗意地栖居在大地上"的方式。您是不是觉得您晚期的作品又回到了 30 年代早期努力调和海德格尔强调主观的历史性的现象学和马克思主义强调集体的历史的辩证法上来？ [234]

马尔库塞：海德格尔对我的深远影响是毋庸置疑的。我从未否认。关于真正的现象学"思维"，关于思维不只具备"表象"现在此时此地事物的逻辑功能，而且能在更深的层次上"回忆"已经被忘记的事物和"预测"将来会发生的事物，他教会了我很多。对现象的时间性和意向性的认识对我非常重要，但仅此而已。

卡尼：很明显，您认为艺术可以在使个体脱离无知的奴役状态，去适应目前的工作、竞争、表演、广告和大众传媒等环境，从而在他们各自的现实中对他们进行教育方面发挥着激进的作用。事实上，后期您经常提到作为**教育的艺术**。您是否愿意简单地评论一下这种关系？

马尔库塞：在人的能力——感性的、想象的和理性的——被压抑的现实中，在我们这样一个压抑的环境与工作条件下，这样的教育不应该建立在大众教育计划（那又将是通过把艺术变成宣传来滥用艺术）之上，而是应该建立在自我批判的小型的公共活动之上。这种**自我批判**当然不能代替普通教育。这不是一个谁代替谁的问题，也不是完全放弃传统的教育工具的问题；与其说这是一个放弃传统教育的问题，不如说这是一个**再教育**的问题。

卡尼：您认为这样的"审美"再教育不是另外一种选择，而只是普通基础教育的补充，它可能会涉及人类关系中那些构成向另一个社会进行**质的**飞跃的场所的伦理和存在领域。是这样的吗？

马尔库塞：是的。

卡尼：可能您会愿意把审美教育建立在某些普遍原则之上，它们的客观性可以避免某些"开明"的精英对"无知的"和"轻信的"大众进行意识形态灌输的危险：对教育的滥用将直接导致极权主义和法西斯主义的出现。

马尔库塞：是的，那的确是非常现实的危险。为了尽可能客观，我们必须客观地确定现如今的权力中心是什么，以及它们是如何影响它们所建立的现实的。这个客观性将建立在当今社会的现实之上而不是意识形态的构建之上。

卡尼：但我还想知道的是，在您预测新社会的"形象"时，您倾向于从探究建立在**实然**之上的客观性，转向探究建立在**应然**之上的客观性；因此我们又回到了那个老问题上来：什么"应该"支配人类的审美转变和人与人之间关系呢？

[235] 马尔库塞：没有指定的绝对的变革标准。如果一个人能够在很快就实现自我的社会中感到很快乐，那么他之前一定过得不快乐。这个问题从未困扰过我。一个现在仍认为世界无需改变的人没有讨论的能力。关于"实然"和"应然"，我并不觉得这是一个问题；这是哲学家发明的问题。

卡尼：但如果这不是一个问题，那么什么东西能把人追求一个更加自由的、非异化的社会的渴望和动物的渴望区分开来呢？我是说为什么动物没有从质的方面把它的世界变得更好的迫切需要呢？

马尔库塞：动物不能，但它至少有足够的本能意识到，当它的环境缺少食物、温暖和配偶时，它必须迁徙到别处。

卡尼：那么您如何解释人改变世界的渴望和动物改变它的世界的渴望之间的区别呢？

马尔库斯：动物没有理性，而人有，所以人可以间接地通过艺术或者直接地通过政治理论勾画出未来改进的**可能的**方向。

卡尼：因此，人似乎是通过动物不具备的**理性**获得了某种普遍的通往未来社会的指引——这一点您在早期的作品中频繁提到。但通过以这样的方式来把人的理性的想象看成是能够超越直接的历史连续体和预测未来社会其他可能性的力量，您似乎又一次超越了严格的经验主义的"实然"领域，难道不是吗？那么您怎么解释艺术家和知识分子如此迫切地渴望超越我们当今社会的既定习俗与惯例，寻求新的、更好的习俗和惯例呢？

马尔库塞：每个人都在寻求更好的事物。每个人都在寻求一个不再有异化劳动的社会。没有必要制定一个指导原则或目标；这只是一个常识性的问题。

卡尼：您希望把对美的追求和对废除异化劳动的理想社会的追求等同起来吗？

马尔库塞：当然不希望。一旦异化劳动的问题被解决了，还会有很多其他的问题。人的创造力和想象力永远都不会是多余的。如果艺术能够指出政治乌托邦的"形象"，那么它必然永远不会消失。艺术和政治永远不会最终合并，因为艺术在否定所有异化的社会时所追求的理想社会以对立面达成了理想的和解为前提，但这种和解从任何绝对的或黑格尔的意义上讲都是无法实现的。艺术和政治实践的关系因此是辩证的。一旦一个问题在综合中解决了，新的问题就会产生，所以这个过程将永远继续下去。如果哪一天，人们试图从最终的意义上把对立面等同起来，进而忽略艺术与革命实践之间不可避免的断裂，那么那一天也就是艺术的终结之日。人们绝不能不再去做艺术家了，绝不能停止批判和否定他现在的自己和社会，也绝不能停止通过创造性的想象设计出存在的另一种"形象"。他永远不要停止想象，因为它永远不能停止改变。

[236]

作为认知和记忆的艺术：马尔库塞美学中
艺术的自律与转化①

格哈德·施韦普恩豪泽

自 20 世纪 60 年代以来，赫伯特·马尔库塞主要是被当作一位批判   [237]
理论的政治哲学家，这使他有别于阿多诺、本雅明和克拉考尔等法兰克福
学派的其他批判思想家。如果把马尔库塞放在今天的文化理论话语中，那
么他就是一位政治哲学家。他的理论通常被看作是反面教材，被当成过时
的理论的典型代表。但事实上，随着时间的流逝，马尔库塞的许多政治哲
学思想似乎正变得越来越正确。在他 1964 年完成的《单向度的人》中，
他在很大程度上把西方工业社会描述成了被合理地组织起来的社会。科技
进步、经济、法律及公共管理在现代社会高度发达，并分化成了有效的自
治的领域。但是这些社会的进步的、合理的潜能正在衰退，因为它们倾向
于维持现状。西方工业社会既合理又不合理。它们的生产力得到了极大的
发展。它们体现了合理性，比如，它们的组织结构，但是，人性和自由的   [238]

---
① 本文作者是格哈德·施韦普恩豪泽（Gerhard Schweppenhäuser），马修·艾司莫（Mat-
thewIsom）将这篇文章译成了英文。——中译者注

目标被弄丢了。为了自欺欺人地掩饰这一点，西方工业社会培育出了不当的消费者和顺从意识，而这些都是不合理的。

马尔库塞诊断的描述性部分受到了马克斯·韦伯的启发，韦伯谈到了"世界的祛魅化"以及欧洲与北美地区的"合理化"进程，他注意到，相较于早期社会和其他现存的欠发达社会，现代西方是最合理最进步的社会。经济、科学、行政管理、法律和政治都是按着合理化原则来构建的。工作和生活条件以及教育和抚养条件都得到了极大的发展。相比之前，他们的生活条件为他们提供了更多的自由与自我决定的空间。这要归功于韦伯的"手段—目的理性"在这些社会发展成了主要的理性形式。但是，这种理性也有它的弊端。哲学意义上的理性会问我们"为什么"要采取行动。它试图自主地定义其目的。手段—目的理性则不同，它为给定的目的寻找方法，并避免用批判的、理性的方式来界定目的，这些目的总是被现有的占主导地位的社会力量和权力所决定。手段—目的理性只寻求达到现有目的的最佳手段。原子能研究就是用原子弹实现大规模屠杀这个目的的手段。医学与药学服务于其运营商的利益动机，并且治愈人类的疾病成了实现这一目的的手段。人们对信息的渴望服从于对作为商品的新闻的销售。人们对娱乐的需求变成了国内和全球娱乐垄断资本家经济剥削的手段。霍克海默称这种理性主义为"工具理性"，而如今，加拿大哲学家查尔斯·泰勒把它当成了"现代性之隐忧"的原因。①

马尔库塞认为，工业社会中的这种受约束的理性在 1945 年后逐渐占据了主导地位。现有的权力与财产关系成了衡量一切事物的标尺。不管代价如何，它们必须得到维护。维护现状成了唯一目标。这使社会变成了"单

①　参见 Max Horkheimer, *Eclipse of Reason*, New York 1947, 以及 Charles Taylor, *The Malaise of Modernity*, Concord, Ontario 1991。

向度的"：个人的思想和情感已经降低至符合社会参与和成功。这涉及语言、交往和整个文化。因此，合理化社会的理性主义逐渐变得不合理了。个人需要的满足及自由与幸福等社会目的因此成了发展到极致的单向度社会的手段的牺牲品。这些手段也就是剩余价值的生产和剥削，它们服务于组织、政府、权力，以及对外部敌人的威慑和恐吓。从内在层面来看，人成了单向度的。他们的需要、思想和交往沦为了维持现有的整体的手段。单向度社会看上去多元，但按照马尔库塞的说法，实际上是极权主义的。 [239]

　　马尔库塞描述了在这种理性控制了环境——即乌托邦思想受到了压制——的情况下会产生的社会病理学现象。替代现状的选择已变得不可想象。这种制度的自我保存允许个人的自我保存，但这必须付出很高的代价。个人促成了他们的行为、思想和感情与现存社会形式的价值和标准的一致。抵抗现状总体的最后几个典型代表是主体性的几个容易受到伤害的方面。这些方面仍然可以进入人与人之间的亲密关系和艺术表达之中。对马尔库塞来说，审美体验是不顺从者最后的资源之一。即使在早期，艺术也总是走在时代的前面。艺术家能够清晰地表达出反对现状的经验和见解。对马尔库塞来讲，想象的语言就是反抗的语言。在想象中，我们可以看到一个更为公平合理的世界的轮廓。在想象的艺术世界中，自由可以成为现实。人类及其需要可以被视为社会进步的一个实质性目标。

　　那么，西方工业社会之外的世界是怎样的情况呢？今天已经不存在"之外的世界"。苏维埃制度已经被纳入了世界大国的竞争之中。早在 20 世纪 50 年代，马尔库塞就已经考察了这个制度内在的隐患，他认为，除其他因素之外，仅这一隐患也会最终导致这个制度的失败。① 自那以后，政治世界

---

① Herbert Marcuse, *Soviet Marxism*, New York 1958.

变得比以前任何时候都更加单向度了。然而，全球范围内的单向度性所采取的形式与马尔库塞所料想的不同。悖论的是，他在《单向度的人》中所描述的单向度是现代西方和东方工业社会的单向度。它以资本主义和共产主义两极政治世界的结盟为中介。这两极承载了一个坐标系，在这个坐标系中，两个权力集团相互竞争。在它们各自的半球上，一切指向压抑性秩序之外的事物都有可能受到压制，以便保住这一强调交换、价值和技术生产力的工具理性。对自我保存和发展的固恋起了作用。今天，我们知道，替代性的"社会主义或共产主义"制度无力推迟现代化进程。作为替代性的选择，它已经消亡了。现在，社会的单向度性可以被更容易、更有效地创造和维持。全球化并非从无到有，也并不是市场结构规律所产生的一种自然现象。它在很多层面上都是从政治上实施的，但它看上去却像是一种自然的经济现象，而这减少了它的政治意义。[1] 并不存在针对经济他律的有组织的政治抵抗；在"新中心"的王国里，只有最好的地方才会有拥挤的人群。

[240]

"晚期资本主义的统治形式……是全球性的，"马尔库塞 1969 年 7 月在给阿多诺的信中写道，"它的民主在运作、支付和装备上有着与新古典主义和新法西斯主义一样的所有缺陷，因此，解放被阻止了"[2]。今天，这个分析必须根据后殖民主义和后福特主义的话语来重新表述。作为一种全球化的批判理论，这是完全可能的，也是值得的。[3] 动员公民和社会对通

---

① 参见 Christoph Görg, "Kritik der Naturbeherrschung", *Zeitschrift für kritische Theorie*, 9（1999），pp. 82ff.。另参见 Willem van Reijen, "Globalisierung-die Rhetorik der Heilsversprechen", in *Paradoxien der Globalisierung*, Gerhard Schweppenhäuser and Jörg H. Gleiter（eds.），Weimar 1999, pp. 132–152。

② Wolfgang Kraushaar（ed.），*Frankfurter Schule und Studentenbewegung. Von der Flaschenpost zum Molotowcocktail 1946–1995*, Vol. 2, Hamburg 1998, p. 654.

③ 参见 Christoph Görg, "Widerspruch und Befreiung. Perspektiven einer kritischen Theorie globaler Vergesellschaftung", *Zeitschrift für kritische Theorie*, No.15（2002），pp. 56–78。

过经济系统的律令实现的形式化民主进行反抗的模式与马尔库塞的民主的内在批判理论能够很好地结合在一起。对马尔库塞来说，把"个人参与共同体的问题"与"真正自律和开阔的人生视野的问题"联系起来一直以来都很重要。①

然而，马尔库塞的复兴并没有在德国发生。马尔库塞的实践的一哲学的批判理论变体经常被指责为一种浪漫主义。它被认为是"1968 年一代"的隐藏在对资本主义及其明显的享乐主义和雅各宾主义的批判中的仇恨心态的一个例证。当然，仅仅因为如此，就摒弃它，这也太草率了。但是，从今天的视角来看，的确存在这样一个问题，那就是，马尔库塞的理论建立在一种历史哲学的建构之上：一种集体性的社会主体的目的论。这意味着要构建一个普遍的主体，通过这个主体，所有个人的解放的尝试都将得以实现。毫无疑问，马尔库塞本人对这种目的论的力量不抱任何幻想，但无论如何，如今看来，它太过乌托邦了。尤尔根·哈贝马斯的《交往行为理论》在今天看来似乎更有道理②：一种重构性的关于为参与政治 [241] 决策过程而竞争的新的社会运动的理论。哈贝马斯把为争取承认少数人的权力和生活方式而斗争阐释成了为争取交往而斗争，并把新的社会运动描述成了交往冲突。这是非常有价值的。但是，这里也就不再有马尔库塞所阐述的"激进反对派"的理论了。马尔库塞阐述这样一种理论并不是为了

---

① Oskar Negt, "Marcuses dialektisches Verständnis von Demokratie", introduction to Marcuse, *Nachgelassene Schriften, Bd. 1: Das Schicksal der bürgerlichen Demokratie*, Peter-Erwin Jansen (ed.), Lüneburg, 1999, p. 20.

② 关于马尔库塞、阿多诺、霍克海默以及哈贝马斯的讨论，参见 Seyla Benhabib, "Die Moderne und die Aporien der Kritischen Theorie", in *Sozialforschung als Kritik. Zum sozialwissenschaftlichen Potential der Kritischen Theorie*, Wolfgang Bonß and Axel Honneth (eds.), Frankfurt am Main, 1982, pp. 127-175。另参见 Seyla Benhabib, *Critique, Norm and Utopia:A Study of the Foundations of Critical Theory*, New York 1986。

在没有激进反对派的地方发明一种事实上的激进反对派。他希望明确"激进反对派"的合理目标及其隐患和困境。今天，没有哪个理论能够从概念上反思"资本主义从当今人类的身上创造了什么，人类又能真正改变什么"。[①] 这样一种理论并没有因为全球资本主义经济系统那看似不可改变的命运而变得多余。在法国，这种理论发端于布迪厄学派的权威批判社会学(the authority-critical sociology of the Bourdieu school)。在今天的德国，鲜有对国家机构的批判。人权很少被理解为真正的社会权利。[②] 对马尔库塞来说非常重要的自然法则的平等或革命内涵已经无法引起社会学讨论的兴趣。为实现人类与自然的和解而进行的斗争对马尔库塞来说是关键点，而它却成了预算或新自由主义者捞取资金的生态学托辞。

　　这是激进政治哲学的困难时期。然而，马尔库塞的著作同样也是条分缕析的文化理论作品，他研究了艺术的形式及其社会功能。从他在 20 世纪 30 年代《社会研究杂志》(后更名为《哲学和社会科学研究》)上发表的文章到 20 世纪 70 年代他晚期的作品来看，马尔库塞负责社会研究所的美学研究课题，他把艺术当成了"社会发展过程的一种语言代码，一种需要通过批判分析来解读的代码"[③]。这段文字摘自 1944 年的一份备忘录，在这份备忘录中，社会研究所介绍了他流亡美国时的作品。马尔库塞从来都没有把艺术的解读过程理解为审美向审美之外的"条件"的还原。1922

---

① Herbert Marcuse, "USA-Organisationsfrage und revolutionäres Subjekt", in *Zeit-Messungen. Drei Vorträge und ein Interview* (1975), *Schriften*, Vol. 9 (Springe 2004), p. 186.

② 参见我关于人权之争的窘境的讨论, Gerhard Schweppenhäuser, *Die Antinomie des Universalismus. Zum moralphilosophischen Diskurs der Moderne*, Würzburg, 2005, pp. 134–142。

③ 《晨边高地的十年——关于研究所历史 (1934—1944) 的报告》, 引自 *Martin Jay, Dialektische Phantasie. Die Geschichte des Instituts für Sozialforschung 1923–1950*, Frankfurt am Main 1987, p. 213。

年，马尔库塞凭借《德国艺术家小说》获得了德国弗莱堡大学的博士学位，三年后他出版了一份关于席勒的参考书目。他的研究方法不同于那些暂时 [242] 在研究所外围工作的正统的马克思主义理论家。

在马克思主义看来，过去的一切历史都只是"史前史"。人类一直以来都掌控着他们自身的事务，但并没有自主的自决。人类只有在一个从资本主义生产的束缚下解放出来的社会中才能进行自决。在那之前，我们所有的实践形式都不是它们应该是的样子——这其中也包括艺术。艺术是技巧，是虚幻的。如果有一天我们能成为自由的个人并能自主行动，那么艺术可能就不止于此了。审美领域可以与物质活动和政治领域联系起来。这样，艺术就能积极地改造现实了。

马尔库塞曾设想把感觉转化为一种生产性的社会力量，他想用这种力量去创造一种新型的人类。不过，他紧接着就重新限定了这种推行审美维度的观点。每当艺术与政治功能相适应的时候，我们都必须处理单向度的各种变体。不能取消的超越性是艺术的本质，即艺术同现有事物的区别。以审美形式表现出来的美为一种超越日常生活的新的生活方式提供了一种模式。另一方面，艺术美从来都不是一种与其社会目的一致的形象，而是一种有着更多意义的形象。审美的这种不能取消的超越性必须得到承认，唯有如此，审美才能成为另一个社会借以被设计出来的生产力。

西方激进对抗美学的话语一直延续到 20 世纪六七十年代，主导了传统的政治美学。在西方，"无产阶级艺术很少被提及"，更常见的是"反对现存秩序的艺术"（art against the establishment）或者"反传统艺术"。早些年前，马尔库塞写了一篇很长的文章，后来以书——《论解放》——的形式于 1969 年发表了出来。在这部作品中，他似乎将抗议的青年人的表述带到了审美层面。在巴黎，在美国，以及在东方集团的大城市，受超现实主义和达达主义启发的艺术运动重新活跃了起来。"一切权力归于想象力"成了这场运动的口号。在亚文化的偶发艺术和享乐主义的交往形式中，马尔库塞看到了"新感性"的根源。甚至他们对音乐、诗歌、毒品、性的使用也符合这种"新感性"，而这种感性本应该就是一种新的对抗性的政治文化的组成部分。新先锋派拒绝了传统艺术及其精英主义的市场、展览会和博物馆。马尔库塞把这种拒绝行为解释成了似乎与全新的审美体验有关的新的政治艺术的基础。马尔库塞总是强调美学的双重属性，对他来说，美学既是艺术哲学，也是感性论。但是，审美形式的自律性不容否认，这是马尔库塞在研究令人反感的亚文化美学时的一个重要观点，他同情亚文化，但也与它们划清了界限。他认为，即使是反传统艺术也是

[243]

艺术。只要一件东西是写出来的、画出来的或弹奏出来的，它就是一件艺术作品，而这也是马尔库塞乐于接受的看法。艺术作品拥有一种疏离的力量：它们解放个人的审美体验，也因此成为反对社会异化的作用物——马尔库塞深知这些作用物有多么不牢固。

马尔库塞的美学源自多方面的影响，其中最重要的是席勒从社会哲学层面对康德自律美学所作的激进化，司汤达的格言（美是对情爱之乐的承诺），波德莱尔的矛盾的现代性审美，超现实主义颠覆性的休克范式，俄国形式主义者维克托·什克洛夫斯基（Viktor Shklovsky）关于艺术的本质在于观察的"去自动化"的理论（也就是说，视觉通过新的形式向人和物开放，阻止我们认识我们习以为常的形式），以及布莱希特的政治疏离美学（受什克洛夫斯基启发），尤其重要的是，尼采的关于审美体验的肉体基础的考古学和从心理学角度对我们的文化深渊的审视。晚年，马尔库塞更多地受到了阿多诺美学的启发。阿多诺考察了艺术作品的双重性，即它既是社会事实又是自律的实体。他强调了"自律的艺术作品"的有效性，

而在那个时候，关于艺术作品的终结的说法早已司空见惯。

对马尔库塞来说，前面提到的艺术即"社会过程的语言代码"，这种解读是一种内在的反思。反思必须从艺术形式的定义这个问题开始。正如弗兰茨·科佩（Franz Koppe）所指出的那样，马尔库塞对审美形式的本质的思考集中在艺术的语言特征上。艺术作品能够产生意义，因此它们使现在存在或可能存在的事物变得可闻和可见了。艺术作品根据结构规律来组织事物；艺术是一套"独立的语言"。它将交流和观念结合在了一起。一件艺术作品的"符号语用单元"（symbolic-pragmatic unit）是通过其"风格"——即将艺术作品的各部分组成一个整体的结构原则——来达到目的的。[①]1968 年，马尔库塞向波士顿的音乐家听众解释道：

> 在创造自身形式、自身语言的过程中，艺术进入了一个现实的维度，
>
> 这个维度不同于甚至是敌对于现存的日常现实；
>
> 但因此，
>
> ——在"取消"、转化甚至改变既定的图像、文字、声音时，
>
> ——音乐"保留了"它们被遗忘或被扭曲的真理，通过赋予它们"美的"形式、和谐、不和谐、节奏、舞蹈把真理保留了下来，因此，音乐美化、升华、抚慰了人类的体验和人类的状况。[②]

[244]

---

① Franz Koppe, Grundzüge einer Kunstphilosophie im Ausgang von Herbert Marcuse, "Durchsichtig als Situation und Traum der Menschheit", in *Kritik und Utopie im Werk von Herbert Marcuse*, Institut für Sozialforschung (ed.), Frankfurt am Main, 1992, pp. 250–251.

② 《在新英格兰音乐学院毕业典礼上的演讲》，参见本卷原文第 130 页及以下。

从他 20 世纪 60 年代提出的新感性理论来看，马尔库塞只是稍稍超越了艺术作品审美。美国和欧洲新左派的文化革命的影响给他留下了深刻的印象。当时，他曾预言，作为社会制度的艺术将被取代。而这种对艺术的取代应该是艺术本身。这是为了在经过改造的社会实践中保留艺术冲动，一种人类自主和团结行动的冲动。马尔库塞说，艺术具有矛盾性。一方面，它否定既定的现实，它拒绝成为除了美丽的幻象之外的任何东西；它只遵从自身的规律，这与工业化商品生产社会的现实原则迥然不同，后者遵循的是剩余价值的涵摄与实现逻辑；但是另一方面，艺术能够使生存有所改观，给人类以慰藉。按照马尔库塞的说法，这种矛盾性没必要被理解为一种本体上恒常不变的东西。它是阶级社会的历史产物。在一个解放了的社会形态中，艺术具体的乌托邦内容能够变成现实。但是，艺术将不再是艺术，因为它已经失去了自身矛盾和虚幻的特征。不过，它将成为一种全新的社会实践形式的一部分，并将参与塑造该社会的特质。

20 世纪 60 年代的新先锋派艺术是以交流为导向的。偶发艺术消解了对艺术的传统认知，即认为艺术由独特的原创"作品"组成。艺术被分成了装置艺术、环境艺术或表演艺术。在这里，马尔库塞认出了艺术的二重性。一方面它是 20 世纪 20 年代超现实主义和苏联形式主义的生产模式，另一方面它是即将到来的社会革命的先行者。在这里，"失去界限"的话题似乎又一次出现了，艺术史学家称之为"先锋派的进步的中心信条"①。虽然革命的希望往往很快就会破灭，但事实证明，审美上的转变是治愈市井艺术的灵丹妙药。它的仪式特征促成了波普艺术所引入的"寻常物的嬗变"（阿瑟·丹托）。波普艺术恢复了艺术的客观性和模拟再现性，并在语

---

① Heinrich Klotz, *Kunst im 20. Jahrhundert. Moderne-Postmoderne-Zweite Moderne*, Munich, 1994, p. 29.

义上承载了西方日常文化中的商品世界。马尔库塞修改了他的新先锋派理
论，那种理论认为，如果艺术能够组织它的生活世界和环境，它就能找到
一个行之有效的目的。20 世纪 70 年代早期，他批判了超现实主义后来的
追随者，因为他们的美学消解了主体。"事件"不可能取代生产主体，它　　　[245]
无论如何不能替代体验的真实变化。只能通过审美的超越性，它才能被成
功地中介。否则，只会发生位置的改变或商品塑造的物的世界的复制。马
尔库塞愤怒地写道："博物馆中的马塞尔·杜尚的便池不能永远被误解为
激进艺术革命的开端。"①

> 仅仅对对象进行地理位置上的转移永远都不可能实现这种断裂：
> 它仍然作为现存秩序的一部分，作为其意识形态和物质装备的一部
> 分，存在于现存秩序内。杜尚的便池即使放在博物馆或艺术馆中仍
> 旧是一个便池；它的功能没变——它只是一个悬置其"真正的"功能
> 的尿壶。反之，塞尚的画即使放在厕所里也仍旧是塞尚的画。②

马尔库塞不仅抨击了杜尚，还抨击了波普艺术的偶像安迪·沃霍尔
（Andy Warhol）：

> 对真实对象进行这种地理位置上的转移的所谓的新激进主义既
> 不意味着艺术和资产阶级艺术的终结，也不意味着新艺术的兴起；相
> 反，这证明了致力于控诉现存秩序并从中解放出来的批判性的想象
> 力——创造性的想象力——的弃权和缺乏。面对这些改变位置的对

---

① 《致芝加哥超现实主义者》，参见本卷原文第 178 页及以下。

② 《致芝加哥超现实主义者》，参见本卷原文第 192 页。

象，我们处在我们以前所处在和未来将处在的位置上：展览中展示的金宝汤罐让人想起了超市里的汤罐（因此可能有助于销售）。尚未被小集团接纳的接受者的反应不是震惊，而是难堪；这是他们应该严肃对待或带着黑色幽默对待的东西——但他们觉得那东西是假的。①

但是博物馆中的杜尚的小便池实际上很契合马尔库塞的拒绝美学（refusal Aesthetics）。难道不能用杜尚的作品来说明马尔库塞的物的解放理论吗？如果物从它们虚假的物化中解放了出来，它们便可以成为人类想象的对象。物化意味着人和物沦为了纯粹的交换价值的载体。但是马尔库塞断然拒绝了杜尚的超现实的恶作剧。尽管如此，杜尚显然可以被说成是"大拒绝"的艺术家。

杜尚把美学形式的虚假性发挥了出来。他自觉地将它放进了一个富有表现力的矛盾之中。他的美学实践使他有了一种与其美学极为契合的认识：只有打破现有的代码，才能卓有成效地编码现有的代码，以引起刺激。**现成品**（ready-mades）仍然是内在的，因此鼓励受此刺激的人去反思内在与超越的不同。作品形式消失了，取而代之的是行为形式。从象征层面来说，这种行为形式类似于通常的实践：艺术家在博物馆里设立了一座雕塑。然而从语义学和语用学的层面来看，这种行为形式却完全不同。它否定了所有艺术的隐喻性，同时又展示了艺术的隐喻性。艺术家将一件制作精巧的、购买来的日常物品做成了雕塑。杜尚充满讽刺地揭示了这一点，即艺术的社会子系统建立在习俗之上。不但如此，他还揭示了那种试图确定艺术是什么和不是什么的本体论美学的种种局限。杜尚的现成品可

[246]

①　《致芝加哥超现实主义者》，参见本卷原文第 192 页。

以被看作是声明。它们反对资本家这一无休止地制造新东西的职责。杜尚反对将永恒强加于艺术个性之上。"在**现成品**背后……并没有隐藏着社会乌托邦，但却隐藏着同样平淡乏味的生存问题，即当面对一个总是预先构建好的'**现成的**'的世界时，哪种形式的个性依然存在。"①

因此马尔库塞的指控，即杜尚再一次肯定了商品世界，看起来就有些站不住脚了。波普艺术随后对商品世界的颂扬对马尔库塞来说仅仅是虚假的解放。这些物品并没有从它们强制性的交换价值中解放出来。马尔库塞认为，它们的交换价值象征性地再一次得到了肯定。但我认为，不管是对杜尚来说，还是对沃霍尔来说，指责他们的作品毫无创造力和缺乏批判性的想象力是不公平的。沃霍尔没有消除广告和艺术之间的差异。他使我们的感觉更加敏锐了，使我们认识到了它们各自不同的代码。人们并不总是以这种方式来理解这一点，但这要归咎于沃霍尔吗？

但将马尔库塞对沃霍尔和杜尚的拒绝仅仅理解为误解是轻率的。借由他对杜尚的错误解读，马尔库塞是否正确地看到了什么？杜尚本人可能提到了这一点。他在 20 世纪 60 年代曾这样说道，他将**现成品**"作为一种挑战"，"扔到了"艺术界和公众的"面前"，"现在，他们发现了它们内在的美"②。难道他一点也不关心商品从其实用的束缚中解放出来吗？难道他一点也不关心我们的知觉从其限制中解放出来吗？难道他唯一关心的就是激怒艺术市场吗？我们从杜尚含糊的回答中得不到任何明确的答案。但即便如此，难道美学批判理论不应该与杜尚结成一个事实上的工作联盟吗？

---

① Dieter Daniels, "Marcel Duchamp-der einflussreichste Künstler des 20. Jahrhunderts?", in *Marcel Duchamp*, Museum Jean Tinguely (ed.), Basel, Ostfildern-Ruit, 2002, p. 32.

② 引自 Manfred Schneckenburger, "Skulpturen und Objekte", in *Kunst des 20. Jahrhunderts*, Part II, K. Ruhrberg, M. Schneckenburger, C. Fricke, and K. Honnef (eds.), Cologne, 2000, p. 509。

难道杜尚没有为现代性的意识形态领域的去神秘化做出贡献吗？

[247]　　马尔库塞没有把杜尚对小便池的充满讽刺意味的高贵化解释为对自然的充满希望的象征性的复原。对马尔库塞来说，这是"压抑性的俗化"①的早期形式。很显然，马尔库塞对杜尚的真诚怀有严重的不信任。马尔库塞似乎并不认为他是现代艺术产业的成就卓著的批评家。对马尔库塞来说，他只是一个从这项事业中获利的愤世嫉俗者。

　　马尔库塞认为艺术的功能是矛盾的：既是具体的乌托邦式的，又是肯定性的。他总是一遍遍地追问这种矛盾性是否是永恒的。早在《爱欲与文明》中的审美部分，他于20世纪50年代对弗洛伊德的社会哲学所作的解读，以及《论解放》中他对新先锋派艺术概念的阐释中，马尔库塞就为艺术奠定了本能的一自然主义的人类学基础。艺术美的体验与力比多的需要结构被联系在了一起。"审美以感性为基础，"他在《论解放》中写道："美的东西首先是感性的；它满足感官的需求，它是未受压抑的本能的对象。"但是，即使在那个时候，即极度感性的20世纪60年代，马尔库塞也没有将审美体验降低为身体上的愉悦。他"赞同广义上的解除文化压抑……这对激进分子来说是解放的一个重要的方面"②。但他清楚，这项事业处在以消费者为导向的"压抑性的俗化"的阴影之下，文化产业正是利用这种俗化的工具，使人们体验到了替代性的满足。

　　虽然这种替代性的满足与我们现今体验到的日常世界视觉媒体的性欲化还有很大的距离，但是这种趋势在那时就已经开始显现了。阿多诺在

---

①　Herbert Marcuse, *Der eindimensionale Mensch. Studien zur Ideologie der fortgeschrittenen Indus-triegesellschaft*, Alfred Schmidt (trans.), Neuwied and Berlin, 1967, p. 76.

②　Herbert Marcuse, *Versuch über die Befreiung*, Helmut Reinicke and Alfred Schmidt (trans.), Frankfurt am Main, 1969, p. 59, footnote 8.

20 世纪 40 年代考察了美国的文化产业（发明了这个词）。① 那时，电影女主角的胸部从运动衫下面散发出了迷人的诱惑。"前戏"（foreplay）总是没完没了。阿多诺认为她带来了永久的阉割威胁。如果有必要，我们会在那里看到压在男性电影主人公身上的裸体。不过，在 20 世纪 50 年代到 60 年代，性行为就已经开始有所暗示了。今天，没完没了的"前戏"通过更猛烈的画面和电影配乐被制造了出来。这一点没有什么变化。但是，一个重要的不应该被忽略但却经常被忽视的区别是：今天的文化产业已经 [248] 不再需要在本能欲望与它们的符号编码之间制造这种张力；他们现在用模拟现实主义来展示每个人的想法。旧文化产业散布的是一种二元的编码信息：一方面是多态的性反常行为，另一方面是清教徒式的标准。这在今天看来已经过时了。性行为被程式化了，成了被亵渎的事件—文化的一部分。过去，人们制造出了视觉上的"前戏"，但却把性行为视为禁忌。今天，性行为被美化了，因此前戏并没有减弱。"身体就是讯息"——这句话适用于广告和娱乐节目，也适用于"爱的大巡游"（即 1989 年始于柏林的一个受欢迎的节日和游行）。② 根据马尔库塞的观点，你可以说这就是目前驯化身体抵抗的各种方式的运作机制。1978 年，他写道："性道德的自由化……使得私人领域受制于交换关系。"③

　　回到马尔库塞的《论解放》："然而，美似乎介于被压抑的和未被压抑

---

① 参见 Max Horkheimer and Theodor W. Adorno, *Dialektik der Aufklärung. Philosophische Fragmente*, in *Horkheimer, Gesammelte Schriften*, Vol. 5, G. Schmid Noerr (ed.), Frankfurt am Main, 1987, pp. 144–196。关于当代就"文化产业"概念所引起的争论的概述，参见 Roger Behrens, Gernot Böhme, Rodrigo Duarte, Oliver Fahle, Jürgen Hasse, Dieter Prokop, Heinz Steinert, and Moshe Zuckermann, *Zeitschrift für kritische Theorie*, Vol. 10, 11, 12, 14, 15, and 16, 2000–2003。

② 参见 Reinhard Mohr, "Die Tyrannei der Lust", *Der Spiegel*, No.27（2000），p. 142。

③ 《奥斯维辛之后的抒情诗》，参见本卷原文第 211 页及以下。德语引文来自 Marcuse, *Nachgelassene Schriften, Bd. 2: Kunst und Befreiung*, Peter-Erwin Jansen (ed.) Lüneburg, 2000, p. 161。

的目标之间。美不是未被压抑的性冲动的实质的、'有机的'特征。"① 马尔库塞在 20 世纪 70 年代沿用了这一概念，引入了本能机制上的冲突的另一极。人类需要的满足在生物学上是有限度的。人类的有限性是不能取消的。乌托邦有一个死亡学的边界。因此我们不能没有显象这一媒介，它能够使我们从感官上体验到在现实中需要付出相当大的努力才能部分地（如果有的话）体验到的东西。我们只有在审美体验的媒介中，才有全面的、完整的美。美对幸福的承诺只有在美的显象的王国中得到兑现，而显象的真理恰恰就在于此。即使是具体的乌托邦也因此超越了由永恒的死亡所界定的可实现的自由王国。"界定"意味着"限制"和"否定"。即使社会解放取得了成功，爱欲也无法摆脱死欲的统治。1977 年，马尔库塞本着本雅明的精神写道："贫穷能够并且必须被消灭：死亡依然是社会内在固有的否定。它是所有未实现的可能性的最后记忆。"②

> 历史有罪，但不赎罪。爱欲与死欲不仅相互对立，也相互爱恋。
> [249] 攻击和破坏可能会越来越多地为爱欲服务，但爱欲却在过去苦难的
> 印迹下发挥作用。③

尼采对生存的审美辩护建立在酒神的信条的基础上，后来马尔库塞为这一信条增加了忧郁的维度。④

---

① Herbert Marcuse, *Versuch über die Befreiung*, Helmut Reinicke and Alfred Schmidt（trans.）, Frankfurt am Main, 1969, p. 68.

② Herbert Marcuse, *Die Permanenz der Kunst. Wider eine bestimmte marxistische Ästhetik*, Munich and Vienna 1977, p. 74.

③ Ibid.

④ Ibid.

欲望的永恒是通过个人的死亡来实现的。也许永恒不会持续很长时间。世界不是为人类创造的，而它也没有变得更加人性化。由于艺术借由对幸福的承诺，保留了这种记忆，以此证明了这一真理，所以它可以作为一个"范导理念"，进入改变世界的绝望斗争之中。①

在审美王国，日神的理性同样存在。那便是恢复原状，它是有限自然的具有记忆能力的团结的组成部分。在这里，马尔库塞与叔本华哲学的渊源很接近，而这也是其朋友霍克海默后期哲学的典型特征——尽管两人在政治上彼此疏远，比如，霍克海默为美国干涉越南进行了辩护，马尔库塞则坚决支持越南的抗议活动。

马尔库塞在 20 世纪 70 年代更正了他的美学，这是一个经常被误解的事实。不同的诠释者都倾向于忽略这样一个简单的事实，即这些更正意味着一次又一次的修正。马尔库塞强调指出，人们必须抓住"永恒的乌托邦的视角"② 这一概念。他谈到了"艺术的永恒性"，因此又回到了他在 1937 年就已经形成的思维模式，那时，他关注的是市民社会中艺术的双重性。18、19 世纪的艺术作品是中产阶级的"肯定性文化"的组成部分。虽然这个阶级那时尚未获得政治权力，但它却尤其标榜普遍的自由和幸福的权利。后来，在成为统治阶级以后，它放弃了这个口号。资产阶级文化把获得幸福的权利内化了。它使个人与现有的压抑性的社会秩序达成了虚假的和解。机械的再生产过程支配着人类的生活。在这个理想主义的、超

---

① Herbert Marcuse, *Die Permanenz der Kunst. Wider eine bestimmte marxistische Ästhetik*, Munich and Vienna 1977, p. 74.

② Franz Koppe, "'Durchsichtig als Situation und Traum der Menschheit'. Grundzüge einer Kunstphilosophie im Ausgang von Herbert Marcuse", in *Kritik und Utopie im Werk von Herbert Marcuse*, p. 249.

然的文化领域，人类将"在精神上"超越日常生活。马尔库塞认为，这是那些阻止人类幸福实现的条件得以延续的原因。人类被他们的不幸分散了注意力，这阻碍了他们实际地改变他们的生存条件。

[250]

但马尔库塞也表明，资产阶级文化不只有肯定的功能。痛苦、不幸和苦难可以找到真正的审美形式。所以，人类的苦难通过显象的媒介得到了表达。在资产阶级社会，幸福、满足和美并非人人都能实现；只有在审美显象中，它们才存在于意识中。依照黑格尔的观点，马尔库塞写道，这种"实体的显象"包含着人和物的真理，包含着超越现有社会并对其提出质疑的真理。"只有在艺术中，资产阶级社会才会容忍它自己的理想，并把这些理想当作普遍的要求来认真对待。"①

因此，显象使资产阶级社会"他者性"的审美体验成为可能。它使人们对幸福状态有了模糊的认识。对马尔库塞来说，显象即"预显"（如恩斯特·布洛赫常说的那样）。艺术作品是这样一种洞察的基础，即"我们不能一点一点地改变这个世界，而是只能通过摧毁它来改变"②。正如司汤达所说，艺术中的美可以被理解为**"对幸福的承诺"**。因此，它指的就是现实中的感官上的享受和满足。因此，它颠覆了对本能的强行压制，也就是说，颠覆了压抑性的社会秩序的基础。另外，艺术作品的美和显象也是一种同化现实存在物的工具，因为艺术连同肯定性文化，与社会分离了开来，并被逐入了一个"自律"的王国。因此，对马尔库塞来说，艺术自律既是真理，也是意识形态。艺术作品只遵循它们自身的运动规律，因此也就与它

---

① 《文化的肯定性质》，参见本卷原文第 82 页。德语引文来自 Marcuse, *Schriften*,Vol. 3, *Aufsätze aus der Zeitschrift für Sozialforschung 1934–1941*, Springe 2004, p. 210。

② Marcuse, *Schriften*,Vol. 3, *Aufsätze aus der Zeitschrift für Sozialforschung 1934–1941*, Springe 2004, pp. 195–196.

们的社会功能脱节了。但是，它们仍然是社会劳动的产物，因此，它们也反映强制性的关系。但是，审美显象的虚假性在于，经典的审美自律学说想要压制艺术的社会性，而这也正是它的肯定性的社会功能。现实生活中不可能达成和解的矛盾在艺术中达成了和解。幸福的根本权利被精神化了，因此也被相对化了。肮脏的现实变得更能让人忍受，更美了。"美的媒介净化了真理，使之脱离了现实。发生在艺术中的一切无需对任何事情负责。"①

如果审美显象中所包含的真理仍然通过意识形态否定人类，那么它又如何能得救呢？马尔库塞给出的答案是：只有在一个解放了的社会中，审美显象中所保存的东西才能得到实现。"当美不再表现为现实的幻象，而是表达了现实本身和现实中的快乐时，它将找到新的化身。"②文化的肯定性质必须被克服。这并不意味着走向野蛮，而是意味着拯救文化中所蕴含的真理。在这里，马尔库塞提出了通过将艺术转化为另一种社会实践来取代艺术的观念。但是，他极其谨慎地阐释了这些推测，即"这样的艺术也有可能没有目标"③。但是， [251]

> 只要世界是变幻无常的，就会有足够的冲突、忧伤和苦难去破坏这幅田园诗般的图景……即使是非肯定性文化，也将承载变幻无常和必然性的重担：在火山口跳舞、在悲伤中欢笑、与死神调情。如果确实如此，生命的再生产就仍包括文化的再生产：对尚未满足的渴望进行塑造和对尚未满足的本能进行纯化。④

---

① Marcuse, *Schriften*, Vol. 3, *Aufsätze aus der Zeitschrift für Sozialforschung 1934–1941*, Springe 2004, p. 210.

② Ibid., p. 225.

③ Ibid., p. 225.

④ Ibid., p. 226.

　　这种艺术本体论是非乌托邦式的。它考虑的是对亚里士多德来说至关重要的艺术的治疗任务。因此，马尔库塞用到了我们在《哲学和社会科学研究》中常见的反复用于表示例外的"只要"。这份杂志上发表的许多文章都以或多或少带有救世主味道的"革命性的"视角结束。但这种视角所关心的是在毫不留情地分析现有局势之前先表达"然而"的概念，而这根本就不具有革命性。如果马尔库塞说"只要是变幻无常的"，那么他的意思就是，"直到变幻无常被消灭"。另外，它也可能意味着"只要人类活着"，这可能就是他的意思——一种关于"人类生存状况"（conditio humana）的人类学声明。这是马尔库塞哲学的典型特征。

　　20 年后，在他解读弗洛伊德时，马尔库塞试图更精确地勾勒出一种使文化实现的"具体的乌托邦"。它涉及康德和席勒的唯心主义美学。根据康德的说法，**"无利害的愉悦"**构成了审美感知的美。对马尔库塞来说，这是一个避难所，它不受审美领域之外的强加在人和事物之上的目的影响。在席勒看来，这种审美自由是激进的：它被看成是人类真正解放的推动力。马尔库塞指出，席勒的文化理论所表现出的洞察力远远超出了他的唯心主义框架。每一种文化都受理性与审美性（the sensuous）的对立关系的主宰，这是文化失败的一个原因。人性要想成为持久的物质的东西，它必须能够不受约束地获得理性与审美性（the sensuous）。而这有可能在"审美想象"的自由发展中发生。马尔库塞希望"审美性"（the sensuous）的非暴力的"自我升华"和"理性的俗化"[1] 有朝一日能够成为社会共在

[252] 的基础。"在真实的人类文化中"，我们不需要压抑和否认本能。那时，"存在就会更多的变成游戏而不是劳作，人类就会活在游戏式的发展中，而不

---

[1]　Herbert Marcuse, *Eros and Civilization*。德语引文来自 Marcuse, *Triebstruktur und Gesellschaft*, Frankfurt am Main 1980, p. 192。

是剥夺中"①。

　　它的前提条件是人类能将机械再生产过程置于社会控制之下，以及生活的艰辛能被永久地消除。马尔库塞遵照马克思晚期的思想，将席勒提出的自由的游戏式的文化理想具体化了。马克思在《资本论》中写道："自由王国只是在由必需和外在目的规定要做的劳动终止的地方才开始；因而按照事物的本性来说，它存在于真正物质生产领域的彼岸"，这个领域"始终是一个必然王国"。

> 与此同时，在这个必然王国的彼岸，作为目的本身的人类能力的发展，真正的自由王国，就开始了。但是，这个自由王国只有建立在必然王国的基础上，才能繁荣起来。②

　　我们可以尽量地缩小这个必然王国。"游戏和自我发展作为文明的原则，"在马尔库塞看来，"并不意味着对艰苦劳动进行重塑，而是意味着它完全从属于人类和自然自由展开的可能性。"③ 正如我前面所说过的那样，后来他对这一点又有了不同的看法。一段时间内，在法国和苏联先锋派的影响下，马尔库塞就审美和历史哲学之间早期的浪漫联系给出了一种革命性的文化、亚文化的说法。正如海因茨·佩茨沃德（Heinz Pactzold）所阐述的那样，那时，马尔库塞预感到了"艺术在社会中成功地不受压抑地出现的可能性，也就是说，艺术被辩证地取代的可能性，即它接受的形态

---

① Herbert Marcuse, *Eros and Civilization*。德语引文来自 Marcuse, *Triebstruktur und Gesellschaft*, Frankfurt am Main 1980, p. 186。

② Karl Marx, *Das Kapital*, Vol. 3, Frankfurt am Main 1968, p. 828.

③ Herbert Marcuse, *Eros and Civilization*。德语引文来自 Marcuse, *Triebstruktur und Gesellschaft*, Frankfurt am Main, 1980, p. 194。

被剥离并根据真正自由的文化的结构原则而改变的可能性"①。

　　但即使那样，马尔库塞并不允许自己走得太远，以至于和艺术说再见。他在1969年纽约古根海姆博物馆发表演讲时这样问道："艺术的这一现实化会不会使传统艺术失去力量？"

　　　　艺术的这种现实化，是否意味着传统艺术"丧失了效力"？换言之，是否意味着理解和欣赏它们的能力"萎缩了"，意味着体验过去的艺术的智力和感官"萎缩了"？我的回答是否定的。艺术在这个意义上是超越的，即它有别于和游离于我们可能设想的任何"日常"现实。社会无论怎样自由，它都必须承受必然性——劳动的必然性，与死亡、病魔和匮乏作斗争的必然性。因此，艺术将保留与它们密切相关——而且只与它们相关——的表达形式：与那些现实的形式相对抗的美和真的形式。②

[253]　　在这里，马尔库塞已经放弃了他过于乐观的"把劳动重塑成游戏"的愿景。他意识到对审美形式的否定已经被理解成了目的本身。现在他抛弃了实现审美乌托邦的理论，转而再次强调起了现实中的审美乌托邦。他在20世纪30年代末就提出了他的文化理论。此时，他再一次更加强有力地把注意力放在了"真正的艺术作品"的批判美学上。他认为体验有可能成为政治抵抗的后援。

　　马尔库塞是从非政治的语境出发来理解"大拒绝"这个词的。这在

---

①　Heinz Paetzold, *Neomarxistische Äthetik*, Vol. 2, Düsseldorf, 1974, p. 113.

②　《作为现实形式的艺术》，参见本卷原文第140页及以下。德语引文来自 Marcuse, *Nachgelassene Schriften, Bd. 2: Kunst und Befreiung*, Peter-Erwin Jansen (ed.), Lüneburg 2000, p. 106。

他 1945 年关于阿拉贡的反抗诗歌的文章中有所体现。罗素的老师怀特海在 20 世纪 20 年代曾考虑过关于非虚构的现实的美学表述所包含的语义真理。根据怀特海的观点，"大拒绝"是"审美实践"的"主要特征"。词语概念永远不能充分描述现实的复杂性：它们以普遍性为目标，放弃个体性。审美体验修正了对现实的概念性描述。它拒绝被还原。①

马尔库塞的颠覆美学从古典现代性的语法出发重建了艺术的语言特征。现在回想起来，他似乎早已牢牢地扎根在了 20 世纪 60 年代。如今看来，美学和艺术的发展在这漫长的几十年里取得了长足的进步。马尔库塞的艺术哲学坚持了历史唯物主义的内容和条件。现实主义把马尔库塞与卢卡奇和阿多诺联系在了一起。根据马尔库塞的观点，艺术总是与现实保持一种模仿的关系。但那并不是再现性（reproducibility）意义上的模仿（正如我们在马克思主义教条的"反映论"那里所看到的）。马尔库塞所想的是一种风格化的、疏离的模仿。阿尔班·贝尔格的《沃采克》、巴勃罗·毕加索的《格尔尼卡》，或贝克特的《最后一局》（*Endgame*），都是马尔库塞的疏离的模仿这一概念的典型例证。当然，他深受阿多诺的影响。1974年，马尔库塞在不来梅讲道，"艺术就这样建立起了自身的世界秩序"。"从这个意义上来讲，伟大的艺术通常都是具体的，是对现实的模仿，虽然与熟悉的现实疏离，但却仍然保持联系。不忠实于对现实的模仿的抽象艺术，"在他看来，"只是装饰"②。

这种观点似乎已经过时了，但艺术与现实的这一关系将马尔库塞的　　[254]

---

① 《评阿拉贡：极权主义时代的艺术与政治》，参见《技术、战争与法西斯主义》。德语的引文来自 Marcuse, *Nachgelassene Schriften, Bd. 2: Kunst und Befreiung*, Peter-Erwin Jansen (ed.), Lüneburg, 2000, pp. 49ff.。参见 Alfred North Whitehead, *Science and the Modern World*, New York, 1948。

② 《艺术与革命》，参见本卷原文第 166 页及以下。德语引文来自 Marcuse, *Nachgelassene Schriften, Bd. 2: Kunst und Befreiung*, p. 143。

美学与今天的问题紧密地联系在了一起。新视听媒体的现实主义确实是模仿的，但它并非必然就是批判性的疏离。后现代主义恢复了视觉艺术的再现性与逼真性，这表明马尔库塞的坐标系并未过时。甚至当代媒体美学的新感觉派也与这些倾向有关。

　　　　新媒体已经不能再用文学模式来描述，它以一种比之前的书本文化更直接、更有形的方式吸引着用户。那些对于尼采来说是哲学思考的东西，即艺术的生理基础，现在被工程师们实现了。他们安装了频道，而它们的音调和图片通过字母代码直接影响到了人的感官。

　　因此，我们从"审美体验的施为性的动力维度（performative-motor dimension）"中赢得了某些东西，我们的书面文化已经被那种"将话语与'内在体验'结合在一起的文学模式所取代"①。这种转变可以用马尔库塞的范畴来澄清和理解。今天的媒体世界源于计算机和电信技术的融合。关于媒体世界及其美学的批判理论对"事件文化"（event culture）提出了批判。它批判了购物广场和主题公园——它们呈现出了大众文化的"经验世界"的风格，即炫耀性消费的社会空间的风格——的卫道士。它们的基础是通信和服务行业的经济统治和文化霸权。在技术的帮助下，"令人印象深刻的简化"和"体验到强烈刺激的游戏"在激烈"争取大众注意力的斗争"中展开了一场"视觉突袭"②。

　　对马尔库塞来说，"艺术作品"不仅仅是歌德、布莱希特、贝多芬、

---

① Friedrich Balke, "Die Tyrannei der Medien und die Literatur", *Merkur*, No. 5 (2000), pp. 454, 452.

② Georg Franck, "Medienästhetik und Unterhaltungsarchitektur", *Merkur*, No. 7 (2000), pp. 595, 594.

伯格、塞尚和毕加索这个水平的伟大创作。大众文化的某些产品在马尔库塞看来也是艺术作品的组成部分，比如，鲍勃·迪伦的歌曲、照片、电影或爵士乐。马尔库塞认真倾听并仔细研究了它们的细节。相比商业性的摇滚乐，在自由爵士的即兴表演中，我们会看到更多的东西。即兴表演和创作的自由不同于对明星和乐队的顺从的崇拜。马尔库塞注意到，在娱乐行业，爵士乐逐渐耗尽了它的"来自另一个星球的空气"。但他并没有得出结论说，20世纪60年代由商业导致的严肃音乐与流行音乐之间界限的瓦解，只不过是虚假意识的表现。他认为，正当的审美需要是这种情况之所以发生的原因。

　　在波士顿对音乐人发表的演讲中，马尔库塞指出，流行音乐是"古典　　[255]
音乐的合法继承者"。它包含着与贝多芬的交响乐相似的人性因素，但是贝多芬的交响乐的艺术语言在毁灭的世纪——即奥斯维辛、越南、比亚法拉的世纪——早已丧失了艺术的状态。因此，"这些形式（将必定）被摧毁，并被其他形式取代"。如前所述，他并没有坚持这一论点多久。但他确实一直以来都坚持他在波士顿关于流行音乐的演讲中的另一个观点。这涉及一个审美体验维度，而它自古典时期以来就在文学文化中无处安身。它在音乐领域被转移到了次等的舞蹈和进行曲音乐那里。演讲中谈到了表演活动中的身体参与。这涉及把音乐"转化"成听觉的肉体现实，把"声音的运动转化成空间中的运动（接受者的身体的运动）"。黑人音乐带来了一种"质变"。新的"**俗化的**音乐直接把声音的运动转化成了身体的运动"。它是一种"**非沉思的**音乐，它消除了创造和接受之间的鸿沟，而靠的就是直接地（几乎是自动地）使身体做出自发的动作，抵制、扭弯和扭曲'正常的'的动作模式"。那些听这种音乐的人是不会倒退的。他们不会被进行曲强劲的音乐节拍的咒语所感动。马尔库塞深受鼓舞，因为"一整代人只听从自己的喜好，去应和他们自己的身体和他们自己的心灵的曲调"①。

　　不用说，从枷锁中解放出来的酒神精神很快就又受到了控制，这并没能逃过马尔库塞的眼睛。摇滚乐和流行音乐的歌迷经常表现出顺从的行为模式。波士顿演讲过去五年后，马尔库塞在《反革命和造反》中对摇滚现场做了批评，他承认晚期资本主义现代性中的模仿和宣泄这种古代美学范畴的"**来世**"（nachleben）也有其缺点。② 但是，马尔库塞从酒神精神和生理学上对流行音乐所作的解释依然有效。鲍勃·迪伦充满艺术性的歌词或吉米·亨德里克斯（Jimi Hendrix）巧妙的平滑转换技术——通过这种技术，他在伍德斯托克音乐节上将宣扬自由的军事暴力表达了出来——都是真正的艺术形式。它们与米克·贾格尔（Mick Jagger）、迈克尔·杰克逊的自恋的做法隶属于两个不同的世界。底特律汽车城的音乐的复杂节奏加强了身体的体验。运动竞技场和狂欢大厅（或德国新纳粹摇滚音乐会）单调的节拍，如同古老的进行曲，以其僵硬的和弦与常规的低音模式为主导。

[256]

　　马尔库塞赞同我们在流行文化那里看到的对艺术世界和日常生活世界中的限制的解除。然而，他并没有将其解释为革命的预兆，而是将其解释成了"系统内部瓦解"③ 的迹象。日常文化的新的审美形式和内容似乎与马尔库塞密切相关，但前提是，能够用疏离的手法将它们整合到社会批

---

① 《在新英格兰音乐学院毕业典礼上的演讲》，参见本卷原文第 137 页。德语引文来自 Marcuse, *Nachgelassene Schriften, Bd. 2: Kunst und Befreiung*, pp. 91–92。

② Herbert Marcuse, *Counterrevolution and Revolt*。德语引文来自 *Konterrevolution und Revolte*, trans. Alfred Schmidt assisted by Rolf and Renate Wiggershaus (Frankfurt am Main 1973), pp. 134–135。关于这个主题的最近讨论，参见 Roger Behrens, "Schwierigkeiten einer Philosophie der Popkultur", in *Kultur-philosophische Spurensuche*, Gerhard Schweppenhäuser and Jörg H. Gleiter (eds.), Weimar, 2000, pp. 94–110。

③ Herbert Marcuse, *Das Ende der Utopie. Vorträge und Diskussionen in Berlin 1967*, Frankfurt am Main, 1980, p. 19.

判理论的话语中。马尔库塞对迪伦的歌曲与布莱希特的抒情诗进行了比较，因为两者都主张主体性，而主体性不能被模仿复制。马尔库塞对迪伦感兴趣，一方面是因为他对社会从众性提出了批评，另一方面是因为他依然遵从自律的形式法则。迪伦拒绝被政治化。[①] 对马尔库塞来说，流行音乐是体验的一种资源，它并未疏远肉体性。但他更感兴趣的是，它是一种批判性的疏离的媒介。通过它，人们可以体验到他们有别于生产过程中他律性功能。从这个角度——没有其他角度——来看，马尔库塞使得大众文化中的酒神元素合法化了。对他而言，醉酒和狂欢的体验是对本能压抑的有规定的否定。他将其当成了想象力的动力和乌托邦的"预显"。这与赫尔曼·黑塞在《荒原狼》（*Steppenwolf*）中对大众庆典所作的尼采式的诠释非常接近。[②] 这一看法无疑很有道理。但我仍然认为这是关于流行艺术的一种还原论的观点。[③] 这些艺术也总是满足完全正当的娱乐和自我放纵的需要。如果我们当真想要充分地欣赏流行艺术，我们不能只从历史哲学或疏离理论的角度来解释它们。如今文化研究领域的流行文化批判理论家与研究人员之间的对话表明了有可能在这个领域取得进展的方法。然而，正如沃尔特·本雅明与齐格弗里德·克拉考尔以他们自己的方式做出了贡献一样，马尔库塞同样对艺术与流行文化的争论贡献了重要的见解。

① 关于迪伦作为文化产业中真正的艺术家的讨论，参见 Richard Klein, *My Name It Is Nothing. Bob Dylan: Nicht Pop, nicht Kunst*, Berlin, 2006。

② 参见 Herbert Marcuse, "USA-Organisationsfrage und revolutionäres Subjekt", in *Zeit-Messungen. Drei Vorträge und ein Interview*, 1975, p. 184。

③ 参见 Douglas Kellner, "Kulturindustrie und Massenkommunikation. Die Kritische Theorie und ihre Folgen", in *Sozialforschung als Kritik. Zum sozialwissenschaftlichen Potential der Kritischen Theorie*, Wolfgang Bonß and Axel Honneth (eds.), Frankfurt am Main, 1982, pp. 482–515。另参见 Gerhard Schweppenhäuser, "Naddel" gegen ihre Liebhaber verteidigt. *Ästhetik und Kommunikation in der Massenkultur*, Bielefeld, 2004。

鸣　谢

我想再次感谢彼得·马尔库塞在准备这份手稿时给予的帮助与支持；特别感谢查尔斯·赖茨、彼得–欧文·詹森和格哈德·施韦普恩豪泽不厌其烦地回复我关于马尔库塞美学文本的电子邮件，感谢泰森·刘易斯和克莱顿·皮尔士在准备文本时富有启发性的讨论和帮助。最后我要感谢索尼娅·范·鲁文（Sonja van Leeuwen）和安娜玛丽·奇诺（Annamarie Kino）协助编写该文本，感谢桑德拉·琼斯（Sandra Jones）在专业的文字编辑方面的帮助。

索 引①

A

abstract art，抽象艺术，253

abstract equality，抽象的平等，88

Adorno, T.W.，西奥多·阿多诺，21，45，58，61，63，64，66—68，170，203，223，237，243，247，253

advanced industrial countries，发达工业国家，158—159

aesthetic dimension，审美维度，1，116，118，184，186，187，188，218—224，242

Aesthetic Dimension, The，《审美之维》，3，9，37，59，60—65，67，218—219，221

aesthetic education，审美教育，25，35—36，47

aesthetic-erotic dimension，审美—爱欲维度，15，30，47，50

aesthetic form，审美形式，52—54，161—162，173，214—215

aesthetic needs，审美需要，48

---

① 所标页码为英文原版页码。——编者注

C

E

G

T

责任编辑：曹　春　张双子
封面设计：木　辛　汪　莹

图书在版编目（CIP）数据

马尔库塞文集 . 第四卷，艺术与解放／（美）赫伯特·马尔库塞 著；
　朱春艳，高海青 译 . —北京：人民出版社，2020.10
书名原文：COLLECTED PAPERS OF HERBERT MARCUSE VOLUME FOUR
ART AND LIBERATION
ISBN 978 - 7 - 01 - 022456 - 5

I. ①马… 　II. ①赫…②朱…③高… 　III. ①马尔库塞（Marcuse, Herbert 1898–
　1979）– 哲学思想 – 文集 　IV. ① B712.59–53

中国版本图书馆 CIP 数据核字（2020）第 172854 号

马尔库塞文集　第四卷
艺术与解放

MA'ERKUSAI WENJI DISIJUAN
YISHU YU JIEFANG

[美] 赫伯特·马尔库塞　著

朱春艳　高海青　译

人民出版社出版发行
（100706　北京市东城区隆福寺街 99 号）

北京盛通印刷股份有限公司印刷　新华书店经销

2020 年 10 月第 1 版　2020 年 10 月北京第 1 次印刷
开本：710 毫米 × 1000 毫米 1/16　印张：25.25
字数：352 千字

ISBN 978 - 7 - 01 - 022456 - 5　定价：138.00 元

邮购地址 100706　北京市东城区隆福寺街 99 号
人民东方图书销售中心　电话（010）65250042　65289539

ISBN 978-7-01-022456-5

9 787010 224565 >

ART AND LIBERATION: Collected Papers of Herbert Marcuse

by Herbert Marcuse and Douglas Kellner

Simplified Chinese translation copyright©2019 by People's Publishing House

Published by arrangement with the authors through Sandra Dijkstra Literary Agency, Inc.

in association with Bardon-Chinese Media Agency

ALL RIGHTS RESERVED

北京市版权局著作权合同登记号：01–2015–4194